KB000304

변신의 역사

Shapeshifters: A History by John B. Kachuba was first published by Reaktion Books, London, UK, 2019.

Copyright ⓒ John B. Kachuba 2019

All rights reserved.

Korean translation copyright ⓒ 2021 by MIRAEBOOK PUBLISHING CO.

Korean translation rights arranged with REAKTION BOOKS LTD. through EYA(Eric Yang Agency).

이 책의 한국어판 저작권은 EYA(Eric Yang Agency)를 통해 REAKTION BOOKS LTD.와 독점계약한 '미래의창'에 있습니다.

저작권법에 의하여 한국 내에서 보호를 받는 저작물이므로 무단전재 및 복제를 금합니다.

변신의 역사

늦대인간부터 지킬 박사까지,
신화와 전설과 예술 속 기이한 존재들의 흔적을 따라서

존 B. 카추바 John B. Kachuba
이혜경 옮김

미래의창

내게 변화를 일으키는 책의 힘을 가르쳐준
나의 부모님, 존과 이디스에게 사랑과 그리움을 담아
이 책을 바칩니다.

변신의 세계로 들어서며

밤이 되었다. 숲의 한가운데 자포자기한 듯 웅크리고 있는 사람이 보인다. 앞으로 닥칠 일을 생각하니 무섭기도 하고 흥분되기도 하는 모양이다. 둥근 보름달이 울창한 나무들 위로 떠오르고 유령처럼 창백한 달빛이 그에게 쏟아졌다. 변화가 일어날 시간이다.

뼈가 잡아당겨지고 으깨지는 듯한 고통과 함께 그의 몸이 변화하기 시작했다. 입고 있던 옷이 갈가리 찢기며 윤기가 흐르는 근육질의 새로운 몸이 드러났다. 그는 자신의 손과 발에 면도칼처럼 날카로운 갈고리 모양 발톱이 자라 나오는 광경을 망연자실하게 바라본다. 어느새 거친 털이 얼굴과 몸 전부를 뒤덮었다. 그는 송곳니 아래로 침을 뚝뚝 흘리며 크고 노란 눈으로 환히 빛나는 달을 올려다본다. 곧이어 머리를 뒤로 젖히고 울부짖는다. 길고도 처량한 울음소리가 숲속에 메아리친다.

늑대인간이 태어났다.

†‡†

보름달이 뜰 때마다 늑대로 변신하는 늑대인간은 자의 또는 외부 요인에 의해 인간에서 동물로 변할 수 있는 대표적인 셰이프시프터Shapeshifter다. 박쥐로 변신하는 뱀파이어(영화관에서 본 드라큘라 백작을 떠올려보라)도 전형적인 셰이프시프터 중 하나다.

셰이프시프터, 즉 '모습을 바꾸는 존재'는 새로운 것이 아니다. 고대부터 지금까지 전 세계의 역사와 문화 곳곳에서 인간이 신화 속 존재나 동물로 변신했다가 다시 인간으로 되돌아오는 방법을 모색해왔다는 사실을 어렵지 않게 찾을 수 있다. 프랑스 아리에주Ariège에서 발견된 선사시대 동굴벽화에는 반인반수들이 새겨져 있다. 이는 선사시대 사람들이 셰이프시프터의 존재를 믿었다는 증거다. 원시시대 인간은 자신의 삶과 주변 동물들의 삶이 긴밀하게 얽혀 있다는 것을 잘 알고 있었다. 인간은 동물을 먹기 위해 사냥했고, 동물도 같은 이유로 인간을 사냥했다. 그런데 선사시대에는 교활함, 속도, 힘 등의 면에서 동물이 인간보다 우월했기 때문에 사냥에서 더 유리했다. 그런데 만약 인간의 능력이 동물과 비슷한 수준에 도달한다면 어떻게 될까? 인간이 여우만큼 영리해지고, 치타만큼 빨라지고, 사자만큼 강해진다면 어떨까? 확실히 그렇게만 된다면 인간은 피식자가 아닌 포식자가 될 수 있는 더 많은 기회를 얻을 것이다. 따라서 동물과 같아지고 싶다는 고대인의 열망이 셰이프시프터에 대한 믿음을 낳았을 것이라 추정해볼 수 있다.

아메리카 대륙을 비롯한 여러 지역의 원주민 문화에서는 비슷한 형태의 사냥춤 의식이 공통적으로 발견된다. 이 의식에서 사냥꾼들은 동물, 그중에서도 자신이 사냥하는 동물 모습의 옷을 입고 그 동물의 움직임을 흉내 낸다. 이때 사냥춤은 단순한 모방이 아니다. 사냥꾼들은 사냥춤을 출 때 동물의 영혼이 자신의 몸에 들어와 자신이 그 동물로 변한다고 믿는다. 동물이 되면 동물의 위치 정보를 얻을 수 있고, 이를 이용해 사냥 성공률을 높일 수 있다. 북아메리카 중부의 평원 지대에 거주하는 인디언들은 들소 무리에 가까이 접근하기 위해 들소의 뿔을 머리에 달고 들소의 가죽으로 만든 옷을 입기도 했다. 일종의 교묘한 위장술인 셈이다. 하지만 동물의 가죽을 입는 행위에 사냥 이상의 의미가 있었던 것은 아닐까? 들소 가죽을 뒤집어쓴 사냥꾼이 곧 한 마리의 들소가 된 것은 아니었을까?

1990년대 말, 인류학자 라네 빌레르슬레우Rane Willerslev는 1년 동안 시베리아 북동부의 유카기르족 마을에 머물렀다. 유카기르족 사냥꾼과 그들이 사냥한 동물 간의 관계를 연구했던 빌레르슬레우는 직접 그들과 함께 생활해본 후 사냥꾼들이 '인간과 동물은 잠시이긴 하지만 서로의 몸을 빌려 상대방이 될 수 있다'고 여긴다고 말했다. 사냥꾼들은 엘크(사슴과 중에서 가장 큰 동물로, 유럽과 아시아의 최북단 지역에 서식한다. 말코손바닥사슴 또는 무스라고도 부른다-옮긴이) 가죽을 입고 엘크처럼 걸으며 엘크처럼 생각한다. 엘크들은 그런 사냥꾼을 여느 엘크와 마찬가지로 '엘크로서' 무리에 받아들인다. 그러면 사냥꾼은 빈틈을 찾아 엘크에게 접근해서 죽일 수 있다. 그러나 여기에는 위험이 따른다. 유카기르족은 변신이 실제로 일어난다고 믿는다. 따라서 엘크로 변한 사냥꾼은 인간의 본성과 자신의 영혼을 잃어버릴 수도 있다. 빌레르슬레우의 표현을 그대로 옮기면 이렇다. "사냥꾼은 인간이라는 자신의 종 정체성을 상실하고, 육체는 인간이지만 영혼은 동물인 상태로 변해버릴 수도 있다."

이와 관련해 유카기르족 사이에서 전해져 내려오는 이야기가 있다. 언젠가 한 사냥꾼이 황무지를 몇 시간이나 헤맸음에도 사냥에 실패하고 마을로 돌아온 적이 있었다. 그때 사냥꾼은 마을이 몹시 낯설게 느껴졌고 마을 여자들은 사슴을 대하듯 그에게 이끼를 주었다. 그러자 그는 과거를 잊기 시작했다. 하지만 곧 아내의 이름을 기억해내면서 인간의 본성을 빠르게 회복했다고 한다.[1]

셰이프시프터에게는 동물의 힘과 교활함을 가지고 싶다

는 단순한 바람 이상의 것이 존재한다. 당연한 말이지만, 인간도 동물이다. 다만 인간은 사회질서를 확립하기 위해 도덕의식과 사회규범을 발전시켜온 동물이다. 사회가 확립한 규칙을 범죄자가 위반하는 것에 우리 모두는 분노한다. 길모퉁이 가게에서 담배를 훔치는 사소한 것이든 아니면 민족이나 인종, 종교를 이유로 특정 집단을 대량 학살하는 것이든 규칙 위반의 경중은 중요하지 않다.

우리가 화를 내는 이유는 우리 안에 통제되어야 하는 원초적인 동물적 본능이 존재한다는 사실을 잘 알고 있기 때문이다. 하지만 우리에게는 불미스러운 행동을 하지 못하게 억제하는 규칙에서 벗어나고 싶은 유혹, 동물적 본능을 받아들여 의식이나 도덕으로부터 자유로워지고 싶은 욕망도 존재한다. 로버트 루이스 스티븐슨Robert Louis Stevenson은 기념비적인 소설《지킬 박사와 하이드 씨》에서 동물적 본능을 억누르기 위한 인간의 투쟁을 상세히 묘사했다. 소설에서 지킬 박사는 자신을 반사회적인 하이드 씨로 변신시켜줄 물약을 개발해 하이드 씨가 살인을 비롯한 다양한 악행을 저지르며 충동을 해소할 수 있게 한다. 하지만 가엾게도 지킬 박사는, 하이드 씨의 내적 지배력이 점점 커지면서 자신이 하이드 씨로 변신하게 되는 상황을 통제할 수 없어진다. 결국 자포자기한 지킬 박사는 자살을 선택한다.

이 관점에서 보면 변신은 인간이 사회적 제약과 도덕적 속박에서 벗어나 동물이 누리는 자연 그대로의 삶을 경험할 수

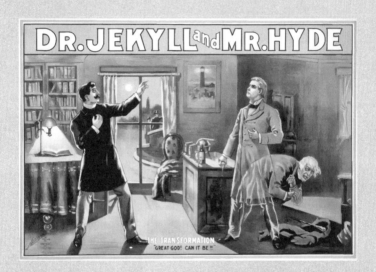

하이드 씨로 변하는 지킬 박사(1880년, 컬러 석판화)

있는 자유를 안겨주는 것이다. 이런 까닭에 동물로 변신한 인간들의 이야기는 옛날부터 차고 넘쳤다. 제우스를 생각해보자. 제우스는 고대 그리스 신화 속 신들의 왕이자 아버지다. 그가 그리스 신화에 등장하는 신과 여신 중 상당수를 낳았다는 점을 고려하면, 아버지라는 호칭이 더 적절할지도 모르겠다. 호색한으로 소문이 자자했던 제우스가 관심 가는 여성이나 남성을 유혹(혹은 강간)하려면 어떤 묘책이 필요했다. 변신을 통해 자신의 신성을 감출 수 있는 셰이프시프터는 그에게 기적 같은 방법이었던 셈이다.

제우스가 자신의 모습을 바꿔 상대를 얻는 데 성공한 경우들 중 몇 가지 예를 들자면 다음과 같다. 제우스는 흰 소로 변신해서 에우로페를 유혹했고, 뻐꾸기로 가장해서는 자신의 누이인 여신 헤라의 마음을 사로잡았다. 또한 백조로 변신해서 레다를, 황금 비로 변해서 다나에를, 사티로스(그리스 신화에 나오는 반은 사람이고 반은 짐승인 괴물-옮긴이)의 모습으로는 안티오페를, 개미의 모습으로는 에우리메두사를, 아르테미스 여신으로 변신해서는 칼리스토를 유혹했다. 심지어 알크메네의 앞에는 그녀의 남편으로 변신해 나타나기도 했다.

이러한 '변신 속임수'를 보여주는 또 다른 유명한 사례는 토머스 맬러리Thomas Malory 경이 15세기에 쓴《아서왕의 죽음Le Morte d'Arthur》에서 찾을 수 있다. 이 책에서 맬러리 경은 미래의 잉글랜드 왕 아서가 어떻게 잉태되는지를 이야기한다. 아서 펜

드래건은 마법사 멀린의 도움을 받아 하룻밤 동안 틴타겔 공작으로 변신한 뒤 흠모하던 이그레인 공작부인과 관계를 맺는다. 얼마 후 사내아이가 태어나는데 이 아이가 자라 훗날 아서왕이 된다.

이 이야기들은 셰이프시프터가 사람에서 동물로 변신하는 경우만을 일컫는 것이 아님을 보여준다. 셰이프시프터 이야기들에서는 '젠더 전환gender transformation' 역시 변신의 한 유형으로 빈번하게 관찰된다. 칼 구스타프 융Carl Gustav Jung의 정신분석 이론에 따르면 아니마anima는 남성의 마음속에 있는 여성적 속성으로 긍정적인 여성성과 부정적인 여성성 모두를 포함한다. 하지만 남성 속에 존재하는 아니마는 억압되기 때문에 꿈을 통해서만 드러난다. 반대로 아니무스animus는 여성의 무의식 속에 존재하는 남성적 속성으로 긍정적인 남성성과 부정적인 남성성 모두를 포함한다. 이론적으로 아니마와 아니무스는 조화를 이룬다. 즉, 우리 모두에게 남성성도 존재하고 여성성도 존재한다는 것이다. 하지만 사회는 여성이라면 여성적 속성을, 남성이라면 남성적 속성을 표출해야 한다고 강요한다. 따라서 남성적 속성을 지닌 여성이라면 그 남성적 특징들을 억누르도록 학습되고, 여성적 속성을 지닌 남성이라면 그 여성적 특징들을 억누르도록 학습된다. 다만 젠더 성향, 즉 어떤 속성이 남성적이고 어떤 속성이 여성적인지를 인식하는 사회적 기준은 사회마다 시대마다 다룰 수 있다.

　　판타지 소설 작가 샤나 스웬드슨Shanna Swendson은 자신이 운영하는 블로그 〈샤나의 저널Shanna's Journal〉에 다음과 같은 글을 올린 바 있다. "결과적으로 이 억눌린 속성은 꿈으로든 판타지 소설로든 아니면 영화로든 겉으로 표출될 수밖에 없다. 그곳에서는 비현실적인 인물이 현실의 정형화된 인간의 코를 납작하게 만들기도 하고, 신화적이고 허구적인 인물이 주인공으로 등장해서 우리의 억압된 특성을 표현하기도 한다."[2]

　　신화에서 젠더 전환 셰이프시프터는 억눌린 젠더 속성에 실체를 부여하는 환상적 존재로 등장한다. 젠더 전환에 관한 기록이 역사시대 초기까지 거슬러 올라가는 걸 보면 젠더 전환은 결코 새로운 현상이 아니다. 그리스 신화에서 테이레시아스Teiresias는 뱀 두 마리가 숲속에서 교미하는 장면을 보고 지팡이로 찔러 방해했다가 그 순간 여성으로 바뀐다. 테이레시아스는 결혼을 하고 아이를 낳아 기르며 여러 해를 여성으로 산다. 그러던 어느 날 교미 중인 뱀들을 발견하고 또다시 막대기로 귀찮게 한다. 그러자 이번에는 원래 모습인 남성으로 되돌아간다. 비슷한 젠더 전환 이야기가 켈트족 전설과 북유럽 신화를 비롯하여 세계 곳곳의 설화에서 발견된다.

　　젠더 전환 셰이프시프터는 영화, 책, 그래픽 노블, 게임에 이르기까지 오늘날 대중문화 곳곳에 등장하며 큰 인기를 누리고 있다. 그들의 인기는 현대사회가 젠더와 섹슈얼리티 성향에서

포르투갈 리스본의 아줄레주 국립박물관에 있는 타일 모자이크의 일부.
셰이프시프터의 모습이 묘사되어 있다.

나타나는 다양한 차이들을 인지하고 받아들이는 데 너그러워지고 있다는 사실을 반영하는 것일 수도 있다. 어떤 측면에서는 이들의 존재가 다양한 차이들을 평범한 현상으로 만듦으로써 주류 사회가 이를 보다 쉽게 받아들이도록 만드는 것인지도 모른다.

셰이프시프터의 매력은 '제멋대로' 행동하고 싶다거나 성별을 바꾸고 싶다는 바람을 충족시키는 데 그치지 않는다. 우리는 정체성을 찾기 위해, 사회에서 우리에게 적절한 자리가 어디인지를 알아내기 위해 끊임없이 노력한다. 셰이프시프터는 이러한 노력의 상징이다. 인생을 살아가면서 우리는 많은 역할을 수행하게 된다. 우리는 가족의 일원이자 특정 단체의 회원이며, 지역의 거주자이고 국가의 국민이다. 특정한 종교적 신념이나 정치적 철학을 신봉하기도 한다. 연령, 젠더, 인종에 따른 역할도 수행한다. 때로는 경제나 교육 수준이, 때로는 개인의 직업이 우리의 역할을 규정한다. 그런데 인터넷과 미디어 기술이 발전하면서 세상은 더 작아졌고 세계 각지에서 일어나는 뉴스는 더 빨리 전달되게 되었다. 따라서 변화하는 세상의 새로운 환경이나 지식에 맞춰 우리의 역할도 바뀌어야 할지 모른다. 우리는 개인의 다양한 역할이 사회규범과 충돌할 때, 혹은 여러 역할 중에서 특정 시점에 적합한 역할을 선택해야 할 때, 혹는 어떤 역할들을 수정해야 하는 상황에 직면할 때 혼란스러워진다. 어떤 의미에서 우리 모두는 내적 셰이프시프터다. 결국 대중문화 속 셰이프시프터는 정체성을 확립하는 과정에서 혼란스러워하고 고군분투하는 우리 자신의 모습을 그대로 투영한 존재인 셈이다.

단순하게 생각하면 셰이프시프터는 우리에게 스스로를 보다 매력적이거나 강력한 무언가로 변신시킬 수 있다는 환상을 불어넣어준다. 그래서 청소년을 대상으로 하는 책과 영화에 셰이프시프터가 유독 많이 등장하는 것인지도 모른다. 예컨대 〈해리 포터〉 시리즈, 〈트와일라잇〉 시리즈, 〈헝거 게임〉 시리즈 모두 어린 독자들의 마음을 사로잡는 셰이프시프터가 주인공이다. 이와 관련해 캐나다 앨버타주에 위치한 세인트메리대학의 총장을 역임한 게리 터콧Gerry Turcotte은 다음과 같이 분석했다. "과거의 뱀파이어가 혐오스러운 '타자'의 상징으로 우리도 그렇게 될까봐 두려운 존재였다면, 오늘날의 이야기들에서 이 '괴물'은 우리 모두가 그렇게 되고 싶은 '최종 목표'가 되었다."[3] 〈트와일라잇〉에 나오는 뱀파이어처럼 섹시하고 부유하고 영원히 죽지 않는 존재가 되고 싶지 않은 사람이 어디에 있겠는가?

셰이프시프터는 여러 가지 면에서 매력적이다. 그러나 신뢰할 수 없는 존재이기도 하다. 셰이프시프터는 그 이름에서 드러나듯 '두 얼굴'을 가졌기 때문이다. 여러 모습으로 변신했던 제우스처럼 셰이프시프터의 말과 행동에는 진정성이 없을 수 있다.

한편, 셰이프시프터는 징계나 처벌을 상징하기도 한다. 동화나 설화에는 잘못을 저지른 대가로 동물이나 물건으로 모습이 바뀌는 벌을 받은 사람들에 관한 이야기가 많이 나온다. 이 경우의 변신은 자의에 의한 것이 아니라 마법 능력이나 초자연적인 힘을 가진 신과 여신, 마녀, 마법사, 주술사가 건 저주나 마법에 의한 것이다. 이런 종류의 셰이프시프터는 스스로 변신을 통제할 수 없고 원래 모습으로 돌아오려면 다른 사람의 도움이 필요하다는 점에서 자발적인 셰이프시프터와 다르다.

대표적인 예로 동화 〈개구리 왕자〉를 들 수 있다. 이 동화 속 개구리 왕자는 공주의 키스를 받고 인간 왕자로 돌아온다. 그런데 그림Grimm 형제가 쓴 원본 이야기는 좀 다르다. 원래는 공주가 개구리를 혐오스러워하며 벽에 집어던진 순간에 저주가 풀린다. 성경에 나오는 '롯과 그의 아내' 이야기도 유명하다. 롯의 아내는 남편과 함께 소돔을 탈출하던 중 신의 경고를 어기고 뒤를 돌아본 벌로 소금 기둥으로 변한다. 웨일스 신화에도 이와 비슷한 두 형제 이야기가 실려 있다. 길페드위는 사촌 그위디온와 계략을 짜 귀네드의 왕 마스 압 마소느위의 시녀 고이원을 강간한다. 화가 난 마스는 그들을 벌하기 위해 마법을 써서 길페드위는 암사슴으로, 그위디온은 수사슴으로 변신시킨다. 사슴이 된 형제는 짝짓기를 해서 새끼를 낳았고 그 새끼를 왕에게 보낸다. 다음 해에 마스는 다시 길페드위를 수퇘지로, 그위디온을 암퇘지로 만든다. 형제는 또 짝짓기를 해서 새끼를 낳고 그 새끼를 왕에게 보낸다. 새끼 돼지를 받은 뒤 다시 1년이 지나자 마스는 이번에는 형제를 늑대로 변신시킨다. 그렇게 3년간 동물로 지내야 했던 형제는 왕의 용서를 받아 마법이 풀리면서 인간으로 돌아온다.

이 이야기들에서 셰이프시프터는 자신의 의지와 무관하게 동물, 다른 사람 혹은 물건으로 바뀐다. 원칙을 중시하는 사람들은 진정한 셰이프시프터라면 자신의 변신을 자발적으로 통제하고, 인간의 모습과 변신한 모습을 자유자재로 왔다 갔다 할 수 있으며, 변신 상태가 영구적이 아닌 일시적이어야 한다고 주장할지도 모른다. 하지만 가능한 모든 경우의 수를 포괄하기 위해서는 변신이 일어나는 방식뿐 아니라 변신이 발생한 적이 있는가 아닌가라는 사실 여부도 중요하게 고려해야 한다. 이렇게 정의를 확장하면 신화, 설화, 동화, 문학에 무수히 등장하는, 인간으로 돌아오지 못하고 다른 무언가로 영원히 변해버린 인물들을 셰이프시프터에 포함시킬 수 있다. 또한 트랜스포머(로봇으로 변신하는 장난감 차량으로, 이 변신은 영구적일 수도 있고 아닐 수도 있다) 같은 비인간 캐릭터도 셰이프시프터로 분류할 수 있게 된다. 미국의 소설가 러브크래프트H. P. Lovecraft는 '쇼고스shoggoth'라는 흥미로운 비인간 셰이프시프터를 창조했다. 대표작인 《광기의 산맥At The Mountains of Madness》에서 그는 쇼고스에 대해 다음과 같이 묘사한다.

그것은 형언할 수 없을 정도로 끔찍한 모습이었다. 지하철보다 거대하지만 형태가 불분명한 거품 덩어리가 스스로 희미하게 빛을 내고 있었고, 터널을 가득 채운 커다란 머리에는 초록색 고름 같은 무수히 많은 눈들이 생겼다가 사라졌다. 그것은 미쳐 날뛰는 펭귄들을 깔아뭉개며 반질반질 윤이 나는 바닥 위로 미끄러져 우리 쪽으로 돌진해왔다. 어찌나 야무지게 쓸고 왔는지 그것이 지나간 자리에는 작은 쓰레기 한 조각도 남지 않았다.[4]

셰이프시프터 정의에는 늑대인간처럼 겉모습이 변하는 경우뿐 아니라 내면의 변화를 경험하는 경우도 포함될 수 있다. 후자의 경우 물리적 변형이 일어나지 않기 때문에 겉으로 보기에 변신 여부가 불확실하다. 오스트레일리아 원주민 사냥꾼은 자신에게 사냥 동물의 영혼이 씌었다고 믿으며, 부두교 주술사는 자신의 몸에 르와lwa(부두교에서 숭배하는 수많은 정령들을 통틀어 이르는 말)가 빙의되었다고 믿는다. 자신에게 악마가 씌었다고 믿는 사람도 내적 변신의 좋은 예다.

내적 셰이프시프터든 외적 셰이프시프터든 셰이프시프터는 신화라는 옷장 속 깊숙이 처박힌 채 낡아가는 오래된 재킷 같은 존재가 아니다. 그들은 오늘날에도 여전히 우리와 함께한다. 영화, TV 프로그램, 만화, 소설, 비디오게임에 등장하고, 때로는 공포물이나 판타지물의 팬 컨벤션fan convention에서 목격된다. 예를 들어 드래건 콘Dragon Con, 유키콘Yukicon, 패니메콘FanimeCon 같은 대규모 팬 컨벤션에 참가하는 수천 명의 사람들은 자신이 가장 좋아하는 캐릭터 의상을 차려입고 몇 시간 동안 그 캐릭터로 변신한다. 이러한 행사 덕분에 '의상costume'과 '놀이play'의 합성어인 코스튬플레이 또는 코스프레가 전 세계적인 문화로 자리 잡았다. 코스프레 팬 사이에서 젠더 전환 코스프레는 흔하고 보편적인 놀이다. 행사장에서 온몸을 파랗게 칠하고 입에 날카로운 송곳니를 단 코스튬플레이어를 만나면 흠칫하겠지만 실제로 셰이프시프터와 대면하는 일보다 무섭지는 않을 것이다.

셰이프시프터가 실재한다고 믿는 사람들도 있다. 2011년에는 남아프리카공화국의 어느 작은 마을에 사는 한 남자가 돼지로 변했다가 다시 박쥐로 변했다는 기사가 보도되었고, 2016년에는 영국 북동부의 항구도시 헐Hull에서 키가 2.4미터나 되는 늑대인간이 나타났다는 뉴스가 전해졌다. 북아메리카 원주민인 나바호족은 스킨워커skinwalker(나바호족 전설에 등장하는 존재로, 동물의 가죽을 걸치면 그 동물로 변신한다)와 주술사, 마녀를 두려워한다. 이들이 동물로 변신해 사람에게 해를 입힐 수 있다고 믿기 때문이다. 또한 지구상에 1,200만 명에 달하는 사람들이 세계 각국의 지도자 중 대다수가 인간의 모습을 한 파충류 외계인이라고 믿고 있다.

셰이프시프터에게는 우리의 상상력을 사로잡는 강력한 힘이 있다. 그들은 우리의 내적 바람과 욕망, 실현되지 못한 동경을 상징한다. 누구나 적어도 한 번쯤은 가장무도회나 핼러윈, 코스프레 의상을 입고 '변신'해본 적이 있지 않은가? 원시시대

조상들의 어두운 동굴에서 탄생한 셰이프시프터는 자신의 본성에 따라 변신을 거듭해 현대에 이르렀다. 오랜 시간이 흘렀음에도 소멸되지 않은 채 우리의 영혼과 문화 속에 아직 실현되지 않은 잠재적 힘으로 존재한다. 따라서 앞으로 연구할 가치가 무궁무진한 주제이기도 하다.

이 책에서 우리는 전 세계 거의 모든 문화에서 발견되는 셰이프시프터의 역사를 탐구할 것이다. 셰이프시프터는 지금 이 순간에도 존재하며 누군가에게는 여전히 신화 그 이상의 존재다.

프랑스의 트루아프레르Trois-frères(세 형제) 동굴에서 발견된
수사슴으로 변신한 인간의 모습을 새긴 동굴벽화. 위 그림은 고고학자
앙리 브뢰이유Henri Breuil가 동굴벽화를 보고 스케치한 것이다.

차례

✳

1
고대의 변신
신과 여신으로 숭배하다

불빛이 일렁이는 동굴 안에 주술사가 웅크리고 앉아 손으로 붉은 황토를 개고 있다. 그가 일어서자, 그의 흔들리는 그림자가 동굴을 가로지르며 거대한 모습을 드러낸다. 다른 사람들은 그가 동굴 벽 여기저기에 붉은 흙을 바르는 것을 지켜본다. 주술사는 황토를 좀 더 퍼서 벽에 바른 다음 완성한 그림을 사람들이 볼 수 있도록 뒤로 물러난다. 벽 위로 사자와 사슴이, 말과 들소가 뛰어오르고 달린다. 벽화와 불빛이 어우러지며 마치 살아 움직이는 것처럼 보이는 동물들을 사람들이 홀린 듯 바라본다. 당장이라도 벽을 뚫고 튀어나올 것만 같다. 그중 한 형상이 유독 사람들의 마음을 사로잡는다. 바로 늑대 머리를 뒤집어쓴 인간이다.

셰이프시프터는 새로운 존재가 아니다. 이들은 태초부터 우리와 함께해온 인류 문화유산의 일부다. 선사시대 인간은 동물과 특별한 유대관계를 맺었고, 생사를 좌우할 정도로 긴밀하게 얽혀 있었다. 하지만 현대사회에서 이러한 관계는 거의 대부분 사라졌다. 일부 토착적이거나 원시적인 문화 공동체에만 남아 있을 뿐이다. 선사시대 사람들은 주변에 있는 동물들의 진정한 본성을 알고 있었으며, 그들의 뛰어난 힘과 속도, 교활함을 인식하고 있었다. 또한 그들과의 싸움에서 살아남으려면 그 능력에 맞설 수 있는 수단을 찾아내야 한다는 사실도 이해하고 있었다. 그래서 주술사가 늑대 머리를 한 인간을 그리는 것을 본 고대의 동굴 거주자들은 그가 어떤 신비한 방법으로 늑대의 힘을 불러들이고 있는 중임을 알아차렸다. 늑대처럼 될 수 있다면 사냥꾼은 사냥을 더 잘할 수 있고 대적하는 동물로부터 스스로를 더 잘 보호할 수 있을 것이다.

늑대 가면을 쓴 인간이 묘사된 유물 중에서 가장 오래된 것 하나는 1928년 영국 더비셔주 크레스웰 크래그스^{Creswell Crags}의 핀 홀 동굴^{Pin Hole Cave}에서 발견되었다. 코뿔소 뼈에 새겨진 이 형상은 1만 2천 년 전 후기 구석기시대에 만들어진 것으로 알려져 있다. 선사시대 인류가 늑대만 모방했던 것도 아니며, 또 동물을 모방하는 데 가면만 이용했던 것도 아니다. 핀 홀 동굴을 비롯해 스페인과 프랑스의 선사 유적지에서 발굴된 고고학적 증거에 따르면 다양한 동물들, 특히 곰이나 사자, 여우, 말, 사슴이 상징적으로 중요하게 여겨졌다. 고고학자들은 동굴벽화와 그 밖의 유물들을 보고 선사시대의 의례와 춤 의식에 동물의 영혼을 불러내려는 의도가 있다고 추론해왔다. 이러한 '사냥 주술' 의식 참가자들은 동물 가죽과 가면을 착용했을 수도 있고, 호랑이, 곰 혹은 늑대의 이빨로 치장했을지도 모른다. 터키의 차탈회위크çatalhöyük 신석기 유적지에는 표범 가죽을 뒤집어쓴 남녀가 그려진 동굴벽화가 있다. 아르헨티나 쿠에바 데 라스 마노스Cueva de las Manos(스페인어로 '손의 동굴'이란 뜻으로, 동굴 곳곳에 수렵채취인들의 손바닥이 도장처럼 찍혀 있어 붙은 이름이다-옮긴이) 안에 있는 리오 핀투라스Río Pinturas 암각화에서도 비슷한 그림들을 찾아볼 수 있는데, 기원전 7300년경에 만들어진 것으로 추정된다.

이러한 동굴벽화와 유물들은 동물 사냥이 선사시대 인류의 생존에 중요한 요소였다는 사실을 명확히 보여준다. 그렇다면 사냥꾼 개인에게는 사냥 의식 참여가 어떤 의미였을까? 선사시대 유적지들에서 천연 환각제가 발견되면서 사냥춤 의식이 환각 상태에서 치러졌을 거라는 가설이 제기되었다. 이 가설이 사실이라면 사냥꾼은 주술을 통해 동물의 영혼이 자신에게 씌었다거나 아예 자신이 동물이 되어버렸다고 믿었을 수도 있다. 다시 말해 의식에 참여함으로써 사냥꾼은 셰이프시프터가 되었다. 여기서 주목해야 할 점은 인간에서 동물로, 다시 동물에서 인간으로의 변신은 평범한 인간의 힘으로 할 수 있는 일이 아니라 주술사와 그의 능력에 의해 이뤄진다는 것이다. 중세까지도 사람들은 신 또는 주술사, 사제, 성자와 같은 신의 대리자만이 형태를 전환시킬 수 있다고 생각했다.

고대 이집트의 상형문자 기록물들에는 반인반수의 신, 동물 모습을 한 신, 의인화된 신 등 기상천외한 존재들이 수없이 등장한다. 이 중 이집트 연구자들을 무엇보다도 곤혹스럽게 하는 것은 반인반수의 신들이다. 자칼의 머리를 가진 아누비스Anubis, 고양이 머리의 바스테트Bastet, 따오기의 머리를 한 토트Thoth, 매의 머리를 가진 호루스Horus와 악어 머리의 세베크Sebek를 비롯하여 인간의 머리에 사자의 몸을 한 스핑크스, 소의 뿔과 귀만 아니면 사람처럼 보이는 하토르Hathor가 여기에 속한다.

고대 이집트인이 실제로도 자신의 신들이 동물의 모습을 하고 있다고 믿었는지, 아니면 사자나 새끼 양에서 예수를 연상하고 비둘기에서 성령을 연상하듯 그저 신의 능력과 특징을 상징적으로 표현했던 것인지는 확실하지 않다. 오래전 로마인이 이집트의 종교를 처음 접하게 되었을 때, 로마의 풍자시인 유베날리스Juvenalis는 《풍자시집Satires》의 풍자시 15편에서 이렇게 말했다. "이집트가 온갖 괴물들을 숭배하느라 제정신이 아니라는 사실을 …… 누가 모르겠는가?" 확실한 것은 반인반수, 동물, 인간이라는 신의 세 가지 형상 모두 고대 이집트의 상형문자 기록, 조각품, 장신구, 장례와 종교 용품 등에 광범위하게 등장하지만 셋 중 어느 하나도 다른 것보다 우세해 보이지 않는다는 점이다.

이집트인들은 신이 다양한 모습을 가지고 있다고 믿었고, 실제로 이러한 믿음을 뒷받침할 만한 상당한 양의 증거들이 존재한다. 이집트의 옛 주택이나 신전, 무덤에서 발견되는 조각상들이 신의 본래 모습 그대로는 아니지만 신들은 그 조각상에 깃들 수 있었다. 이집트 에드푸Edfu의 호루스 신전에는 다음과 같은 글귀가 새겨져 있다. "호루스는 자신의 조각이 황좌에 앉아 있는지 확인하기 위해 날마다 하늘에서 내려온다. 그런 다음 조각에 들어가 숭배의 대상이 된 조각과 자신을 일치시킨다." 또한 신은 파라오 같은 인간에게 깃들 수도 있고 동물에게 깃들 수도 있었다. 형이상학 교수이자 전문가인 오노라 핑켈스타인Honora Finkelstein은 다음과 같은 예를 들어 이를 설명했다.

아피스Apis는 멤피스의 신성한 황소였다. 전설에 따르면 아피스는 프타Ptah 신이 수태시킨 처녀 암소에게서 태어났다고 한다. 황소 아피스는 프타 신의 아들로써 숭배되다가 25살이 되는 해에 제물(왕을 대신하는 희생 제물이었을 것)로 바쳐졌고, 그 자리는 새로운 아기 황소로 대체되었다. 아피스 숭배가 중요하다고 생각했던 프톨레마이오스 I세Ptolemaios I는 오시리스와 아피스를 결합해 세라피스Serapis라는 신을 만들어냈다. 세라피스

는 후일 로마제국 전역에서 여신 이시스Isis와 함께 크게 추앙받았다.[1]

이집트의 신들은 전통적인 셰이프시프터들처럼 겉모습을 다르게 변형시켰다가 본래의 모습으로 되돌아오지는 않지만 이따금 다양한 모습으로 그려진다. 예를 들어 토트는 보통 따오기로 묘사되지만 때로는 흰색 개코원숭이로 표현되기도 한다. 또한 암컷 하마의 모습을 한 타와레트Taweret 여신은 풍만한 인간의 젖가슴과 나일강 악어의 등, 사자의 팔다리를 모두 지니며 두 발로 걸을 수 있다. 변신을 하든 하지 않든 이집트의 신과 여신들은 인간과 동물이 긴밀한 관계를 맺고 있다는 사실을 강하게 상기시킨다. 나아가 이들은 근대적 셰이프시프터 개념의 시초라고 볼 수 있다.

학자들 중에는 셰이프시프터를 보다 좁게 정의해서, 인간이라는 자각을 유지하면서도 마음대로 동물로 변신했다가 인간으로 되돌아올 수 있는 능력을 지닌 사람으로 한정하는 경우도 있다. 셰이프시프터는 매우 근대적인 개념이지만 이 개념의 뿌리는 고대에 형성되었기 때문에 셰이프시프터의 원형을 이해하기 위해서는 고대의 다양한 변형 방식들을 살펴봐야 한다.

그리스·로마 신화는 환상적인 변신 이야기들로 넘쳐나는데 여기서도 인간의 모습을 바꾸는 일은 신의 몫이다. 그리

인간과 동물의 특징을 모두 가지고 있는
이집트 여신 타와레트의 조각상(기원전 664~332년 추정)

스·로마 신화에서의 변신은 보통 영구적이지만 다시 인간의 모습으로 되돌아가는 경우도 있다. 심지어 인간에서 다른 형태로, 거기서 또 다른 형태로 연속적인 변신이 일어나기도 한다. 고대 로마의 시인 오비디우스Ovidius가 쓴 《변신 이야기Metamorphoses》 제8권에서 강의 신 아켈로오스는 아테네 전사 테세우스에게 환대를 베풀며 신들의 변신 능력에 대해 이야기한다.

> 세상에서 가장 용맹한 영웅이여,
> 세상에는 한 번 모습을 바꾸면
> 그 모습으로 계속 남아 있는 자들이 있는가 하면
> 여러 모습으로 모습을 바꿀 수 있는 능력을 가진 자들도 있소
> 예컨대 대지를 에워싼 바다에서 살고 있는
> 프로테우스가 그렇다오
> 그는 젊은이가 될 수도 있지만,
> 사자도 사나운 멧돼지도 될 수 있고 뱀이나 황소가 될 수도 있소
> 돌이나 나무, 강이 될 수도 있고
> 심지어는 물과 상극인 불이 될 수도 있다오

아켈로오스는 자신도 셰이프시프터라며 말을 잇는다.

> 내 이야기를 해주겠소. 늘 그럴 수 있는 건 아니지만
> 나 역시도 자주 모습을 바꾸고는 한다오

나는 뱀이기도 하고 황소 떼의 우두머리이기도 하오

뿔에 나의 온 힘을 모았지만,

그대도 보다시피, 그중 하나는 사라지고 없소

신들은 다양한 목적을 달성하기 위해 변신 능력을 이용했다. 대부분은 인간 여성 혹은 하급 신을 유혹하기 위해, 더 정확히 말하면 강간하기 위해 동물이나 인간으로 모습을 바꿨다. 제우스Zeus(로마 신화에서는 유피테르Jupiter)는 이 분야에서 자타가 공인하는 최고의 챔피언이다. 이로 인해 그의 아내이자 누이인 헤라Hera(로마 신화에서는 유노Juno)가 분노와 좌절을 느꼈음에도 불구하고 그는 변신하기를 주저하지 않았다. 제우스의 변신 목록에 있는 내용 중 일부를 나열하면 다음과 같다. 제우스는 독수리의 모습으로 아스테리아를, 불꽃 형상으로 아이기나를, 양치기 모습으로 므네모시네를 유혹했다. 아르테미스Artemis(로마 신화에서는 디아나Diana) 여신의 모습으로 변신해서 님프 칼리스토를 유혹한 적도 있다. 헤라도 뻐꾸기로 변한 제우스에게 마음을 주어 결혼하게 되었다. 그런가 하면 제우스의 형제 포세이돈Poseidon(로마 신화에서는 넵투누스Neptunus) 역시 변신 유혹 부문에서 둘째가라면 서러운 신으로 황소, 숫양, 종마, 새, 돌고래, 강물 등여러 모습으로 나타나 여성의 관심을 얻는 데 성공했다.

신들은 자신이 받은 부당한 대우(그것이 아무리 사소하더라도)를 갚아주기 위해 변신하기도 했다. 다른 신에게 부당한 취급

프랑스의 조각가 알베르 에르네스트 카리에르 벨뢰즈의 작품(1870년경).
백조로 변신해 스파르타의 왕비 레다를 유혹하는
제우스의 모습을 묘사했다.

을 받은 경우에는 그 신을 추종하는 불운한 인간에게 복수하는 것이 일반적이었다. 아무리 신이라 할지라도 다른 신이 한 일을 되돌릴 수는 없었기 때문이다. 때때로 신들은 인간에게 자신의 변신 능력을 무자비하게 행사했다. 이를테면 아르테미스 여신은 숲에서 나체로 목욕하는 자신을 우연히 목격했다는 이유로 사냥꾼 악타이온을 사슴으로 만들어버렸는데, 주인을 알아보지 못한 사냥개들이 사슴으로 변한 악타이온을 공격해 죽이고 말았다.

오비디우스의 《변신 이야기》에는 타락한 아르카디아의 왕 리카온Lycaon이 심부름꾼을 죽이고 그 인육으로 요리를 만들어 인간으로 변장한 제우스에게 대접한 이야기도 나온다. 제우스는 이 흉악한 행동을 벌하기 위해 리카온을 늑대로 만들었다.

> 양에게 등을 돌린 그는 입에서 거품을 뚝뚝 떨어뜨리고
> 살육의 기쁨에 몸서리쳤지만 여전히 피에 굶주려 있었다오
> 팔은 다리로, 옷은 덥수룩한 털로 바뀌었지만
> 그자는 여전히 리카온이었소
> 잿빛 털도, 포악한 얼굴도, 핏발 선 눈도 그대로였고
> 잔인한 야수의 모습도 그대로였다오

리카온은 최초는 아니지만 적어도 기록상으로는 가장 오래된 늑대인간 중 하나다. 또한 자신이 늑대인간이라고 믿는 '낭광병lycanthropy'의 병명도 리카온의 이름에서 따온 것이다.

오비디우스의 《변신 이야기》에 등장하는 이야기를
판화로 옮긴 헨드릭 홀치우스의 〈늑대로 변한 리카온〉(1589)

그렇다고 해서 신들이 항상 복수심에 불탔던 것은 아니다. 때로는 곤경에 빠진 인간이나 님프를 변신시켜 나쁜 상황으로부터 그들을 구하기도 했다. 예컨대 강의 신 페네오스는 딸 다프네가 태양의 신 아폴론의 구애를 피해 도망치다 위기에 처하자 그녀를 보호하기 위해 월계수로 변신시켰다.

　　고대 설화에서 변신은 신과 신의 대리인 역할을 수행하는 특별한 인간만이 행사할 수 있는 능력이었다. 신들은 변신 능력을 통해 세계가 판이고 인간이 말 역할을 하는 일종의 체스 게임을 둘 수 있었다. 신들이 이 능력을 독점하는 한, 인간이 신에게 도전하는 것 자체가 불가능했다.

　　고대 세계에서 변신이라는 모티프는 다신교를 믿었던 이집트, 그리스, 로마뿐 아니라 문화적 경계를 넘어 유일신을 숭배했던 유대교 사회에서도 나타났다. 구약성서 창세기 19장 24~26절에서 신은 소돔과 고모라라는 타락한 도시들을 멸망시킨다. 이때 의인이었던 롯과 그 아내에게는 달아날 때 뒤를 돌아보지 않는다면 살려주겠다고 한다. 롯의 아내는 호기심을 이기지 못하고 금기를 어겨 뒤를 돌아봤고, 그 순간 소금 기둥으로 변해버린다. 출애굽기 3장 1~15절에서 신은 불타는 덤불의 형상으로 나타나 모세에게 이야기한다. 뒤이어 출애굽기 4장 1~5절에서 모세가 신에게 이스라엘인들이 자신을 지도자로 따르게 하려면 어찌해야 하냐고 물으니, 신은 평소 가지고 다니는 지팡이를 땅에 던지라고 답한다. 그 말대로 하자 지팡이가 순식간에 뱀으로 바뀐다. 모세는 두려움에 떨며 달아나고 그런 그에게 신은 돌아와 뱀의 꼬리를 잡으라고 명한다. 그러자 뱀은 꼬리부터 다시 지팡이로 변한다. 이로써 신은 자신이 이스라엘인의 지도자 모세와 함께하고 있음을 입증한다. 민수기 22장 28~31절에서는 발람Balaam의 나귀가 사람처럼 말하며 자신을 때린 발람을 꾸짖는다. 또한 다니엘서 4장 33절에서는 신바빌로니아의 왕 네부카드네자르Nebuchadnezzar가 신을 부정한 벌로 왕국과 왕위를 잃고 들짐승(아마 늑대인 듯하다)으로 변한다.

바로 그때에 이 일이 나 느부갓네살(네부카드네자르)에게 응하므로 내가 사람에게 쫓겨나서 소처럼 풀을 먹으며 몸이 하늘 이슬에 젖고 머리털은 독수리의 깃털과 같이 자랐고 손톱은 새의 발톱과 같이 되었더라.

간혹 천사들이 인간의 형상을 취하는 경우도 있었다. 신약성서 히브리서 13장 2절에서는 다음과 같이 경고한다. "손님 접대하기를 잊지 말라. 이로써 부지중에 천사들을 대접한 이들이 있었느니라." 신약성서에는 신의 변신 능력을 보여주는 구절들도 있다. 누가복음 3장 22절은 "성령이 비둘기 같은 형체로 그의 위에 강림하시었다"고 전한다. 24장에는 부활한 예수가 엠마오로 가는 두 제자에게 나타나 곁에서 함께 걷지만 제자들은 예수를 알아보지 못하는 장면이 나온다. 이때 복음에서는 "그들의 눈이 가리어져서 그인 줄 알아보지 못했다"고 전한다. 왜 제자들은 예수와 오랜 시간을 함께 보냈으면서도 그를 알아보지 못했던 걸까? 예수가 제자들의 믿음을 시험하기 위해 자신의 모습을 일부러 바꿨던 것은 아닐까?

또 다른 고대 성서에서도 예수가 셰이프시프터로서 남다른 능력을 가졌을지도 모른다는 가능성이 엿보인다. 2012년에 네덜란드 위트레흐트대학 기독교사학 교수 로엘로프 판 덴 브룩 Roelof van den Broek은 뉴욕의 모건 라이브러리 앤드 뮤지엄에 소장된 이집트 콥트교회 성서(거의 1,300년 전에 쓰인)를 번역하고 주해를 달았다. 브룩 교수에 따르면 이 콥틱 판본Coptic text 성서 외경外經에는 현재의 공식적인 성서에는 등장하지 않지만, 로마 행정관이었던 빌라도가 예수 처형 전날 밤 예수와 만찬을 나누면서 예수 대신 자신의 아들을 희생물로 바치겠다고 제안하는 장면이 나온다. 오랫동안 회자되어온 이 이야기는 성서를 구성하는 정경正經으로 인정받고 있지는 않지만 쓰일 당시의 이집트 사람들에게는 사실로 여겨지곤 했다. 이 고대 성서에서 무엇보다 흥미를 자아내는 대목은 예수가 셰이프시프터였을지도 모른다고 추측하는 구절이다. 콥틱 판본에는 다음과 같은 내용이 등장한다.

그러자 유대인들이 유다에게 말했다. 어떻게 하면 예수를 체포할 수 있겠는가? 그는 한 가지 형상을 하고 있지 않아서 겉모습이 일정하지 않다. 어떤 때는 불그스레하게 혈색이 좋다가도 어떤 때는 수도사처럼 창백하고, 어떤 때는 젊은이였다가 어떤 때는 노인이며, 피부색도 어떤 때는 희었다가 어떤 때는 붉었다가, 또 어떤 때는 밀빛 갈색이다. [2]

브룩 교수의 번역본에 따르면, 예수는 변신 능력을 가지고 있었기 때문에 그를 체포하기 위해 겟세마네 동산에 오른 유대인들은 예수를 확인할 방법이 필요했다. 예수의 열두 제자 중 한 사람인 유다는 언제든 예수를 알아볼 수 있었다. 그는 유대인들에게 입맞춤을 하여 누가 예수인지 알려주겠다고 말한다. 유다의 입맞춤에 관한 이 같은 해석은 2세기 신학자 오리게네스 Origenes의 저술에서도 발견할 수 있다. 오리게네스는 《켈수스에 대한 반론 Contra Celsum》에서 "예수를 만났던 사람들에게 그는 모두 다른 모습으로 보였다"고 이야기했다. 고대의 다른 신들처럼 예수도 신이자 셰이프시프터였다고 보는 사람들도 있다. 이들의 관점에서 보면 예수의 삶 자체가 일련의 연속적인 변신 과정이라고 할 수 있다. 영적 존재인 신에서 신의 화신인 인간으로 태어났다가 죽음을 맞이한 후 부활하여 다시 영적 존재인 신으로 되돌아가는 것처럼 보이기 때문이다.

신과 신의 대리인이 셰이프시프터라는 생각은 지중해나 중동과 지리적으로 먼 곳의 고대 문화에서도 찾을 수 있다. 북유럽 신화의 오딘Odin은 아스 신족의 영토인 아스가르드Asgard에서 모든 신을 다스리는 최고신이다. 오딘은 때때로 외눈박이 노인의 모습으로 변신해 인간 세상을 떠돌며 영웅들에게 지식과 지혜를 주었다. 오딘의 양아들이자 속임수의 신인 로키Loki 또한 셰이프시프터였다. 북유럽 신화 중 '아스가르드의 성벽' 이야기에서 암말로 변신한 로키는 거인족의 말 스바딜파리Svadilfari와 교미하여 슬레이프니르Sleipnir를 낳는데, 다리가 8개 달린 이 망아지는 훗날 오딘이 타고 다니는 마법의 명마로 자란다.

신성한 존재의 변신 이야기는 아시아, 특히 인도와 중국, 한국, 일본 문화에도 자주 등장한다. 일본에서 가장 흔히 회자되는 셰이프시프터는 너구리 다누키たぬき와 여우 기쓰네きつね다. 일본인들은 셰이프시프터들을 한데 묶어 헨게へんげ라 부르기도 한다. 모습을 바꾸는 여우의 기원은 본래 인도에서 시작된 것으로, 이러한 '여우 주술' 설화는 중국과 한국을 거쳐 일본에 전해졌다. 일본에서 여우는 쌀의 여신 이나리稲荷와 관계가 있다고 여겨졌는데 벼가 자라기 시작하는 봄에 여우가 나타나기 때문인 듯하다. 이나리의 전령인 여우는 선과 악 모두를 행할 수 있는 초자연적 힘을 지녔다. 그래서 환영을 불러일으키고 꿈에 나타나며 인간이 숨기고 있는 모든 비밀을 듣고 볼 수 있었다. 또한 다양한 모습으로 변할 수 있는 능력도 가지고 있었다. 특히 여우가 매혹적인 여성으로 변신해서 비열한 인간을 유혹해 농락하거나 착한 사람을 보호하고 그들에게 보답하는 이야기가 가장

18세기 아이슬란드 기록물에 나오는 속임수의 신 로키

널리 알려져 있다. 인간으로 변신한 암컷 여우는 인간 남성과의 사이에서 아이를 가질 수 있다. 하지만 이 여우 기쓰네가 변신을 하거나 인간을 홀릴 수 있으려면 백 살이 넘어야 한다. 이들의 능력은 세월이 흐를수록 강해지는데, 천 살이 되면 털이 금색이나 은색, 혹은 백색으로 변하고 아홉 개의 꼬리가 생기며 모든 것을 꿰뚫어볼 수 있는 능력이 생긴다.

〈홍등가의 여우〉라는 제목의 기쓰네 이야기에는 가난하지만 정직한 나무꾼이 등장한다. 올가미에 걸린 암컷 여우를 발견한 나무꾼은 동정심이 들었지만 사냥꾼의 포획물을 훔치는 것은 내키지 않았다. 그래서 여우를 풀어주는 대신 집으로 달려가서 자신의 전 재산인 은화 한 닢을 가져와 그 자리에 남겨두었다. 다음 날 밤 여우가 은혜를 갚기 위해 나무꾼을 찾아왔다. 품위 있는 비단옷을 차려입은 아리따운 처녀의 모습으로 나타난 여우는 그에게 자신을 도시의 홍등가에 팔아넘기라고 말한다. 착한 나무꾼은 이 제안에 반대했지만, 여우는 그가 그렇게 하더라도 비난하지 않을 것이며 자신은 다시 여우로 변해 홍등가를 빠져나올 것이라고 설득했다. 마음이 흔들린 나무꾼은 그녀를 도시로 데려가서 홍등가에 넘기고 그 대가로 상당한 금화를 얻는다.

한편, 홍등가를 지나던 왕자가 아름다운 처녀(여우)를 보고 반해 그녀를 궁궐에서 열리는 잔치에 데려간다. 잔치에서 그녀는 모든 남성의 관심을 한몸에 받았다. 그러던 중 갑자기 불이 꺼져 아무것도 보이지 않게 되자 그녀는 누군가가 자신의 몸을 더듬고 있다며 비명을 질렀다. 그녀는 이런 치욕을 견디며 살 수는 없다고 선언하더니 방으로 뛰어 들어갔다. 옷을 벗어 창문 밖 강으로 던져버린 여인은 여우의 모습으로 돌아가 창문을 통해 탈출했다. 강에서 여인의 옷을 건져낸 왕자는 그녀가 물에 빠져 죽었다고 믿는다. 다음 날 밤, 여우는 다시 여인으로 변신해 훨씬 더 우아하게 꾸미고 가난한 나무꾼을 찾아갔다. 그녀가 그의 아내가 되고 싶다고 했지만, 그는 자신이 그녀에게 어울리지 않는다며 거절했다. 그러자 여인은 누구든 자신이 수치스러움을 이기지 못하고 자살했다고 생각할 테니 홍등가 주인에게 가서 사망 변상금을 요구하라고 말한다. 그 말대로 한 나무꾼은 또 한 번 엄청난 금화를 받아 부자가 되었다.

이튿날 밤, 이제는 부유해진 나무꾼이 문간에 앉아 있는데 이번에는 여인이 벌거벗은 채 나타난다. 그녀는 아름다움으로 그를 유혹하면서 첩으로 삼아달라고 부탁했다. 그러나 나무꾼은 그녀를 보지 않기 위해 자신의 두 눈을 가리며 그럴 수는 없다고 답한다. 그러자 여인은 기쁨의 탄성과 함께, "참으로 청렴한 인간이구나! 내가 지상에서 여우로 500년의 세월을 살았지만 나를 자유롭게 할 만큼 덕을 갖춘 인간은 처음 보았다. 축복과 은총을 받으리라"라며 감탄했다. 나무꾼의 정직함과 순수함 덕분에 여우의 모습에서 영원히 벗어나게 된 그녀는 그 말을 남기고 그의 눈앞에서 사라졌다.

이 이야기는 기쓰네 설화의 전형적 특징들을 보여준다. 기쓰네의 변신 능력뿐 아니라 사람의 마음을 사로잡는 매력, 자신을 슬기롭게 대하는 사람에게 행운을 가져다주는 습성 등이 포함되어 있다. 기쓰네 설화가 다른 셰이프시프터 이야기들과 다른 점이 있다면, 기쓰네가 여우의 모습으로 덫에 걸렸고 자신이 가지지 못한 어떤 힘(이 이야기에서는 인간의 정직함과 순수함)의 도움이 있어야만 자유로워질 수 있다는 것이다. 이나리 여신과 밀접한 관련이 있는 기쓰네는 복을 주는 신성한 존재로 볼 수 있지만, 동시에 훗날 유행하게 되는 '저주를 내리는 셰이프시프터' 유형의 초기 사례로 해석할 수도 있다.

　　신과 연관된 셰이프시프터들 가운데 가장 고약한 존재 중 하나인 락샤사rakshasa는 인도 신화에서 처음 등장했고 힌두교의 영향을 받은 불교 문화에서도 발견된다. 락샤사는 잠자던 창조의 신 브라흐마Brāhma의 숨결에서 태어났다(브라흐마의 발에서 만들어졌다는 설도 있다). 이제 막 창조된 락샤사는 굶주림과 살인 충동에 눈이 뒤집혀 브라흐마를 먹어치우려 했고, 놀란 브라흐마가 "락샤마Rakshama!"라고 외쳤다. 락샤마는 산스크리트어로 '나를 보호해줘'라는 뜻이다. 그러자 유지의 신 비슈누Viṣṇu가 나타나 브라흐마를 구한 뒤 락샤사를 지상으로 추방했다. 그때부터 락샤사는 인간에게 골칫거리가 되었다.

　　변신하지 않은 본래 모습의 락샤사는 거대하고 엄청나게

힘이 세며 커다란 배를 가진 식인귀로, 인간의 살을 먹고 산다. 아이나 여성, 약자에 대한 락샤사의 식욕은 도무지 채워질 줄을 모른다. 락샤사는 인간을 닮았지만 붉은 눈, 날카로운 갈고리 모양의 손톱, 비정상적으로 긴 혀와 송곳니 등 기형적이고 보기 흉한 외모를 지녔다. 마법 능력이 강해지는 밤에는 늑대인간이나 뱀파이어처럼 날아다니며 사냥할 수 있다. 하지만 흡혈귀와는 달리 락샤사는 사원을 공격하고 종교 예식, 특히 결혼식을 방해하는 일을 즐긴다. 또한 눈에 보이지 않게 변할 수 있고 죽은 사람을 되살려낼 수 있다. 셰이프시프터인 락샤사는 무엇으로든, 누구로든 변할 수 있다. 독수리나 올빼미 같은 새가 되는 것을 가장 좋아하지만 일본의 기쓰네처럼 아름다운 여성으로 변신해서 어리숙한 남성들을 유혹해 먹어치우기도 한다. 여성들 앞에 연인이나 남편의 모습으로 나타날 때도 있다.

　　락샤사는 힌두교와 불교 경전에도 등장하는데, 대개의 경우 인간을 극도로 증오하는 용서받지 못할 사악한 악귀로 그려진다. 하지만 예외도 있다. 고대 인도의 대서사시《라마야나Rāmāyaṇa》에 나오는 비브히시하나Vibhishhana는 바르고 경건한 삶을 사는 락샤사다. 그에게는 라바나Ravana라는 형제가 있었는데, 랑카(오늘날 스리랑카)의 왕인 라바나는 사악한 성품의 소유자였다. 어느 날 라바나가 라마Rāma 왕자의 아내 시타Sitā를 납치했다. 라마는 원숭이 전사 군단을 이끌고 라바나와 전투를 벌였고, 라바나는 눈에 보이지 않는 락샤사들을 라마 진영에 보낸다. 이

인도네시아 욕야카르타Yogyakarta에 있는 락샤사 조각상

때 비브히시하나가 마법으로 침략자들을 눈에 보이게 만들어 라마 군대가 그들을 공격할 수 있게 도왔다. 결국 라바나는 전투 중에 죽음을 맞이했고, 라마는 보답으로 비브히시하나를 랑카의 왕으로 삼았다.

1907년 닥시나란잔 미트라 마줌다르Dakshinaranjan Mitra Majumdar가 수집한 구전설화 모음집《할머니의 이야기 가방 Thakurmar Jhuli》에는 〈달림 쿠마르Dalim Kumar〉라는 제목의 섬뜩하고 기괴한 벵골 설화가 실려 있다. 아주 먼 옛날 사악한 암컷 락샤사 한 마리가 궁전 정원의 야자나무에 살고 있었다. 궁전의 주인인 선량한 여왕에게는 비밀이 하나 있었는데, 자신의 생명을 주사위 속에 담아 보호하고 있다는 것이었다. 궁전 안에서 오직 락샤사만 이 비밀을 알고 있었다. 그러던 어느 날 여왕의 어린 아들이 정원에서 주사위를 가지고 노는 것을 지켜보던 락샤사가 거지 여인으로 둔갑해 왕자에게 다가가 주사위를 달라고 구걸한다. 비밀을 알지 못하는 왕자는 주사위를 주었고, 락샤사는 주사위를 받자마자 꿀꺽 삼켜버리고는 여왕의 모습으로 변했다. 이후 락샤사는 독사, 쥐, 지렁이 등 다양하게 모습을 바꿔가며 악행을 저지른다. 오랜 시간이 걸리지만 결국 정체가 드러난 락샤사는 죽임을 당하고 여왕이 부활해 모든 일이 해결되며 이야기가 끝난다.[3]

힌두교에서 유지의 신 비슈누는 우주의 질서를 보존하고 인류를 지킨다. 그는 질서를 바로잡기 위해 다양한 모습의 화신으로 지상에 내려온다. 비슈누는 서로 다른 10개의 화신으로 표현되는데, 이를 지상에 나타난 순서대로 정리하면 다음과 같다. 첫 번째 화신인 물고기 마츠야는 지상을 멸한 대홍수로부터 최초의 인간 마누를 구한다(기독교의 노아처럼 마츠야도 모든 종의 동식물을 한 쌍씩 배에 실어 다시 시작될 새로운 세상으로 데려간다). 두 번째 화신은 바닷속으로 가라앉은 육지를 떠받쳐 지탱한 거북이 쿠르마, 세 번째 화신은 그 육지를 어금니로 끌어올린 멧돼지 바라하다. 이어서 반은 인간이고 반은 사자인 나라싱하, 난쟁이 소년 바마나, 도끼를 휘두르는 전사 파라슈마라, 이상적인 영웅 라마, 검푸른 얼굴의 유쾌한 젊은이 크리슈나, 불교의 창시자인 가우타마 싯다르타(석가모니)로 등장한다. 마지막 화신인 '어둠의 파괴자' 칼키는 세계가 무너져갈 때 불타는 칼을 찬 채 백마를 타고 나타나 모든 악을 없애고 새로운 세계를 여는 구원자다.

　　인도와 동아시아의 불교와 힌두교에서는 나가naga라는 신령한 존재에 관한 이야기도 전해진다. 인간과 뱀의 특징을 동시에 가진 나가는 인간에서 뱀으로, 뱀에서 인간으로 변신한다. 물의 정령으로 여겨지기도 하는 나가는 자신에게 해를 입히지 않는 한 인간에게 심술궂게 굴지 않는 편이다. 하지만 자연을 파괴하는 인간들에게는 분노하며 벌을 내리기도 한다. 인도 남부의 여러 지역에서는 나가를 풍요와 번영을 가져오는 존재로 숭배한다. 힌두교 의식 도중 여성들이 뱀 여신을 돌에 새긴 초상 앞에 제물을 바치기도 하는데, 개미탑(혹은 뱀이 살고 있는 개미탑)

초상이 여신을 대신할 때도 있다. 나가를 열렬히 숭상하는 지역 사람들은 뱀에게 해를 입히지 않으려고 주의한다. 뱀에게 해를 입힌 사람은 '나가의 저주naga dösam'에 걸려 결혼이 늦어지고 아이를 갖지 못하게 되기 때문이다. 그리고 이 저주는 대규모의 종교의식을 행해야만 풀 수 있다고 믿었다.

아시아의 많은 불교 국가들에서, 특히 태국에서 나가는 거대하고 현명한 뱀으로 여겨지고, 용과 관련이 있다고 보기도 한다. 태국의 불교 사원에서는 나가의 모습이 묘사된 세공 장식들을 어렵지 않게 찾을 수 있다. 불교에서 나가는 거대한 코브라의 모습을 하고 있는데, 간혹 머리가 여러 개 달려 있는 경우도 있다. 또한 불교 회화와 조각을 살펴보다 보면 앉아 있는 부처 뒤에서 마치 커다란 우산처럼 머리를 쳐들고 태양과 비로부터 부처를 보호하는 코브라를 발견할 수 있다. 불교에서는 마법을 사용해 인간으로 변신해서 승려가 되려 했던 나가의 이야기가 전해진다. 이 이야기에서 부처는 나가를 말리면서 다음에 완전한 인간으로 환생한다면 승려가 될 수 있을 거라며 위로한다.

전 세계에서 발견되는 신과 여신의 변신 이야기들은 고대에 만들어진 진부하고 낡은 유물 같아서 현시대와는 맞지 않는 것처럼 보일지도 모른다. 그러나 이러한 생각은 오래된 변신 이야기들이 지속적으로 발휘하고 있는 힘과 인간의 정신세계에 미치는 영향력을 간과한 것이다. 예를 들어 고대 하와이 신화에는 화산활동을 통해 대지의 모습을 바꿔놓을 수 있을 뿐 아니라 변신 능력도 가지고 있는 펠레^{Pele} 여신이 등장한다. 불같이 격렬하고 용암처럼 빠르게 끓어오르는 펠레 여신은 매력적인 처녀로 변신해 여러 연인의 목숨을 빼앗을 만큼 격정적이고 변덕스럽다고 알려져 있다. 펠레의 연인 중 하나인 반인반신 카마푸아아$^{Kamapua'a}$ 역시 돼지, 물고기, 식물로 변할 수 있는 셰이프시프터였다. 전설에 따르면 펠레는 하와이섬 킬라우에아산 정상의 칼데라^{Caldera}(강한 폭발로 인해 화산의 분화구 주변이 무너져 생긴 분지)에 산다. 그리고 오늘날에도 여전히 섬사람들 사이를 돌아다니고 있다. 1795년에 하와이에서 태어난 역사학자 데이비드 말로$^{David\ Malo}$는 인간의 모습으로 변신한 펠레에 대해 다음과 같이 저술한 바 있다.

> 펠레 여신의 인간 화신들은 머리카락을 있는 대로 세우고 다니는 습관이 있었다. 타오르는 듯한 붉은 눈을 한 채 갖고 싶은 물건을 보면 위협적으로 구걸했다. "이걸 주지 않는다면, 펠레 여신에게 잡아먹힐 거다!"라고 말이다. 이 방식에 많은 사람이 당했는데, 펠레 여신이 진짜로 자신을 잡아먹을지도 모른다고 두려워했기 때문이다.[4]

현재에도 하와이섬 운전자들 사이에는 펠레 여신을 봤다는 이야기들이 넘쳐난다. 킬라우에아산이 포함된 하와이 화산

국립공원Hawaii Volcanoes National Park을 가로질러 운전하다가 작은 개를 데리고 다니는 온통 흰색 옷차림의 노부인을 만나서 차에 태웠는데, 가다가 룸미러를 보니 뒷자리가 비어 있었다는 이야기 같은 것들 말이다. 하와이 사람들은 이 노부인 히치하이커가 펠레 여신이라고 믿는다.

제우스부터 비브히시하나와 펠레에 이르기까지, 전 세계의 많은 문화 속에서 여러 신과 여신이 셰이프시프터로 등장한다. 과학과 기술로 우주의 신비를 설명할 수 없었던 고대에 신은 전지전능한 최고의 존재였다. 신들이 이 엄청난 힘을 부여받을 수 있었던 것은 그들이 변신 능력을 가지고 있었기 때문이다. 하지만 문명이 발달하고 인간의 호기심과 지식이 증가하면서 인간은 신들에게 도전했다. 인간은 점점 더 오만해졌고 과거에는 신만 소유했던 능력들을 찬탈하기 시작했다. 기술과 과학, 심지어는 마법과 연금술이 그러한 도전에 동원되었다. 변신, 즉 자신의 자아를 무언가 다른 '타자他者'로 바꾸는 능력은 신이 가진 힘 가운데 가장 탐나는 것이었다. 인간은 바로 이 힘을 신에게서 빼앗기 위한 방법을 모색하게 되었다.

2
인간의 변신
인간, 신이 되다

고대에는 오직 신과 여신만 변신 능력을 지녔다. 하지만 인간의 정신이 계속 계몽됨에 따라 주술사, 마법사, 그 밖의 무속인들은 신에 대한 믿음을 잃어갔고 신의 능력들을 훔쳐내기 시작했다. 변신 능력도 그중 하나였다.

††‡

"외계인은 이미 여기에 존재하고 있습니다. 그들은 수백 년 동안 이 나라에 숨어 살고 있죠. 그들은 셰이프시프터입니다. 겉보기에는 평범한 사람 같지만, 실은 외계인이랍니다." 이 우스꽝스러운 대사는 2017년 3월에 방영된 미국 NBC의 TV쇼 〈새터데이

나이트 라이브Saturday Night Live〉에서 도널드 트럼프 전 대통령으로 분장한 배우 알렉 볼드윈Alec Baldwin이 외계인 침공에 맞서 내뱉은 말이다. 여기서 외계인은 미국 내 불법 이민자들을 살짝 돌려 말한 것이지만, 그들을 '셰이프시프터'라고 부른 것은 볼드윈이나 쇼 제작자의 의도와는 조금 다른 방향으로 해석될 수 있다. 아마도 이들은 전 세계에 수백만 명이 넘는 사람들이 외계인의 존재를 (더 정확히 말하자면 파충류형 외계인인 렙틸리언reptilian이 인간으로 변신해서 인간들 사이를 배회하고 있다는 것을) 믿고 있다는 사실을 몰랐던 모양이다. 실제로 외계인을 믿는 사람들은 외계인이 수천 년 동안 우리 가운데 존재하면서 지구를 빼앗을 날을 조용히 기다리고 있다고 주장한다. 어떤 면에서 이 믿음(증거가 충분하지 않아 이론이라고 하기는 어렵다)은 옛 신들의 능력, 그중에서도 자기 자신이나 다른 사람들을 자신이 원하는 모습으로 변신시키는 능력에 대한 믿음에서 이어진 것이라 볼 수 있다. 낡고 오래된 신을 외계인이라는 미지의 존재로 대체하고, 그들에게 과거의 신처럼 엄청난 능력을 부여해 그들이 다시 인류를 지배할 것이라 여기기 때문이다.

이는 흥미로운 동시에 한편으로는 당연한 결과다. 인류가 어두운 선사시대 동굴에서 나와 과학과 기술, 통신을 점차 발전시킴에 따라 과거의 신들이 지닌 결함이 뚜렷이 드러났다. 일례로 번개가 자연 상태에 존재하던 전기가 방전되면서 일어나는 현상이란 것은 이제 누구나 다 아는 사실이다. 번개는 제우스의 힘에 의한 것이 아니라, 구름과 지면 사이에서 혹은 구름 내부에서 만들어진 고전압이 아주 짧은 시간 동안 방전되면서 번쩍이는 섬광이 일어나는 것이고 대개의 경우 우렁찬 천둥을 동반한다. 또한 화산 폭발은 펠레 여신의 불같이 격렬한 기질 탓이 아니라, 지구 표면이 균열을 일으키며 지하의 마그마 핌magma chamber에서 뜨거운 용암, 화산재, 가스가 분출되는 것이다. 과거에 신의 뜻이라고 믿어졌던 신비롭고 무섭고 초자연적인 현상 중 대부분이 과학에 의해 설명되었고, 그로 인해 많은 신들이 사라지게 되었다. 그러나 전부가 사라진 것은 아니다.

인류는 여전히 삶과 죽음의 깊이를 가늠할 수 없었고, 세상에 고통이 존재하는 이유나 우리가 존재하는 목적과 같은 기본적인 질문에 답할 수도 없었다(이 질문들에 정답이 있다면 말이다). 이 심오한 질문들은 과거의 신만이 답할 수 있는 문제라고 여겨졌다. 그래서 인간은 신앙을 창조했다. 과거의 신에게 인간이 답하지 못하는 문제들을 떠넘김으로써 인간은 걱정을 덜게 되었다. 인간이 신을 믿는 한 신이 모든 것을 알아서 처리해줄 것이기 때문이다. 그러나 과학과 기술이 진보하고 누구나 손에 넣을 수 있는 (처음에는 인쇄기를 통해, 지금은 컴퓨터와 스마트폰을 통해) 지식의 양이 기하급수적으로 증가하면서, 인간은 가질 수 있을 거라고 꿈도 상상하지 못했던 능력을 소유하게 되었으며 여러모로 신의 영역에 도전할 수 있게 되었다.

앞서 우리는 과거에 신과 신의 대리인이 어떻게 변신 능력을 독점했는지 살펴보았다. 그들은 변신 능력을 향한 인간의 접근을 차단해왔고, 실제로 인간은 신이 벌로 내리는 변신의 희생양이 되기 일쑤였다. 시간이 흘러 문명이 발달하면서 과학과 기술은 과거에 신만이 행사할 수 있었던 능력들을 인간에게 가져다주었고 그에 따라 변신을 할 수 있는 새로운 인간 계급이 생겨났다. 주술사, 마법사, 마녀, 마술사 등등 다양한 이름을 가진 이들은 신과 같은 초월적인 존재는 아니었다. 하지만 일반 서민들은 그들이 초자연적인 능력을 지녔고 이 능력이 그들을 신은 아니더라도 자신들과 다른 특별한 존재로는 만들어준다고 생각했다. 그들의 능력에는 한계가 있었지만 변신을 하는 데에는 문제가 없었다.

북유럽 전사 베르세르크berserkr는 이러한 셰이프시프터들 중에서도 가장 인상적인 존재일 것이다. 통제 불가능한 분노 상태에서 무아지경으로 전투에 임했던 베르세르크들은 미친 사람처럼 보였다. 일단 전투가 시작되면 그들은 입에 거품을 문 채 야생동물처럼 으르렁거리고 울부짖었으며 방패의 테두리에 둘러진 무쇠를 물어뜯었다. 오늘날 '난폭한', '길길이 날뛰는'이라는 의미로 사용되는 영단어 '버서크berserk'가 바로 이 베르세르크 전사에서 유래했다. 다른 지역 전설들처럼 북유럽 전설에도 셰이프시프터가 많이 등장한다(그중 오딘과 로키가 가장 유명하다). 베르세르크는 자신도 신들처럼 야생동물, 특히 곰, 늑대, 멧돼지로 변신할 수 있다고 믿었다. 아이슬란드의 역사가이자 시인인 스노리 스툴루손Snorri Sturluson은 《윙글링 일족의 사가Ynglinga Saga》에서 베르세르크에 대해 다음과 같이 말했다.

> 오딘의 전사들은 맨몸으로 돌진했다. 그들은 마치 개나 늑대와 같이 거칠고 사나웠으며 방패를 물어뜯었고, 곰이나 야생 황소처럼 무시무시하게 힘이 세서 단칼에 사람들을 죽였다. 불도 철제 무기도 그들을 막지 못했다. 사람들은 이런 상태를 '베르세르케르강Berserkergang'이라 불렀다.

전투에 나설 때 베르세르크는 늑대나 곰 가죽을 걸쳤고 때때로 가면을 쓰기도 했다. 그리고 이들이 죽으면 시신을 곰 가죽 위에 뉘여 장례를 치렀다. 동물의 가죽을 걸치면 그 동물의 힘과 교활함, 용맹함을 얻게 된다는 생각은 신석기시대 사냥꾼의 의식에서부터 이어진 것이다. 흥분하여 날뛰는 베르세르크의 모습을 가리키는 말인 'Berserkergang'이 만들어질 만큼 전장에서의 베르세르크는 '광분' 그 자체였다. 미국의 신경학자 하워드 파빙Howard D. Fabing은 베르세르크의 난폭한 행동이 환각 버섯, 그중에서도 독버섯인 광대버섯을 섭취했기 때문이라고 주장했다. 이 버섯에는 정신분열증을 일으키는 유독성 환각물질 부포테닌이 들어 있다. 파빙은 환각에 취한 베르세르크의 상태를 다음과 같이 묘사했다.

'베르세르케르강'이라 불렸던 이 분노 상태는 전투의 열기가 고조될 때뿐 아니라 힘든 노동 중에도 일어났다. 베르세르케르강에 사로잡힌 사람들은 인간의 힘으로는 불가능해 보였던 일들을 해냈다. 이 상태가 시작되면 보통 몸이 차가워지면서 몸을 사시나무 떨듯 떨고 이빨을 딱딱 맞부딪히며, 얼굴이 부풀어 오르고 낯빛이 변한다. 그와 동시에 엄청나게 성급해지고 이는 곧 통제할 수 없는 분노로 이어진다. 광기에 빠진 베르세르크는 들짐승처럼 울부짖고 방패 테두리를 씹으며 아군과 적군 구분 없이 마주치는 모든 인간을 베어버렸다. 분노가 잦아들면 정신이 혼미해지며 무력감이 뒤따랐다. 이 후유증은 짧게는 하루, 길게는 며칠간 계속되고는 했다.[1]

동맹국 전사들조차 전투 중에는 베르세르크와 거리를 두라는 경고를 받았다. 분노에 휩싸인 채 미쳐 날뛰는 베르세르크가 적군과 아군을 구별하지 못하고 아무에게나 덤벼들어 모두를 죽여버릴지도 몰랐기 때문이다.

바이킹 시대에는 늑대전사 울프헤딘Úlfheðinn과 멧돼지전사 스빈퓔킹svinfylking이 있었다. 베르세르크처럼 이 전사들도 동물 가면과 가죽을 걸치고 무아지경에 빠져 잔혹하게 싸웠다. 북유럽의 지도자들은 전투 초반부터 적에게 치명타를 가하기 위해 베르세르크와 울프헤딘, 스빈퓔킹 모두를 돌격대로 앞세웠다. 하지만 이들의 행동을 예측하기가 불가능해 12세기 무렵 베르세르크 전투 부대는 북유럽 전역에서 법으로 금지되어 사라졌다.

재미있는 사실은 이러한 셰이프시프터 전사들이 오늘날에도 여전히 존재한다는 의견이 있다는 것이다. 최근 라이베리아와 시에라리온에서 발발한 내전에서 멘데족 전사들은 전투 중에 심장이 "뜨겁게 달아올랐다"고 말했다. 이 상태가 되면 전사는 말 그대로 자신이 아닌 다른 누군가가 된 듯한 상태로 변한다. 평화로운 멘데족 사람에서 사나운 전사로 변신하면 엄청난 용기를 발휘하는 동시에 끔찍할 정도로 잔인해질 수 있다. 기자 출신 작가 겸 영화감독 세바스찬 융거Sebastian Junger는 멘데족 전사의 변신을 다음과 같이 기술했다.

나는 내전이 진행되는 동안 라이베리아와 시에라리온 두 곳 모두에 머물렀다. 전투 병사들이 '심장이 뜨거워지는' 경험을 했다는 것에는 의심의 여지가 없었다. 그들은 주술을 담은 부적을 몸에 지녔고 마치 무언가에 홀린 것처럼 행동했다. 자신의 용기를 증명하려는 듯 일부러 총격이 벌어지는 곳으로 달려들었고 춤추듯이 움직이며 무기를 휘둘렀다. 다른 사람의 목숨은 그들에게 중요하지 않은 것처럼 보였다. 심지어 자기 자신의 목숨도 중요하지 않은 듯했다. 그들은 무엇도 개의치 않는 것 같았고 (진정한 허무주의자 같았달까?), 나는 그동안 내가 만나본 사람들 중 그런 그들이 가장 무서웠다. [2]

중세 유럽에서는 여러 세기 동안 수백 명의 여성과 일부 남성들이 주술 행위로 고발당해 종교재판소나 관계 당국에 끌려갔다. 유럽에서 기독교가 우세해지면서 성직자들은 자신의 권위에 대한 도전을 용납하지 않았는데, 주술과 민속신앙은 기독교에 대한 도전으로 보였기 때문이다. 교회는 주술을 사악하다고 여겼고 이를 뿌리 뽑고자 투옥과 고문도 가차 없이 행했다. 하지만 마녀들이 변신 능력, 즉 동물(그들은 특히 고양이, 올빼미, 까마귀, 토끼로 변신하기를 좋아했다)이나 물건, 다른 사람으로 변할 수 있는 능력을 가졌다는 증언이 도처에서 나왔다. 성직자들이 보기에 그런 마녀는 강한 여신이 아닌, 사탄에게 영혼을 팔아넘기고 그 대가로 변신과 같은 초자연적 힘을 얻은 인간이 분명했다. 그 시기 내내, 심지어 18세기까지도 마녀나 주술사, 늑대인간, 흡혈귀라고 고발된 사람들을 벌하기 위해 교회가 내세웠던 근거는 그들이 초자연적 모습으로 변신하는 장면을 목격했다는 사람들의 증언뿐이었다. 관계 당국은 그들이 신성한 힘의 도움을 받았다고는 생각하지 않았다. 오히려 변신 능력은 악마와 관련 있는 것이라고 판단했다.

　　현재까지도 다양한 문화에서 마녀와 주술사가 변신 능력을 지닌다고 생각한다. 중앙아메리카에서 나구알nagual(대략 '변신 마법사'라고 번역할 수 있다)은 신체적으로 또는 영적으로 동물로 변신할 수 있는 사람을 일컫는다. 변신 대상 동물로는 재규어나 퓨마가 가장 일반적이지만 당나귀나 박쥐, 새, 개, 코요테가 될 수도 있다. 나구알 전통은 아메리카 대륙이 발견되기 전부터 행해지던 주술 관습에서 시작되었다. 오늘날에도 멕시코 시골의 원주민들은 '브루호brujo(마술사)' 하면 나구알을 떠올린다. 그들은 나구알이 밤마다 짐승으로 변신해서 사람과 가축의 피를 마시기 위해 돌아다니고 질병을 퍼뜨리며 사람들 사이에 분쟁을 일으킨다고 믿는다. 변신 주술사의 또 다른 예는 아메리카 원주민인 나바호족(그들은 스스로를 디네Diné라고 부른다) 문화에서 아주 오랫동안 전해져온 스킨워커다. 영적으로 최고의 상태에 도달한 주술사인 스킨워커는 선이 아닌 악을 갈망한다. 스킨워커가 되어 변신 능력을 비롯한 초자연적 힘을 얻고 싶다면 가까운 가족을 살해해야 한다. 스킨워커는 무엇으로든 변할 수 있고 대개 코요테, 여우, 늑대, 올빼미로 변신한다. 나바호족은 스킨워커의 존재를 확고하게 믿고 있다. 대부분의 사람들은 스킨워커와 대화하기를 꺼리는데, 대화하던 도중 스킨워커의 화를 돋우지는 않을까 두려워하기 때문이다.

신의 개입 없이도 동물 등 인간이 아닌 존재로 변신할 수 있는 사람들에 관한 이야기들도 세계 곳곳에서 많이 발견된다. 이 흥미롭고 진귀한 셰이프시프터들 중 하나는 포르투갈의 모우라 엔칸타다moura encantada다. '마법에 걸린 무어Moor인 여성'을 뜻하는 이 단어는 스페인과 포르투갈이 수백 년 동안 자신의 영토를 점령하고 있던 무어인(8세기경 이베리아반도를 정복한 아랍

계 이슬람교도들)을 몰아내기 위해 국토회복운동 레콩키스타Recon-
quista를 벌였던 시기에 만들어졌다. 모든 모우라 이야기에는 전
재산을 남겨둔 채 어쩔 수 없이 포르투갈을 떠나야 했던 부유한
무어인이 등장한다. 언젠가 포르투갈로 돌아올 때를 대비해서
재산을 보호하기 위해 무어인들은 사랑하는 딸들 중 하나에게
'마법을 걸어'('저주를 걸었다'는 표현이 더 정확할 것이다) 재산의 수
호자로 남겨두었다. 불행하게도 이 아름답고 젊은 처녀들은 마
법에 걸려 머리는 여인이고 몸은 뱀인 거대한 괴물이 되었다. 여
러 전설과 기록에서 이들은 '반은 여인이고 반은 뱀'인 모습으로
묘사된다. 몇몇 이야기에서는 이 처녀들이 곧 '보물'이기 때문에
아버지들이 자신이 다시 돌아올 때까지 딸을 보호하기 위해 마
법을 걸어 샘이나 우물, 동굴, 다리 밑 같은 특정한 은신처에 숨
겨둔 것이라 설명하기도 한다. 어떤 경우든 모우라는 마법으로
인해 모습이 바뀐 셰이프시프터로 그려진다.

　　모우라 전설을 폭넓게 연구해온 포르투갈 알가르브대학
의 이사벨 카르디고스Isabel Cardigos 박사에 따르면, 가장 일반적인
모우라 이야기는 다음과 같다.

　　포르투갈 남부 알가르브 지역을 점령한 아랍인들의 지배가 막
　　바지를 향해가던 즈음 기독교도들은 요새 마을 롤레Loulé의 탈
　　환에 성공했다. 그러자 아랍인 총독은 자신의 세 딸과 함께 도
　　망칠 수밖에 없었다. 하지만 딸들을 안전하게 데려갈 방법이 없

포르투갈 남부에 있는 이 고대 석조 기둥들은
모우라 엔칸타다의 서식지였다고 여겨진다.

었고, 그는 나중에 데리러 돌아올 것을 기약하며 우물가에서 딸들에게 마법을 걸었다. 총독이 주문을 외우자 마법에 걸린 딸들은 모우라가 되어 우물 안에 남겨졌다.

여러 해가 지나고 몇몇 기독교인 포로들이 모로코의 항구도시 탕헤르에 당도했다. 총독은 그들 사이에서 아는 얼굴을 하나 발견했다. 그를 신뢰했던 총독은 세 딸의 이름이 적힌 빵 세 덩이를 주며 해야 할 일을 설명했다. 그러고서는 빵을 마법양동이에 실어 그와 함께 예전에 살던 집으로 돌려보냈다. 집에 도착한 남자는 궤짝에 빵을 숨긴 후, 마법을 풀 수 있는 성 요한 축일 전야St John's Eve가 되기를 기다렸다.

그런데 그사이에 빵 덩어리를 발견한 그의 아내가 안에 귀중품이라도 숨겨둔 것이 아닌지 확인하려 빵 하나를 살짝 잘라보았다. 그러자 빵에서 피가 흘렀고, 놀란 그녀는 황급히 원래 자리에 돌려놓았다. 마침내 성 요한 축일 전야가 되었다. 남자는 우물가에 가서 빵 덩어리를 우물 안으로 던져 넣었다. 한 번에 하나씩, 각각의 빵 덩어리에 적힌 이름을 부르며 던졌는데, 그럴 때마다 우물에서 구름이 솟아 남쪽으로 흘러갔다. 남자의 아내가 자른 빵 덩어리를 던지며 모우라의 이름을 부르자 우물에서 구름이 아닌 신음소리가 흘러나왔다. 그녀는 다리가 잘려 자유롭게 날아갈 수 없었고, 마법에서 벗어나지 못한 채 우물 안에 남아야만 했다. [3]

모우라의 마법은 그녀의 진짜 가치와 사랑의 본질을 이해하는 남성만이 깨뜨릴 수 있었다. 마법을 풀기 위해서는 반인반수의 뱀여인인 모우라에게 입을 맞춰야 했다. 그러면 못해도 그녀가 지닌 보물을 얻게 될 것이고, 잘하면 보물과 함께 아름답고 젊은 처녀로 되돌아온 모우라 또한 얻을 수 있었다. 보름달이 뜨거나 하지夏至가 되면 모우라가 잠시 사람의 모습으로 돌아와 황금 빗으로 머리를 빗거나 황금 바늘로 실을 잣는다는 것 역시 많은 모우라 이야기에 등장하는 내용이다. 이때 모우라는 지나가는 남성에게 그녀가 가진 것 중 가장 귀중한 것이 무엇이라고 생각하는지를 묻고는 했는데, 황금 빗이나 황금 바늘 같은 틀린 답이 나올 때마다 그녀를 옭아맨 마법이 두 배로 강해졌다. 그녀 자신이 가장 귀중하다는 정답을 말하는 남성만이 마법을 풀고 그녀와 그녀의 재산을 얻을 수 있었다.

　　전설에 따르면, 모우라 피안제이라mouras-fiandeiras(실 잣는 모우라)가 에보라 시 외곽의 고인돌과 거석이나 시타니아 데 산티스Citânia de Santis와 같은 구석기시대 성채 등 포르투갈의 몇몇 고대 유적지들을 만들었다고 한다. 그중 하나인 시타니아 데 브리테이로스Citânia de Briteiros에는 '페드라 포르모자Pedra Formosa'라 불리는 물레바퀴 모양의 거대한 돌이 있는데, 모우라 피안제이라가 물레를 돌려 뽑아낸 실을 머리에 이고 여기로 날랐다고 전해진다. 모우라들이 이 건축물들을 하룻밤 사이에 지었다는 설화도 있다. 또 어떤 이들은 모우라 피안제이라가 아직도 이 외딴 고대 장소들에 머물고 있다고 믿기도 한다. 바위에 산다고 해서 페드라 모우라pedra-moura(바위 모우라)라고 불리는 경우도 있다. 페드라 모우라는 로마제국이 세워지기 전 이베리아반도에 거주했던 민족들의 문화에 기인한 것으로 보인다. 이들은 죽은 사람의 영혼이 특정한 바위에 머문다고 생각했다고 한다. 지금까지 전해져 내려오는 포르투갈의 구전설화 중에도 사람들이 드나들 수 있는 바위에 대한 이야기가 있다.

　　모우라 엔칸타다 전설을 수백 년 동안 회자되어온 설화 혹은 과거부터 내려오는 케케묵은 이야기 정도로 여길 수도 있지만, 포르투갈의 여러 지역, 특히 시골 사람들은 지금도 모우라가 실재한다고 믿는다. 카르디고스 박사는 자신의 논문에서 포르투갈 아루카 지역의 도로 공사 현장에서 일했던 한 건설 노동자의 이야기를 모우라 전설과 연관시켜 설명했다. 불도저 운전기사인 이 노동자는 불도저를 몰고 가다 우연히 커다란 뱀을 치어 죽였다. 한 달 후 그가 사망하자 주민들은 그 뱀이 평범한 뱀이 아니라 실은 모우라였고, 모우라가 그에게 복수한 것이라고 입을 모아 말했다. 이야기는 돌고 돌아 점점 구체화되었다. 지금은 죽은 뱀의 머리에 머리카락이 돋아 있었다고 주장하는 경우도 있다. 불도저 기사가 죽은 지 1년이 지난 뒤에는 뱀이 살려달라고 애원했지만 그가 도와주지 않았기 때문에 죽임을 당한 것이란 내용으로까지 발전했다.[4]

현대의 셰이프시프터들에 관한 이야기 대부분은 아프리카, 그중에서도 시골의 원주민 문화에서 보고되고 있다. 다시 한 번 말하지만 이 셰이프시프터들은 신이 아니라 초자연적 능력을 지녔다고 여겨지는 인간들이다. 1987년의 어느 날, 남아프리카공화국에 사는 날레잔 넷샤이바Naletzane Netshiavha라는 이름의 한 남성은 무언가가 현관문을 긁는 소리에 잠에서 깼다. 도끼를 쥐고 문을 열어젖힌 그의 눈에 지붕 서까래에 매달린 거대한 박쥐가 들어왔다. 혼비백산한 그는 도끼로 박쥐를 쳐서 땅으로 떨어뜨린 다음 겁에 질린 채 달아났다. 몇 분 후 도와줄 사람들과 함께 되돌아온 그는 여기저기 상처 입은 박쥐가 마당에서 울타리를 향해 몸을 끌며 천천히 움직이고 있는 광경을 보았다. 다른 이들은 박쥐와 좀 떨어진 곳에 있었기 때문에 넷샤이바가 다시 도끼를 들 수밖에 없었다. 그는 그 짐승이 더 이상 움직이지 않을 때까지 도끼를 휘둘렀다. 그런 다음에야 사람들은 박쥐 주위로 모여들었다.

그런데 후에 법정에서 넷샤이바와 다른 사람들은 그날 각자 다른 것을 목격했다고 증언했다. 어떤 이는 작은 당나귀를 봤다고 했고, 어떤 이는 날짐승을 봤다고 말했다. 하지만 그 짐승이 죽어가면서 처음에는 작은 아이의 몸에 어른의 머리를 한 모습으로 바뀌었다가 이어서 완전한 성인 남성으로 변했다는 데에는 모두가 동의했다. 이 늙은 남성은 마법사 짐 네팔라마Jim Nephalama로 밝혀졌다. 그는 종종 자신의 마법 능력을 자랑했는데, 그중에는 변신 능력도 있었을 것으로 추정된다. 1심 재판관은 과실치사 혐의로 넷샤이바에게 10년 형을 선고하면서 그가 인간을 박쥐로 착각한 것이라고 말했다. 그러나 이 발언은 틀렸다. 넷샤이바는 마법과 셰이프시프터가 실재한다고 믿는 문화 속에서 자랐고, 그 역시 그러한 문화적 신념을 지니고 있었기 때문이다. 논리적이고 합리적으로 설명되지 않는다 해도 그는 언제든 자신이 원하는 모습으로 변할 수 있는 셰이프시프터들의 능력을 믿었다. 즉, 인간과 박쥐를 구별하지 못한 것이 아니라 인간이 박쥐로 변할 수 있다고 생각한 것이다.

2011년에는 남아프리카공화국 스테이틀러빌Steytlerville의 한 마을에 셰이프시프터가 출몰한다는 기사가 났다. 그것은 정장을 입은 남성의 모습으로 나타났다가 돼지로 변했고, 이어서 박쥐로 변했다고 한다. 하지만 사람들과는 전혀 접촉하지 않았고 사람들에게 특별한 해를 입히지도 않았다. 이 셰이프시프터의 목격담은 부활절 한 달 전부터 나오기 시작했고, 이유는 알수 없지만 셰이프시프터가 장례식을 방해하는 일이 두 차례 벌어졌다. 그러나 주로 밤에 나타난 탓에 경찰은 그것을 잡을 수 없었다. 그런가 하면 2014년 나이지리아의 어느 작은 마을에서도 이상한 일이 있었다. 동틀 무렵 몇몇 주민들이 검은 새 세 마리가 하늘을 나는 모습을 보고 있었다. 날이 점점 밝아오는 가운데 그중 한 마리가 90살쯤 되어 보이는 노파로 변하더니 아래로 내려왔다. 땅에 발이 닿자마자 그녀는 깜짝 놀란 사람들에게 자신은 마법사이며 라고스Lagos에서 지난밤 마녀 집회를 마치고 친구들과 함께 집으로 돌아가던 중이었는데 어두워서 길을 잃었다고 말했다. 햇빛 때문에 마법의 힘이 약해져 인간의 모습으로 되돌아온 것이라고도 설명했다. 그녀는 당황한 듯했고 자신이 남편을 살해했다면서 그에 관해 이런저런 이야기를 늘어놓았다. 하지만 경찰은 그런 범죄가 발생했다는 증거를 찾지 못했고 그녀를 풀어주며 지도까지 들려 보냈다.

2017년 4월에는 가나 볼타주의 케투사우스 지역에서 근무하는 농무부 중앙인사과 소속 공무원 시카 버사Sika Bersah가 전한 기묘한 셰이프시프터 이야기가 신문에 실렸다. 그 내용은 다음과 같다.

볼타주 아피프 마을의 농부가 위험한 괴생명체를 생포하다

케투사우스 지역 내 주민들은 오늘로 일주일째 밤낮 없는 공포의 순간을 경험해야 했다. 돼지나 기니피그를 비롯한 각종 야생동물로 위장할 수 있는 괴생명체가 출몰해 가축 우리에 침입한 후 그 안의 돼지, 양, 소, 닭 등을 닥치는 대로 먹어치웠기 때문이다. 특이하게도 이 괴물은 간이나 심장 같은 부드러운 부위만 먹고 나머지는 남겨둔 채 현장에서 모습을 감췄다. 간혹 돼지로 변한 채 사람들을 쫓아다니는 경우도 있는데, 사람들이 집 안으로 뛰어 들어가면 그들을 잡아먹으려는 듯이 문을 부수려 하다가도 피해자들이 비명을 지르면 순식간에 사라져버렸다. 끔찍한 사건이 연이어 벌어지며 케투사우스 일대 주민들을 괴롭혔지만 아무도 이 골칫거리를 해결하지 못했다. 그러다가 오늘 (2017년 4월 21일 금요일) 오후에 여행 중이던 한 사냥꾼이 인간과 비슷한 모습을 하고 있던 괴물이 야생동물로 변하는 장면을 우연히 목격했다. 그가 총을 쏘려 하자 괴물은 갑자기 날개를 만들어 인근의 아피프 마을로 날아가버렸다. 아피프의 어느 농장에서 한 노인을 만난 괴물은 노인을 먹어치우려 했으나 실패했다(그것의 입장에서는 불행한 일이었을 것이다). 괴물이 달려드는 순간, 노인이 조상 대대로 전해져 내려온 보호 마법을 떠올려 주문들을 읊조렸기 때문이다.

상처를 입고 인간 남자로 변한 괴물은 노인이 집으로 돌아가고 난 뒤에도 몸을 움직이지 못했다. 노인은 마을 사람들에게 자신이 겪은 일을 들려준 후 청년 몇몇을 선발해서 호신용 마법 약재를 주며 농장에 가서 그 괴물을 자신의 집으로 데려오라고 말했다. 청년들이 도착했을 때 그 괴생명체는 반은 인간이고 반은 오리인 작달막한 모습이었으나 시간이 지나자 평범한 인간으로 바뀌었다. 어떤 카메라로도 그 모습을 포착할 수 없었는데, 경찰이 도착하고 그것이 마침내 인간이 되고 나서야(하지만 말을 하지는 못했다) 비로소 사진에 담을 수 있었다. 이제 케투사우스 지역 사람들과 인근 주민들은 평온한 하루를 보낼 수 있게 되었다.[5]

변신 능력은 아프리카 주술사들 사이에서, 특히 칼라하리 사막의 부시면족 사이에서 흔히 볼 수 있는 능력이다. 인류학자 낸시 코너Nancy Connor와 브래드퍼드 키니Bradford Keeney는《세계의 주술사들Shamans of The World》이라는 책에 부시면 치료사 느그와가 오셀레Ngwaga Osele와의 인터뷰를 실었다. 오셀레는 자신이 사자로 변신하는 과정에서 어떻게 치유 능력을 이끌어내는지를 설명했다.

> 사자로 변하기 직전 나는 고통에 울부짖기 시작한다. 그러면 나는 치유의 춤을 중단하고 수풀에 들어가 변신을 받아들여야 한다. 사자의 영혼이 내 몸과 마음을 변화시킨다. 털이 피부를 뚫고 나오고 손에서 발톱이 자라난다. 이때야말로 내 힘이 최고조에 도달하는 순간이다. [6]

그의 설명이 색다른 이유는 매우 구체적이면서도 인간에서 동물로 변신할 때 어떤 느낌이 드는지를 말해주기 때문이다. 또 다른 부시면 치료사 보Bo는 변신 과정을 다음과 같이 상세히 묘사했다.

> 나는 다음과 같은 과정을 거쳐 사자가 되었다. 몇 년 전 춤이 한창 무르익었을 때였다. 화살(실제 화살이 아니라, '위대한 신'의 영적 힘을 가리키는 말)이 점점 뜨거워지고 있다는 느낌이 들었다.

그러다 화살이 내 몸을 들어올리기 시작했고, 모닥불이 나를 끌어당기고 있다는 느낌을 받았다. 나는 불로 다가갔고 불을 응시하며 춤을 췄다. 내 얼굴에 영혼을 보는 두 번째 눈이 생겨났을 때, 불이 엄청나게 커졌다는 것을 알아차렸다. 의식 참가자들이 모두 불 속에 앉아있는 것처럼 보였다. 그때 불이 잦아들며 원래 크기로 돌아갔다. 하지만 나는 계속 불을 응시했고 그 불 속에서 사자를 보았다. 사자를 보자 온몸에 전율이 일었다. 이윽고 사자는 입을 벌려 나를 꿀꺽 삼켰다. 기억나는 다음 장면은 사자가 다른 사자를 뱉어내는 모습인데, 그 사자는 바로 나였다. 내 안에서 사자의 힘이 솟아나는 것이 느껴졌고 나는 권위를 담아 우렁차게 포효했다. 그 힘에 사람들은 겁을 먹었다. 그들은 무슨 일이 벌어졌는지를 깨달았다. 그들도 내가 사자로 변했다는 사실을 알아차릴 수 있었다. [7]

보는 인간에서 사자로 바뀌는 '단순한' 일회성 변신 장면을 묘사한 것이 아니다. 물론 그것만으로도 놀라운 일이지만, 그는 변신이 영속적인 것이고 마음만 먹으면 언제든 모습을 바꿀 수 있는 능력이 자신에게 주어졌다고 이야기했다. 보는 다음과 같이 덧붙였다.

일단 한번 사자로 변하고 나면, 당신 안에는 항상 사자가 존재하게 된다. 사자로 변신했던 때를 생각하는 것만으로도 사자의 힘이 되돌아온다. 당신이 불 속의 사자를 다시 만날 필요도 없고, 사자가 당신을 다시 삼켜서 사자로 만들 필요도 없다. 변신은 딱 한 번으로 충분하며 그러고 나면 일생 동안 그 힘을 지니게 된다. 불 속에서 다른 동물을 볼 수도 있다. 따라서 우리 치료사들은 일런드영양eland이나 얼룩영양kudu, 겜스복gemsbok, 기린, 새 같은 다른 동물이 될 수도 있다. 이 변신 과정으로 우리는 특별한 힘을 얻는다.[8]

우리는 이 인터뷰들을 어떻게 해석해야 하는가? 느그와가 오셀레가 변신의 절정에 도달하면 동물의 털과 발톱이 자라난다고 말할 때 그의 이야기를 있는 그대로 받아들여야 하는가? 그는 실제로 동물의 모습으로 변신한 것인가? 그는 정말로 자신의 살과 뼈가 사자의 살과 뼈로 변형되는 과정을 경험했는가? 보는 자신이 '권위를 담아 우렁차게' 사자처럼 포효하자 자신이 사자로 변했음을 알아차린 사람들이 두려움에 떨었다고 말했다. 그 두려움은 무엇을 의미하는가?

내적 셰이프시프터는 외형은 인간의 모습인 채로 바뀌지 않지만 동물의 의식과 행동이 옮겨온다고 믿는다. 이러한 종류의 변신은 선사시대의 사냥꾼과 북유럽의 베르세르크에게 일어났던 일이며, 부시먼족이 믿는 변신에 가장 가깝다. 변신 능력은 신성한 의례, 향정신성 약물, 명상을 통한 의식의 고양 등 다양한 방법으로 증폭될 수 있다. 신체적 변형은 일어나지 않지만 인간의 의식을 동물의 의식으로 바꾼다는 건 결코 쉬운 일이 아니다. 변신을 목격했다고 이야기하는 사람들은 주술의 효력이 발휘되는 순간에 몰입하면서 일종의 히스테리^{hysteria}(비정상적인 과잉 흥분 상태)를 경험했던 것으로 보인다.

내적 변신은 부두교 의식에서도 일어난다. 부두교의 신령 르와는 다양한 모습으로 존재하는데, 르와가 주술사의 몸에 들어가 그의 영혼을 사로잡으면 주술사는 빙의된 르와의 방식대로 말하고 행동하게 된다. 마우로 페레시니^{Mauro Peressini}와 레이첼 보부아르-도미니크^{Rachel Beauvoir-Dominique}는 그들의 책《부두교^{Vodou}》에서 르와가 빙의된 순간을 다음과 같이 생생하게 설명했다.

> 의식이 진행되고 모습을 보여달라는 주술사의 요청을 르와가 받아들이는 순간, 르와는 엄청난 힘으로 자신이 선택한 인간의 몸속에 들어간다. 르와가 들어왔음을 알리는 징후(표정과 호흡, 눈빛의 변화)가 나타나고 주술사는 경련을 일으키며 비틀거린다. 빙의된 주술사는 껑충껑충 뛰고 소리를 지르고 사람들을 놀래킨다. 그의 몸짓은 예측할 수도, 통제할 수도 없다. 의식에 참여한 다른 사람들은 그가 자해하지 못하도록 그를 붙잡는다. [9]

빙의의 순간이 지나가면 정적이 뒤따르는데, 이때 다른 참여자들은 주술사의 몸속에 빙의된 르와와 대화를 나눌 수 있다. 부두교 신자들에게 빙의는 언제든 일어날 수 있는 일이다. 5분 만에 끝날 수도 있고 몇 시간이나 며칠, 혹은 더 길게 지속될 수도 있다. 빙의된 사람은 빙의 상황을 통제할 수 없기 때문에 얼마나 지속될지 가늠할 수 없다. 르와 빙의 현상은 기독교를 비롯한 다른 종교들에서 말하는 악령 빙의 현상과 매우 유사하다. 그렇다고 해서 르와가 사악한 존재라는 것은 아니다. 서로 다른 종교에서 나타나는 무언가에 빙의된 사람의 행동 방식이 유사하다는 의미다. 르와 빙의와 악령 빙의 모두 외적 변화는 일어나지 않는다. 하지만 정신적 차원에서 빙의된 사람의 인격이 바뀐다는 데에는 의심의 여지가 없다. 빙의한 영靈이 선하거나 악하거나, 혹은 유순하거나 거칠거나 하는 것과는 무관하다.

지난 2015년, 프랑스 주간지 《샤를리 에브도Charlie Hebdo》의 파리 사무실이 테러당해 12명이 사망하는 사건이 발생했다. 그리고 그 와중에 셰이프시프터를 둘러싼 기묘하고 악의적인 관점이 제기되었다. 저널리스트 다나 케네디Dana Kennedy가 쓴 기사에 따르면, 일부이긴 하지만 프랑스에 거주하는 이슬람교도들 사이에서는 이 테러 사건이 유대인이 저지른 일이라는 소문과 함께 그들을 향한 비난이 일었다. 죄 없는 유대인들을 세계적인 재앙의 원인으로 몰아간 일들이 중상모략에 불과했음을 증명하는 역사적 증거들이 이미 수없이 존재하는데 이런 이야기가 또다시 나온다는 사실이 무척 이상했다. 케네디는 샤를리 에브도 테러 사건과 관련해 파리에 거주하는 이슬람교도 몇 명과 인터뷰를 진행했다. 다음은 케네디의 기사 중 대마초를 판매하는 일을 하는 이슬람교도 청년 모하메드와의 인터뷰에 관한 내용을 발췌한 것이다.

그 역시 샤를리 에브도 테러 사건을 '음모'라고 부르면서 테러 배후에 '유대인 마법사들'이 존재한다고 생각하는 이유를 길게 설명하기 시작했다. 그는 그들이 평범한 유대인이 아니라 비범한 능력을 가진 '혼종 셰이프시프터'라고 말했다. 또한 "그들은 모든 곳에 침투하는 법을 알고 있는 조작의 대가"라고도 덧붙였다. [10]

어떤 이들은 이 마약상이 '서로 다른 문화나 상황에 적응할 수 있는 사람'이라는 의미에서 은유적으로 셰이프시프터란 표현을 사용했다고 생각할 수도 있다. 하지만 그가 사용한 '마법사'라는 단어와 '혼종'이라는 표현은 그가 실제 셰이프시프터들의 존재를 믿고 있고, 그에 대해 이야기하고 있다는 분명한 인상을 준다.

변신이 신의 영역이라는 생각은 고대의 신과 여신에 대한 믿음에서 시작되었지만 오늘날까지도 세계 곳곳의 문화 속에 각인되어 사라지지 않고 있는 것 같다. 그러나 원주민 문화든, 그보다 발전된 문화든 간에 많은 문화 속에는 인간이 인간 아닌 무언가가 될 수 있는 가능성이 존재한다. 변신은 신체적으로 일어날 수도 있고, 내면에서만 일어날 수도 있으며, 혹은 몸과 마음 모두에서 일어날 수도 있다. 중요한 것은 적어도 우리 중 누군가에게 셰이프시프터는 실재하는 존재라는 사실이다.

3

변신 능력에 대하여
육체적 한계를 뛰어넘다

세 남자가 스승의 뒤를 따라 타는 듯이 뜨거운 사막을 가로지르고 있다. 그들은 자신이 어디로 가고 있는지, 왜 가고 있는지 알지 못한다. 스승이 따라오라고 해서 따르다 보니 몰래 훔쳐보는 눈 하나 없는 이 황폐한 산의 정상에 다다랐을 뿐이다. 그들은 스승을 믿고 따른다.

산꼭대기에 이르자 돌연 그들의 사랑하는 스승 예수의 모습이 변한다. 베드로와 야고보, 요한은 예수의 몸에서 빛이 나며 반짝이는 모습을 깜짝 놀라 바라본다. 예수의 얼굴은 태양처럼 빛나고 옷은 빛처럼 하얗다. 제자들 눈에는 자신들이 갈릴리를 지나는 동안 따라 걸었던 스승 예수의 모습이 보이지 않는다. 천상의 존재가 있을 뿐이다. 그들의 생각을 확인해주기라도 하듯, 오래전에 죽은 선지자 모세와 엘리야가 나타나 예수와 대화를 나눈다. 제자들은 겁에 질려(누군들 그렇지 않겠는가) 땅에 얼굴을 대고 엎드린다. 이때, 구름 속에서 웅장한 목소리가 들린다. "이는 내가 사랑하는 아들, 내가 기뻐하는 자이니 너희는 그의 말을 들어라."

예수가 그들에게 다가와 손을 내밀며 두려워하지 말라고 말한다. 제자들이 눈을 들자 그들 앞에는 인간의 모습을 한 예수가 서 있고, 산 정상에는 적막만 감돈다.

†††

이 이야기는 신약성서 마태복음 17장 1~13절에 생생하게 기록되어 있다. 수백 년 동안 사람들은 이 엄청난 사건의 본질에 대해 심사숙고해왔다. 제자들이 목격한 것은 과연 무엇이었을까? 복음서는 예수가 제자들에게 자신이 죽은 자들 가운데서 되살아날 때까지 "지금 본 것을 아무에게도 말하지 말라"고 했다고 전한다. 이 말은 예수가 제자들에게 자신의 신성을 보여줬다는 것을 함축하는 듯하다. 즉 제자들은 신의 모습을 한 예수를 목격했으나 예수가 그의 신성을 드러내기로 선택한 때까지는 비밀로 해야 했다는 의미다. 변신 과정에 참여함으로써 제자들은 역사상 가장 장엄한 변신을 은밀히 목격한 셈이었다. 이것이 기독교인에게 전달하는 메시지는 확실하고 강력하다. 신이자 인간인

제자들 앞에서 모습이 변하는 예수의 모습을 그린
페테르 파울 루벤스의 〈그리스도의 변용〉(1604~1605년, 캔버스에 유채)

예수의 이원적 본성을 입증한 사건이기 때문이다.

힌두교에서는 성인 라말링가 스와미갈Ramalinga Swamigal (1823~1874)의 육신이 '단련된 금속처럼 빛나는 몸'으로 바뀌었다고 전해지며, 불교에서는 부처가 각성의 순간과 죽음의 순간에 두 차례 변신했다고 알려져 있다. 예수와 라말링가 스와미갈, 부처의 변신에는 종교적 차이를 초월하는 공통된 의미가 담겨 있다. 어려운 일이긴 하지만, 이들에게서 각 종교의 색채를 걷어내고 이들의 변신을 다시 들여다보면 그것이 아주 강력하고 기본적인 셰이프시프팅의 예임을 알 수 있다.

우리는 고대의 신들이 변신을 통해 자신의 힘을 어떤 식으로 (간혹 자신의 인간 추종자들을 희생시키는 한이 있더라도) 입증했는지 앞서 살펴보았다. 인간은 이러한 신들의 변신 능력을 빼앗아 주술사와 마법사의 손에 쥐어주었고 신화와 설화 속에 등장하는 무수한 셰이프시프터들을 창조해냈다. 셰이프시프터는 평범한 인간들의 상상력을 사로잡는다. 인간은 자신이 변신 능력을 가지고 있든 가지고 있지 않든 그 힘이 막강하다는 사실을 아주 잘 알고 있다.

셰이프시프터의 힘은 당연히 변신이 일어난 뒤에 발휘된다. 하지만 변신의 힘은 모습을 바꾸고 싶다는 욕망과 자아를 변화시킨다는 강렬한 유혹 속에도 존재한다. 사회에서 소외되고 있다고 느끼는 사람들에게, 혹은 편견이나 증오, 차별을 경험하는 사람들에게, 그도 아니면 그저 좀 더 부유해지고, 똑똑해지고,

행복해지고, 예뻐 보이기를 바라는 사람들에게 (이 목록을 작성하라면 끝이 없을 것이다) 변신은 비록 상상 속에서긴 하지만 자신의 딜레마에서 벗어날 수 있는 방법이다. 자신의 겉모습을 벗어버리고 다른 누군가가 되고 싶다거나 유쾌하지 못한 상황에서 벗어나고 싶다거나, 그저 몇 가지 부분에서 '더 나아지고' 싶다는 생각을 아주 잠깐이라도 해보지 않은 사람은 없을 것이다. 윌리엄 셰익스피어는《햄릿》3막 1장에서 "하나는 하느님이 주신 얼굴이지만, 다른 하나는 스스로 만드는 얼굴이다"라고 말한 바 있다. 모든 사람이 기꺼이 동의하지는 않겠지만 변신은 세상 누구나 품을 만한 보편적인 판타지다. 모습을 바꾸고 싶다는 이 타고난 잠재의식적 욕망이 너무 크다 보니 평범한 인간의 모습을 한 셰이프시프터가 우리 사회 속에 존재한다고 믿는 사람들도 있다. 이러한 믿음이 '원시적'이고 '무지한' 문화에서만 발견된다고 생각한다면 오산이다. 이는 사회·경제적인 지식 수준과 무관하게 전 세계 거의 모든 문화에서 광범위하게 나타난다.

셰이프시프터들이 실재한다고 주장해서 논란을 일으킨 대표적인 인물로는 영국의 작가이자 음모론자 데이비드 아이크 David Icke를 들 수 있다. 20권 이상의 책을 펴낸 아이크는 스스로를 '누가 혹은 무엇이 세상을 실제로 지배하고 있는지를 조사하는 전문 수사관'이라고 홍보한다. 실제로 그는 25개국 이상을 방문해 강연 활동을 해왔고, 때로는 다양한 정치적 관점을 가지는 청중들이 모인 자리에서 10시간 넘게 연설하기도 했다. 1990년,

당시 영국 BBC의 유명한 스포츠 해설자이자 녹색당 대변인이었던 아이크에게 한 심령술사가 찾아와 그가 지구에 태어난 데에는 목적이 있으며 곧 영혼의 세계에서 보내는 메시지들을 받게 될 거라고 말했다. 그로부터 얼마 지나지 않아 그는 자신을 신의 아들이라고 부르기 시작했다. 그가 주장하는 음모론에 따르면 바빌로니아 형제단Babylonian Brotherhood이라고 알려진 강력하고 불순한 무리가 인류를 '신세계 질서New World Order'라는 파시즘 상태로 몰고 갈 것이라고 한다. 파시즘과 그 추종자는 새로운 것이 아니지만, 바빌로니아 형제단이 렙틸리언 휴머노이드reptilian humanoid들로 구성되어 있다고 믿는다는 점에서 그의 주장은 통상적인 파시즘 이론과 다르다.

아이크에 따르면, 렙틸리언 휴머노이드들이 달과 토성의 고리를 만들었으며, 인간이 실재한다고 믿는 것들이 실은 '자아와 세계에 대한 거짓된 감각'에 불과하다는 것을 널리 알리는 데 그것들을 사용하고 있다. 아이크는 파충류처럼 생긴 외계인 렙틸리언이 고향인 알파 드라코니스 성계를 떠나 지구로 와서 지하의 비밀 기지에서 인간의 피와 살을 먹으며 살고 있다고 설명한다. 이들은 수천 년 전에 지구에 왔으며, 인간과의 짝짓기를 통해 완벽한 인간의 모습으로 변신할 수 있는 셰이프시프터인 렙틸리언 휴머노이드를 낳았다. 이 셰이프시프터들은 전 세계 모든 곳의 정부, 기업, 심지어 스포츠계와 연예계에까지 침투해 있다. 인류의 미래를 은밀하게 조종하고 있는 렙틸리언 휴머노이드들 중 아이크가 예로 든 몇몇을 소개하자면 미국의 주요 정치인인 헨리 키신저와 딕 체니, 앨 고어, 영국의 엘리자베스 여왕, 미국의 전 대통령 빌 클린턴과 그의 아내 힐러리 클린턴, 조지 부시 등이 있다. 아이크의 추종자들은 도널드 트럼프 또한 렙틸리언일지 모른다고 말하기도 한다. 한술 더 떠서 아예 미국의 역대 대통령들 모두가 렙틸리언 혈통의 셰이프시프터라고 주장하는 경우도 있다.

렙틸리언 셰이프시프터 이론이 억지스러워 보이겠지만, 아이크의 주장에 따르면 이 이론의 공식 커뮤니티에는 47개국 1,200만 명의 사람들이 회원으로 가입해 활동 중이며 온라인상에는 유명인들이 파충류로 변신하는 장면을 포착했다는 동영상 클립들이 수없이 업로드되어 있다. 이 이론의 매력이 무엇이길래 이토록 많은 사람들의 마음을 사로잡은 것일까? 어쩌면 전 세계에 만연한 혼돈과 무질서를 설명하기가 막막하고 당황스럽던 차에, 혼돈의 배후가 우리와 같은 인간이 아닌 외계인 셰이프시프터라고 생각하면 세상을 이해하기가 좀 더 쉽기 때문인지도 모른다. 렙틸리언 셰이프시프터 이론은 기괴해 보이지만 세상을 더 나은 곳으로 만들어야 한다는 책임감의 무게로부터 사람들을 자유롭게 해준다. 평범한 우리가 셰이프시프터들을 상대로 이길 수는 없을 것이기 때문이다. 동시에 왜곡되었지만 숙명적인 평온함도 준다. 우리가 외계인을 상대로 할 수 있는 일이란 없으니 말이다.

외계인과 셰이프시프터를 연관 지은 사람이 데이비드 아이크만 있는 것은 아니다. 작가이자 강연자, UFO 연구자인 MJ 배니아스MJ Banias는 인간과 외계인의 만남을 보고한 기록들을 기반으로 이론을 구성했다. 배니아스는 외계인을 '비인간 지능 생명체non-human intelligence' 또는 그 약자인 'NHI'라고 부른다. 외계인이 어떤 모습을 하고 있고, 어떤 행동을 하며, 어떤 소리를 내는지 그리고 어떤 옷을 입으며 어떤 이동 수단과 장비를 사용하는지 등 외계인에 대한 묘사는 사람마다 크게 다르다. 그 이유는 무엇일까? 배니아스는 '공동 창조 가설Co-creation Hypothesis'을 최초로 제기하며 다음과 같이 설명했다.

공동 창조 가설에서는 인간이 NHI를 만나는 경험은 매우 이질적인 것이라서 인간의 뇌가 그 경험을 객관적으로 이해할 수 없다고 가정한다. 이때 뇌는 그간의 경험을 토대로 NHI를 대신할 수 있는, NHI와 가장 비슷한 무언가를 찾는다. 다시 말해, NHI와 조우한 경험을 이해하기 위해 인간의 뇌는 이미 존재하는, 그러나 실재와 다른 대상을 만들어낸다. 하늘을 비추는 기이한 빛, 비행접시, 오렌지색 구체, 회색 외계인, 렙틸리언, 납치와 주사액 주입, 인간과 외계인의 혼혈 아기, UFO의 범상치 않은 외관에 대한 이야기는 완전히 이질적이고 이해할 수 없는 타자와 접촉한 뇌가 그 경험을 이미 알고 있는 범주 내에서 분류한 결과 만들어진 것이다. [1]

배니아스는 공동 창조 가설이 성립되려면 몇 가지 전제가 필요하다고 지적한다. 첫째, 비인간 지능 생명체들이 존재해야 한다. 둘째, 그들과 인간 사이에 어떤 식으로든 상호작용이 존재해야 한다(물론 인간은 이 상호작용을 이해하지 못할 수도 있다). 셋째, NHI가 물리적 신체 없이 존재할 수도 있음을 받아들여야 한다. 실제로 그들은 우리에게 친숙하지 않고 알려지지 않은 에너지 덩어리일 수도 있다. 우리가 이러한 전제를 받아들여야만 인간과 NHI의 의사소통 방법을 설명하는 공동 창조 가설의 다음 단계로 나아갈 수 있다.

> 이 완전한 '이질성' 때문에 인간의 정신은 NHI를 객관적으로 관찰하거나 기억할 수 없다. NHI를 '보거나' 만났을 때 인간의 뇌가 그 사건이나 존재를 있는 그대로 처리할 수 없다는 뜻이다. 대신 인간의 정신은 NHI의 모조품을 만들어낸다. 실제 NHI를 비슷한 무언가나 자신의 심리적·사회적·문화적 이데올로기 내의 초현실적 덩어리로 대체함으로써 NHI라는 존재와 경험에 대한 거짓된 '실재'의 기억을 '창조'해내는 것이다. [2]

인간의 뇌가 NHI와의 만남을 스스로 이해할 수 있는 '실재'로 창조하는 동안 NHI는 인간의 두뇌 활동에 자동적이고 즉각적으로 반응해 인간이 만들어낸 그 실재처럼 변한다. 배니아스는 이를 가리켜 "위조품이 진짜처럼 되는 것이 아니라, 진짜가 위조품처럼 된다"고 말했다. NHI(흔히 '외계생명체'나 '외계인'이라고 불린다)와 만났다고 주장하는 사람들 모두 그 만남을 설명하기 위해 자신만의 근거의 틀을 무의식적으로 소환한다. NHI는 사람들이 만든 무수히 많은 표상에 반응하기 때문에, 결과적으로 셰이프시프터처럼 보인다.

아이크나 배니아스의 사례를 보면, 어떤 측면에서는 우리를 기만하는 것이 다른 무엇도 아닌 바로 우리의 뇌라고 할 수 있다. 셰이프시프터를 연구하다 보면 뇌 활동으로 망상이 만들어지는 경우들을 실제로 목격하게 된다. 이탈리아 연극배우 레오폴도 프레골리Leopoldo Fregoli의 이름에서 병명을 따온 정신질환인 프레골리 증후군Fregoli Syndrome이 대표적이다. 프레골리는 당시의 유명인들, 예컨대 영국의 전 수상 윌리엄 글래드스턴, 독일의 초대 수상이었던 오토 폰 비스마르크, 프랑스의 작가 빅토르 위고로 분장하여 빅토리아시대 유럽 관객을 매료시켰다. 1927년, 파리에서 가정부로 일하며 연극 관람에도 열성적이었던 한 여성이 정신과 의사를 찾았다. 그녀는 자신이 좋아하는 두 명의 배우 사라 베르나르와 로빈에게 시달리고 있다고 말했다. 그들이 그녀 주변 사람들(친구, 의사, 이전 고용주, 심지어 거리에서 마주치는 낯선 사람들)의 모습을 하고 나타나 괴롭힌다는 것이다. 그로 인해 그녀는 더 이상 일에 집중할 수 없어졌고, 너무 화가 난 나머지 사라와 로빈이 분장한 것이라 생각되는 사람들을 공격하기까지 했다고 말했다. 하지만 그녀가 망상에 사로잡힌 거라고

말하는 것 외에 의사들이 할 수 있는 일은 없었다.[3]

2016년 영국의 일간지 《텔레그라프Telegraph》에 발표한 논문에서 정신의학자 카렐 드 파우Karel de Pauw 박사는 프레골리 증후군은 매우 희귀한 질환으로 이 병에 걸리면 자신이 만나는 모든 사람이 실은 한 사람이며 자신을 해치려 한다고 믿게 된다고 말했다. 그는 프레골리 증후군에 걸린 10살 소년을 관찰한 뒤 다음과 같이 저술했다.

> 프레골리 증후군 환자들은 문제의 그 사람이 교활할 정도로 다양하게 여러 사람의 모습을 빌려 나타난다고 말하지만 그러한 주장을 입증하지는 못한다. …… 예를 들어 "하지만 그 간호사는 여자잖아, 그러니까 네 아빠가 될 수 없어"라고 하면 환자는 "선생님은 우리 아빠가 얼마나 영리한지 모를 거예요. 나만큼 아빠를 잘 알지 못하기 때문에 단서를 포착할 수 없는 거라고요"라고 대답한다.[4]

유사한 정신질환으로 카그라스 증후군Capgras Syndrome이 있다. 이 질환에 걸리면 자신과 친한 사람들이 그들과 꼭 닮은 다른 사람으로 바꿔치기 당했다고 믿게 된다. 프레골리 증후군과 카그라스 증후군 모두 망상적 오식별delusional misidentification이라는 정신질환의 일종으로 신경과 전문의 올리버 색스Oliver Sacks의 베스트셀러 도서 《아내를 모자로 착각한 남자The Man Who Mistook His Wife for a Hat》를 통해 널리 알려지게 되었다. 망상적 오식별은 드문 질환이지만, 이 질환에 걸린 사람에게는 세상이 셰이프시프터들로 가득 차 있는 것처럼 보인다.

우리 모두의 내면에는 셰이프시프터가 있다. 우리 안의 셰이프시프터는 다른 사람이나 동물로 물리적 변신을 할 수는 없지만 강력한 이미지, 강력한 인격의 형태로 무의식 속에 존재한다. 정신의학자 칼 구스타프 융은 우리의 정신 기저에 자리 잡은 잠재의식 속에 우리가 성격이라 부르는 특성들이 외부로 발현되기 전 원형의 모습 그대로 간직되어 있다고 생각했다. 그중 중요한 원형들로는 페르소나persona, 그림자, 현자, 어린이, 사기꾼, 어머니, 그리고 셰이프시프터인 아니마와 아니무스 등이 있다. 이 원형들이 모여 '집단 무의식Collective Unconscious'을 형성하는데, 모든 개인이 보편적으로 지니고 있되 무의식적 수준에서만 이해할 수 있는 상징들의 집합체라 보면 된다. 이러한 원형들은 수많은 세대에 걸쳐 반복되는 과정에서 역사와 문화를 통해 공유되며 꿈으로 표출되기도 한다.

아니마는 남성의 무의식에 내재된 원형으로, 남성이 여성에 대해 지니는 원초적 이미지이자 생물학적 기대를 상징한다. 또한 '반대 성'의 경향 즉, 여성성이 강한 남성을 상징하기도 한다. 반대로 아니무스는 여성이 지니는 남성적 이미지 혹은 성향이다. 이 원형이 발현된 상태를 셰이프시프터라고 부르는 이유를 이해하기는 어렵지 않을 것이다. 모든 인간의 내면에는 여성적 요소와 남성적 요소가 공존하는데, 이것들이 항상 균형을 이루지는 않는다. 이러한 불균형이 심화되어 표출된 것을 변신이라 볼 수 있다. 그리스 신화에서 남성과 여성의 삶 모두를 경험한 인물인 테이레시아스는 아니마와 아니무스의 주고받기식 변신을 보여주는 좋은 사례다. 꿈과 해몽에 관한 국제적 권위자이자 여러 권의 책을 펴낸 작가인 토니 크리스프^{Tony Crisp}는 이러한 셰이프시프터의 성적 이원성에 대해 다음과 같이 지적한 바 있다.

> 서구 사회는 셰이프시프터의 힘과 영향력을 거의 이해하지 못하고 있다. 대부분의 서구인들은 살면서 셰이프시프터의 힘이 가져오는 부정적 결과만을 경험한다. 셰이프시프터가 발휘하는 힘의 원천은 다른 모습을 오갈 수 있는 능력에 있는 것이 아니다. 그러한 능력은 심오한 무언가가 외적으로 표출된 것에 지나지 않는다. 형태는 인간 존재를 구성하는 양극적 요소들 중 하나일 뿐이다. 다른 하나는 물리적 형태가 없는 무정형적 영혼이자 불교에서 말하는 '공_空(불교의 주요 교리 중 하나로 인간을 포함한 모든 만물은 고정 불변하는 실체가 없이 비어 있다는 뜻-옮긴이)'이다. 이는 발현되지 않아서 아직 실체가 없으나 모든 것이 될 수 있는 가능성 그 자체를 가리킨다. 바로 여기에서 성차^{sexual difference}의 모순이 해소된다. 우리는 여성이자 남성이다. 아니 그 이상이다. 때문에 영혼의 동반자^{soulmate}란 존재할 수 없

다. 우리는 이미 하나이며 전체이기 때문이다.

우리가 인간 본성의 이 역설적인 극단을 깨닫고 키워나가며 생물학적 성과 우리 자신을 덜 동일시하게 될 때 비로소 우리는 셰이프시프터의 힘을 있는 그대로, 보다 완전하게 경험할 수 있다.

셰이프시프터는 '관여된 거리 두기involved detachment'를 불러일으킨다. 보통 우리는 거리 두기란 무엇인가(특히 육체적 쾌락)를 기피하는 것이라고 생각한다. 하지만 셰이프시프터는 그 이름에 이미 형태를 뜻하는 'shape'라는 단어와 이 형태가 변화한다는 의미가 함께 담겨 있다. 이것이 가능한 이유는 셰이프시프터가 정형form과 무정형formless 사이에서, 동일시identification와 공쫄 사이에서 균형을 잘 유지하기 때문이다. 이 능력 덕분에 우리는 세상 속에 살면서도 세상에 좌우되지 않을 수 있다. 우리는 사건이나 관계에 관여하지만 그것들 때문에 우리의 정체성이나 자아의식이 흔들리지는 않는다. 실제로 우리는 우리가 본성상 모순적이고, 형태를 갖고 있는 동시에 형태 없는 영혼을 지닌 존재라는 사실을 잘 알고 있다.[5]

종교를 믿는 사람이라면, 또는 자신이 영적이라고 생각하는 사람이라면 크리스프가 말하는 정형화된 육체와 무정형의 영혼 이분법에 동의할 것이다. 영혼을 넋, 정신, 마음 같은 다른 이름으로 부를 수도 있다. 그것을 무엇이라 부르든 만질 수 없고 말로 표현하기도 어렵지만 영원히 변치 않는 힘이 육체라는 형태 안에 담겨 있다는 데에는 모두 동의할 것이다. 기도, 명상, 요가, 예술, 심지어 섹스를 통해서 정신에 더 잘 접근할 수 있다는 주장은 잘 알려져 있으며 의학·심리학 전문가들이 오랫동안 연구해온 분야이기도 하다. 이 모든 것은 '우리가 자아의 이중적 본성을 얼마나 잘 통제할 수 있는가', 즉 '우리가 더 나은 또 다른 자아로 얼마나 잘 변신할 수 있는가'라는 문제로 귀결된다.

변신 능력은 셰이프시프터가 되어 발휘하는 힘과는 다르다. 감정에 대한 통제력을 상실하고 초록색의 거대한 근육질 분노 덩어리인 헐크로 변신하기 전까지 과학자 브루스 배너는 온화하고 평범한 인간이었다. 다른 많은 만화 속의 슈퍼히어로들도 마찬가지다. 그들은 슈퍼히어로로 변신했을 때만 놀라운 힘을 발휘할 수 있다. 그러나 변신 과정 또한 힘을 발휘한다. 배니아스는 바로 이 변신 과정을 통해 얻은 능력으로 언젠가 우리는 인간이 아닌 지능적 생명체와 의사소통할 수 있게 될 것이라고 주장하기도 했다. 예수의 세 제자가 갈릴리 지역에서 활동하는 랍비로만 알고 있었던 예수의 진정한 본성을 궁금해하기 시작했던 것도 바로 예수가 거룩한 형상으로 변하는 과정을 목격한 이후부터였다. 결국 우리를 더 나은 사람으로 만들고, 세상을 더 좋은 곳으로 만드는 힘은 우리가 스스로의 내적 변신을 추구하는 과정에서 나온다.

4
전설 속 셰이프시프터 I
기독교의 지배 속에서도 살아남은 유럽의 요정들

먼 옛날, 어느 왕국의 왕이 시종들을 데리고 사냥을 하던 중이었다. 통통하게 살이 오른 산토끼를 발견한 왕은 열심히 쫓은 끝에 사냥에 성공했다. 토끼를 죽이려는 순간, 놀라운 일이 벌어졌다. 토끼가 왕에게 말을 건 것이다. 토끼는 자신이 변신 요정 캉디드Candide라고 하면서, 자신을 살려준다면 세 가지 소원 중 왕이 선택한 한 가지를 들어주겠다고 했다. 그 세 가지 소원은 아들인 체리 왕자Prince Cherry를 세상 어떤 왕자보다 잘생기게 만들거나, 부자로 만들거나, 강력하게 만들어준다는 것이었다. 왕은 캉디드를 살려주겠다고 답했다. 하지만 현명하고 고결한 왕은 캉디드가 제시한 세 가지 소원이 아닌, 아들이 착한 사람이 되기를 바란다는 소원을 빌었다. 그러자 캉디드는 왕자가 잘못을 저질렀을 때 그 잘못을 지적해서 교훈을 얻게 하겠다고 약속했다.

캉디드는 체리 왕자에게 잘못을 저지르면 손가락을 찌르는 금반지를 주었다. 왕자는 반지를 꼈고, 요정의 말대로 반지는 왕자가 나쁜 짓을 할 때마다 그에게 고통을 주었다. 하지만 오래 지나지 않아 왕자는 반지를 빼버렸고 그의 행실은 나빠졌다. 왕자에게는 오랫동안 함께하며 그가 권력을 남용할 때면 꾸짖어주는 스승이 있었는데, 그가 성가셨던 왕자는 스승마저 내쫓고 말았다. 얼마 뒤 시장에서 아름다운 처녀 젤리아Zelia를 보고 반한 왕자가 그녀에게 청혼했다. 그러나 왕자의 못된 행실과 급한 성미를 알고 있었던 젤리아는 청혼을 거절했다. 왕자의 불량한 친구들은 명령에 복종하지 않은 젤리아에게 벌을 줘야 한다고 입을 모았고, 왕자는 그녀를 지하 감옥에 가두었다.

왕자의 악행을 보다 못한 캉디드는 체리 왕자를 뱀, 사자, 황소, 늑대를 섞어놓은 듯한 기묘한 동물로 변신시켰다. 왕자는 달아났지만 곰덫에 걸려 포획되었고, 서커스 동물원에 전시되었다. 그러는 동안 왕이 세상을 떠났고 왕자의 늙은 스승이 왕위에 올랐다. 아무도 왕자에게 무슨 일이 벌어졌는지 알지 못했으며, 사람들은 못된 왕자가 사라졌으니 차라리 잘됐다고 생각했다. 그러던 어느 날, 서커스 동물원의 호랑이가 우리를 탈출해서 사육사를 공격했다. 그 순간 체리 왕자는 사육사를 돕고 싶다는 열망에 휩싸였다. 그래서 우리 문을 박차고 나가 호랑이를 쫓아냈다. 이 일에 대한 보상으로 캉디드는 왕자를 개로 바꿔주었다. 개가 된 왕자는 한동안 행복하게 살았다. 냄새를 맡으며 여기저기 돌아다니던 중에 한 여성이 음식을 구걸하는 것을 보았다. 측은한 마음이 든 그는 자신이 먹다 남긴 빵 조각을 그녀에게 양보했다. 그 처녀는 곧 지하 감옥으로 끌려갔는데, 그 모습을 본 왕자는 그녀가 젤리아임을 알아차렸다. 자신이 그녀에게 한 행동에 후회가 밀려왔다. 그러자 캉디드가 나타나 이번에는 그를 흰색 비둘기로 만들었다.

왕자는 젤리아를 찾아 날아다니다가 마침내 그녀를 발견하고는 그녀의 어깨 위에 내려앉았다. 젤리아는 아름다운 흰 새에게 사랑한다고 말했다. 이 한마디로 캉디드가 왕자에게 걸었던 주문이 풀렸다. 체리 왕자는 인간으로 돌아왔을 뿐 아니라 착하고 친절한 사람으로 거듭났다. 두 사람은 결혼해서 왕국을 다스리기 위해 함께 돌아갔으며 오래오래 행복하게 살았다.[1]

†‡†

유럽의 전설과 설화에 셰이프시프터와 변신 이야기가 등장하는 경우 그 안에는 독자에게 전하고 싶은 메시지가 담겨 있다. 특히 젊은이들에게 올바른 행동 방식을 알려주는 이야기가 많다. 거의 모든 이야기에는 착하게 살면 보답을 받지만 나쁘고 부도덕하게 살면 그 악행 때문에 벌을 받는다는 교훈이 들어 있다. 변신이라는 소재를 곳곳에 배치한 〈체리 왕자〉 이야기(그림 형제가 수집한 작자 미상의 설화)는 동정심, 친절, 순종, 사랑, 관대함의 가치를 교훈적이지만 딱딱하지 않게 보여준다. 이 이야기의 메시지는 아주 명확하다. 당신이 누구든, 왕가의 혈통이든 비천한 출신이든 다른 사람에게 친절하면 번영을 누릴 것이지만 함부로 굴면 짐승으로 변하는 벌을 받는다는 것이다.

변신 설화에서 변신은 주로 악행에 대한 벌로 그려진다. 따라서 정말로 벌을 받을 만한 사람들이 변신을 경험한다. 혹은 마녀나 마법사 같은 사악한 누군가가 선량한 사람에게 저주를 걸어 변신이 일어나기도 한다. 동물이 되는 벌을 받은 체리 왕자는 그런 벌을 받을 만한 인물이었다. 그는 잘못을 반성하며 서서히 성장하고 이에 따라 변신을 거듭하는데, 새롭게 변신할 때마다 이전보다 덜 혐오스러운 동물이 된다는 특징이 있다. 그런데 그를 인간으로 되돌아오게 만든 계기가 스스로의 각성이나 의지가 아닌 젤리아의 사랑 고백이라는 점을 눈여겨봐야 한다. 여기서 우리는 착한 여성의 사랑만이 남성에게 내재된 최고의 가치를 끌어낸다는 교훈을 얻을 수 있다. 이 주제는 〈체리 왕자〉뿐 아니라 '동물 신랑animal bridegroom' 범주에 속하는 셰이프시프터 이야기들에서 두루 발견되는 중요한 포인트다. 이야기 속의 남성은 자신의 죄 때문에 짐승이나 괴물로 변하는 벌을 받지만, 그러한 겉모습 너머에 있는 진짜 성품은 선량하다는 사실을 '꿰뚫어 볼' 수 있는 여성에 의해 마침내 인간으로 돌아온다. 비록 변신 상태이지만 그를 사랑하는 그녀의 진실된 마음이 그를 구원한 것이다. 〈미녀와 야수〉는 이러한 변신 이야기의 가장 좋은 예다. 아름다운 처녀가 야수와 함께 살거나 결혼하는 〈미녀와 야수〉 같은 이야기에서 우리는 다른 존재에 대한 관용과 동정심, 공감을 배울 수 있다. 변신을 거쳐 본래 인간이었다는 사실이 밝혀지는 이 존재들은 인종적·종교적 편견과 차별로 가득한 세상을 지적하기에 딱 맞는 비유다.

'동물 신랑' 이야기에 담긴 메시지는 여성들에게 남성은 그들의 저급한 욕망에서 벗어나야 하며 정숙한(이것이 핵심이다) 여성의 사랑만이 그들을 구할 수 있다는 교훈을 가르치는 데 유용하다. 이 이야기들은 여성의 가치를 높이 평가하는 동시에, 교훈에 따라 행동했을 때 여성들에게 그들이 가진 것보다 훨씬 큰 가치가 주어질 것이라 약속했다. 남성을 본래의 모습으로 되돌려놓는다면 그녀는 그의 사랑뿐 아니라 부와 권위 또한 얻게 될 것이기 때문이었다. 선행은 그 자체로도 의미가 있지만 그 이상의 보답으로 돌아온다.

남성이 여성 셰이프시프터로부터 막대한 부를 보상받는 이야기도 존재한다. 예컨대 포르투갈의 모우라 엔칸타다는 자신을 마법에서 풀어준 남성에게 보답한다. 프랑스 서부 브르타뉴 Bretagne 지방의 전설에 등장하는 요정 마고 Margot 와 관해서도 비슷한 이야기가 전해진다. 마고는 보통 상냥하고 방어적이지만 화가 나면 흥분하여 지독할 정도로 난폭해지고는 한다. 마고는 모우라 엔칸타다처럼 거대한 바위나 동굴, 보물과 관련이 깊다. 또한 많은 요정들이 그렇듯 마법을 쓸 수 있는 셰이프시프터이며, 모우라 엔칸타다처럼 삶의 대부분을 뱀의 모습으로 지낸다. 그리고 뱀의 모습일 때가 공격에 가장 취약하다고 알려져 있다.

브르타뉴 지방에서는 이러한 마고의 약점이 잘 드러나는 이야기가 전해져 내려온다. 이야기는 이렇다. 들판에서 일하던 한 남자가 우연히 마고와 마주쳤다. 마고는 그에게 동틀 무렵 빨래 바구니를 가지고 다리로 오라고 지시하면서 그곳에서 녹색 뱀을 찾아 바구니로 덮어씌운 다음 하루 종일 그 위에 앉아 있어야 한다고 말했다. 동이 틀 때가 되자 남자는 마고가 알려준 다리에 갔다. 과연 요정의 말대로 녹색 뱀이 한 마리 있었고, 그는 재빨리 뱀을 빨래 바구니로 덮었다. 지나가는 사람들이 비웃어도 남자는 하루 종일 그 위에 앉아 있었다. 해 질 녘 마고가 나타나 이제 빨래 바구니를 치우라고 했다. 남자가 바구니를 열어 보니 뱀은 온데간데없고 대신 마고의 딸인 아름다운 여인이 있었다. 그녀는 1년에 딱 하루 뱀으로 변하는데, 이때 친절한 남성을 만나지 못하면 죽을 수밖에 없는 운명이었다. 마고는 딸을 구해준 보답으로 남자에게 평생 호화롭게 살 수 있을 만큼 많은 금은보화를 주었다. 셰이프시프터인 마고는 동물뿐 아니라 젊거나 나이 든 여성으로 변신할 수 있다. 또한 자신과 이웃의 가축을 기꺼이 즐겁게 돌보기도 하지만 잘생긴 양치기 청년에게 반해 그를 동굴에 가두기도 한다.

〈체리 왕자〉에서의 변신 역시 셰이프시프터인 요정을 매개로 일어나는데, 유럽의 민간설화와 전설에는 이처럼 신도 아니고 인간(주술사나 마법사)도 아닌 셰이프시프터들이 넘쳐난다. 이들은 신비로운 상상의 세계에서 태어난 초자연적 존재이지만 인간 세상과 서로 영향을 주고받을 수 있다. 변신 능력을 가진 이들은 '요정'이란 어마어마하게 넓은 범주에 속한다. 오늘날 요정은 섬세하고 부드러운 날개가 달린 작고 반짝반짝 빛나는 존재로, 대개는 여성이며 상당한 마법 능력을 지닌 모습으로 여겨진다. 제임스 배리James Barrie가 동화《피터팬》에서 처음 만들어냈고, 나중에 월트디즈니에 의해 재탄생되어 전 세계적으로 엄청난 인기를 누리게 된 팅커벨이 현대적 요정의 대표적인 예다.

하지만 모든 요정이 그런 모습인 것은 아니다. 요정은 아주 오랫동안 우리 곁에 존재해왔다. 고대 그리스인과 로마인도 요정에 대해 기록했는데, 그들이 묘사한 요정은 결코 작고 귀엽고 순진한 존재가 아니었다. 모든 요정이 셰이프시프터인 것도 아니었다. 이 책에서는 변신 능력을 지닌 요정들에 집중해서 살펴보려 한다. 흥미로운 사실은 '동물 신랑' 이야기에서처럼 변신 요정 설화에서도 사랑이 중요한 주제로 등장한다는 것이다.

셀키selkie는 물에 사는 요정으로 영국의 오크니제도와 셰틀랜드제도에서 유래했다. 셀키는 원래 바다표범의 모습인데 인간으로 변신할 수 있다. 셀키의 변신은 아주 힘들고 위험한 일이었다. 셀키가 인간으로 변하려면 바다표범 가죽을 벗어야 하는데, 다시 본모습으로 돌아가기 위해서는 벗어버린 바다표범 가죽이 꼭 있어야 하기 때문이다. 셀키 설화의 내용은 일반적으로 다음과 같다. 인간과 사랑에 빠진 셀키가 연인과 함께 살기 위해 바다표범 가죽을 벗고 육지로 올라온다. 육지에서 여러 해를 보내지만 바다는 항상 셀키를 부른다. 결국 고향을 향한 그리움을 이기지 못한 셀키는 다시 바다표범이 되어 바다로 돌아간다. 인간 여성이 셀키 남성을 만나려면 물가로 가서 일곱 방울의 눈물을 물에 떨어뜨려야 한다. 이 로맨틱하지만 비극적인 이야기는 스코틀랜드, 아일랜드, 아이슬란드에서 공통적으로 나타난다. 다만 셀키의 성격에 관해서 논란이 있을 수 있다. 셀키는 익사 직전의 뱃사람을 구하기도 하지만, 노래를 불러 사람들을 바다로 유인해서는 물에 빠뜨려 죽이기도 하기 때문이다. 셀키 자신이 익사한 뱃사람의 영혼이라는 설도 있다. 이러한 셀키가 바다표범의 모습을 하고 있다는 점은 주목할 만하다. 호메로스의《오디세이》에 실린 율리시스를 유혹하는 사이렌 이야기처럼 인간을 유혹해 고난을 겪게 하는 마녀나 요정, 인어 전설은 세계 곳곳에서 찾아볼 수 있는데, 고대 뱃사람들이 바다표범을 인어와 사이렌 같은 상상의 존재로 오인한 데서 비롯된 것일지도 모르기 때문이다.

물에 사는 또 다른 셰이프시프터로는 슬라브 신화에 나오는 루살카rusalka가 있다. 루살카는 불행한 결혼 생활 때문에 자살했거나 원치 않은 임신을 했다는 이유로 익사당한 젊은 여성의 영혼이다. 우크라이나에는 이 영혼들이 아름다운 여성으로 변신해 어리석은 청년을 물로 유인한다는 전설이 있다. 유혹에 빠져 루살카와 포옹하는 순간 루살카의 길고 붉은 머리카락이 남자의 발을 휘감아 물속으로 끌고 들어간다. 루살카의 몸은 무척 미끄러워서 그녀를 붙잡고 수면으로 올라올 수도, 그녀에게서 벗어날 수도 없다. 결국 루살카의 소름 끼치는 웃음소리가 울려퍼지는 물속에서 남자는 숨을 거둔다. 동유럽 일부 지역에서는 6월이 되면 물에서 나온 루살카들이 일주일 동안 여인으로 변해 인근의 숲과 들판에서 춤추며 논다는 이야기도 전해진다. 이때 루살카들에게 이끌린 젊은 남성들은 그녀들을 따라 춤을 추다가 물가에 다다르게 되고, 흥겨운 파티는 그곳에서 끔찍한 결말을 맞이한다. 루살카 전설에는 세 가지 교훈이 담겨 있다. 첫 번째는 젊은 여성에 대한 경고다. 혼외 임신이라는 죄를 짓고 자살을 하거나 살해당해 죽으면 루살카로 변하니 늘 정숙해야 한다는 것이다. 두 번째 역시 젊은 여성에게 주는 교훈으로, 결혼을 할 때는 경솔하게 결정하지 말고 함께 행복할 수 있는 배우자를 현명하게 선택해야 한다는 것이다. 마지막 세 번째는 젊은 남성을 위한 메시지다. 올바른 남성이라면 결혼하기 전이든 후든 문란하게 행동하지 말아야 하며 결혼은 품행이 단정하고 진실된 여성과 해야 한다는 것이다.

　　우크라이나의 설화에 등장하는 마법사 베드마크vedmak는 루살카의 유혹을 견딜 수 있는 몇 안 되는 남성 중 하나다. 보통의 마법사나 마녀와는 다르게 베드마크는 인간과 동물에게 친절하고 사악한 마녀로부터 인간을 보호해주는 등 착한 면모를 보인다. 그러나 악마와 동맹 관계에 있어서 가축을 죽이고, 곡식의 수확을 방해하고, 질병을 퍼뜨리기 때문에 인간에게 해로운 존재이기도 하다. 베드마크는 뛰어난 셰이프시프터로, 말이나 늑대, 나방 같은 동물로 변하기를 좋아하지만 원한다면 생물이 아닌 물건으로도 모습을 바꿀 수 있다.

물에 사는 셰이프시프터로 보디아노이vodyanoi도 빼놓을 수 없다. 보디아노이와 그 변종들의 이야기는 러시아를 중심으로 폴란드와 벨라루스, 발칸반도 일대에서 발견된다. 자살했거나 임종할 때 교회의 병자성사(죽음에 임박한 이의 영혼을 하느님의 곁으로 인도하는 가톨릭 의식-옮긴이)를 받지 못한 영혼이 보디아노이가 된다고 알려져 있다. 깊은 늪이나 저수지에 사는 보디아노이는 아주 추한 외모를 지녔다. 푸른빛이 돌고 끈적끈적한 피부에 퉁퉁 붙은 채로 갈대 왕관을 쓰고 있다고도 하고, 전체적으로 인간에 가깝지만 꼬리, 뿔, 커다란 발톱에 불타는 석탄처럼 빨간 눈을 가지고 있다고도 한다. 때로는 풀과 이끼, 혹은 덥수룩한 흰색 털이나 비늘로 뒤덮인 거인이라고도 전해진다. 인간으로 변신한 보디아노이는 주로 초록색 머리와 수염을 한 노인, 붉은 상의를 입은 흰 수염 농부, 나체로 통나무 위에 앉아 물이 뚝뚝 떨어지는 긴 머리를 빗는 여인의 모습이다. 하지만 이 밖에도 어린아이, 이끼 낀 거대한 물고기, 백조, 작은 날개로 날아다니는 통나무, 그리고 물 위를 둥둥 떠다니는 붉은 꽃다발(아마도 가장 기묘한 모습이지 싶다)로도 변신할 수 있다. 사람을 증오하는 보디아노이는 사람들을 물속에 빠뜨려 죽이는 것이 유일한 존재의 이유인 것처럼 행동한다. 그렇게 죽은 사람들은 보디아노이의 노예가 되는데, 간혹 매력적인 여인은 보디아노이의 신부가 된다.

스코틀랜드에는 깊고 신비한 호수가 많다. 유명한 네스호湖도 그중 하나인데, 그곳에는 호수의 이름을 딴 네시nessie를 비롯해 다양한 물의 정령들이 산다. 스코틀랜드 설화에 나오는 켈피kelpie도 호수에 사는 정령이다. 워터호스water-horse라고도 불리는 켈피는 인간을 잡아먹는다. 켈피는 아주 오랜 역사를 지니는데, 8~9세기에 만들어진 것으로 추정되는 픽트족의 바위 유적에도 켈피 그림이 새겨져 있다. 빅토리아시대의 예술가들은 켈피를 아름다운 여인으로 표현하는 경우가 꽤 많았다. 하지만 켈피의 원래 모습은 이와 사뭇 다르다. 켈피는 힘이 아주 센 검은 말로, 등을 늘려서 여러 명을 태울 수 있다. 켈피는 사람들을 태운 채로 물속으로 들어가 익사시킨 다음 먹어치웠는데, 그들의 장기는 다시 물가에 뱉어냈다. 이따금 아이들이 켈피를 말로 오해해 올라타는 일도 있었다. 켈피는 아이라고 해서 봐주지 않았고 누구도 죽음을 피하지 못했다. 뿐만 아니라 켈피를 그저 쓰다듬기만 해도 손이 붙어버려 벗어날 수 없었다.

켈피는 인간으로 변신할 수 있었다. 대개 남성으로 변신했으며 어떤 때는 잘생긴 청년으로, 어떤 때는 못생긴 노인으로 변했다. 털북숭이 노인으로 변신한 켈피에 관한 스코틀랜드 설화도 있다. 한 남자가 다리 위에 앉아 바지를 깁고 있는 털북숭이 노인을 보았다. 노인을 켈피라고 의심한 남자는 몰래 다가가 노인의 머리를 막대기로 내리쳤다. 그러자 노인이 검은 말로 변해 강으로 뛰어들었다. 몇몇 이야기들에서는 켈피가 인간의 모습을 하더라도 발굽만은 바뀌지 않는다고 설명하는데, 이로 인해 켈피가 사탄과 한패라는 설이 나왔다. 대부분의 사탄이 발에 말발굽이 달린 모습으로 묘사되기 때문이다. 많은 설화와 전설이 그렇듯이 켈피 이야기도 교훈을 담고 있다. 아이들에게는 물가와 같이 위험한 장소에 가면 안 된다는 경고를, 젊은 여성들에게는 낯선 남성을 주의해야 한다는 경고를 전한다.

드리아데스dryades는 가장 오래된 변신 요정들 가운데 하나다. 고대 그리스 시절부터 존재했다고 전해지며, 그리스 신화와 오비디우스의 《변신 이야기》에 많이 등장한다. 드리아데스는 보통 여성이며 자신이 수호하는 나무로 변신할 수 있고 아주 매력적이고 아름다운 여인으로도 변할 수 있다. 이 때문에 종종 색욕이 왕성한 신과 인간의 표적이 되곤 했다. 오비디우스의 서사시에는 강간을 모면하기 위해 나무로 변신하는 드리아데스의 이야기들이 자주 나온다.

미모의 여인들은 유럽 설화의 단골 등장인물로, 특히 셰이프시프터와 관련 있는 경우가 많다. 여인과 셰이프시프터가 얽히는 방식은 여러 가지인데 용에게 납치되어 포로가 된 여인 이야기가 가장 흔하다. 루마니아와 불가리아 설화에는 조금 특이한 용이 등장한다. 즈메우zmeu라는 이름의 이 용은 언제든 인간으로 변신할 수 있는 셰이프시프터이자 인간의 형태에 비늘, 꼬리 등 용의 특징을 지니는 용인dragon man이다(데이비드 아이크가 렙틸리언 셰이프시프터 이론을 주장했을 때, 이 '용인'을 렙틸리언 외계인이라고 생각했던 것일지도 모른다).

　　슬라브 민속 문화에 등장하는 레시leshy는 여인과 악마의 결합으로 태어났으며 젊은 여성을 납치하기를 좋아한다고 한다. 숲의 정령인 레시는 숲에 살면서 나무와 동물을 보호하는 일을 한다. 여성들을 납치하는 것 외에 조금 덜 악랄한 장난을 치는 것도 즐긴다. 예를 들어 숲의 길을 바꿔놓아 여행자들을 당황하게 만들거나 사람의 목소리를 흉내 내어 여러 방향에서 여행자들을 유인하거나 하는 식이다. 또한 레시는 사람을 병들게 할 수 있고 죽을 때까지 간지럽히기도 한다고 전해진다. 평소의 레시는 키가 큰 남자처럼 보인다고 한다. 하지만 초록색 눈에 피부가 창백하고, 발굽과 뿔, 꼬리를 지녔으며, 무엇보다 덥수룩한 수염이 살아 있는 덩굴과 풀로 이루어져 있어 조금만 주의를 기울이면 사람이 아니라는 것을 알 수 있다. 레시는 원하는 식물이나 동물로 변할 수 있으며, 때로는 사람(주로 빛나는 눈을 가진 농부)으로 변하기도 한다. 겨우 몇 센티미터밖에 안 되는 크기로 줄어들

러시아의 화가 이사크 브로드스키가 그린 〈레시〉 No.1(1906).
슬라브 문화의 셰이프시프터인 레시는 숲을 찾아온 여행자들과
젊은 여성들을 괴롭히기를 즐기는 숲의 정령이다.

수도 있고, 세상의 어떤 나무보다 커질 수도 있다.

흔하게 볼 수 있는 또 다른 셰이프시프터 정령은 켈트 신화에 나오는 푸카puca다. 푸카 이야기는 주로 웨일스, 아일랜드, 스코틀랜드 서부 지역에서 발견된다. 레시처럼 푸카도 의심하지 않는 사람들에게 못된 장난을 즐겨 하는 짓궂은 성미의 소유자다. 사교적이기도 해서 수수께끼 내는 것을 좋아하고 사람들에게 유용한 조언을 주기도 한다. 무서운 모습으로 변할 때도 있으나 보통은 영롱한 오렌지빛 눈과 치렁치렁한 갈기를 지닌 검정 말로 변신한다. 토끼, 염소, 개, 고블린(서양 전설에 등장하는 작은 키의 못생기고 사악한 괴물-옮긴이)이 될 수도 있다. 어떤 모습으로 변하든 항상 짙은 검은색 털로 뒤덮여 있는 것이 푸카의 특징이다. 사람들은 푸카를 두려워하는 동시에 존중해왔다. 푸카에게 잘하면 푸카가 그들에게 복을 내려줄 거라고 믿기 때문이다. 윌리엄 셰익스피어는 희곡《한여름 밤의 꿈》에 퍼크Puck라는 이름의 푸카를 등장시켜 이러한 믿음을 극적으로 활용하기도 했다.

셰이프시프터는 개인이나 사회의 적절한 행동 방식을 넘어 보다 광범위한 주제를 표현하기 위한 소재로도 사용되어왔다. 포르투갈 신트라Sintra의 페나 궁전 안에 있는 트리톤 테라스에 가면 거대한 트리톤Triton 조각상이 환상적인 아치문 위에 자리하고 있다. 트리톤은 반은 인간이고 반은 물고기인 바다의 신으로, 몸에는 지느러미가 달려 있고 하반신이 물고기 비늘로 덮인 모습이다. 트리톤은 커다란 조개에 앉아 있는데, 조개 속에는 아치문까지 흘러내릴 정도로 조개 껍데기와 산호가 가득 채워져 있다. 트리톤의 상반신은 근육질의 인간이지만 턱수염이 난 사납고 잔인한 얼굴은 인간이 아니라 야수처럼 보인다. 옆으로 뻗은 트리톤의 양손은 자신의 머리에 뿌리를 내린 커다란 나무의 가지들을 움켜쥐고 있으며, 그 나무에서 자라난 울창한 잎사귀와 덩굴이 조각상 위의 창문 주위까지 타고 올라가 있다.

　　혹자는 이 조각상이 초기 진화론에서 주장한 종의 진화를 표현한 것이라고 해석하기도 한다. 다윈의《종의 기원》보다 앞서 제기된 초기 진화론은 1844년 출간된 로버트 체임버스Robert Chambers의《창조의 자연사에 관한 흔적들Vestiges of The Natural History of Creation》을 기점으로 대중적 인기를 누렸다. 이 이론에서는 모든 생명은 바다에서 시작되어 육지의 다양한 생명체들로 진화했다고 주장한다. 또 다른 해석은 이 조각상이 단순히 바다의 신 트리톤을 기념하기 위해 만들어졌다는 것이다. 먼 옛날 트리톤이 신트라 주변의 해변 중 한 곳에 있는 동굴에 살았다는 전설도 함께 전해진다.

　　다양한 유럽 문화에서 발견되는 셰이프시프터들은 대부분 오랜 역사를 지니는데, 기독교 사회가 출현하기 이전부터 존재해왔다. 기독교가 유럽을 지배하기 시작하면서 성직자들은 이교異敎적 믿음의 흔적을 제거할 방법을 찾아야 했다. 성직자들

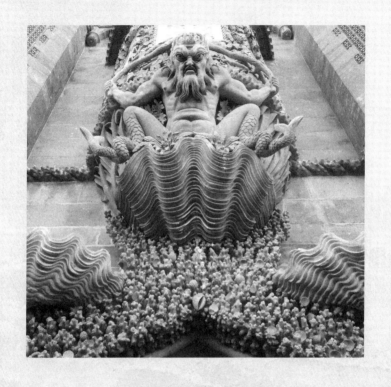

포르투갈 신트라에 있는 페나 궁전의 트리톤 테라스에는
거대한 트리톤 조각상이 우뚝 서 있다.

은 셰이프시프터와 악마가 연관되어 있다고 강조하며 아직까지 그것을 믿는 사람은 죽은 뒤에 지옥에 갈 것이고 그의 영혼은 영원히 파멸될 것이라 경고했다. 고대의 신비로운 존재를 믿는 사람은 공동체 구성원들에게 바보 취급을 당했으며 경멸과 조롱의 대상이 되었다. 그렇게 유럽 전역으로 번진 기독교 운동은 효과가 있었다. 요정을 비롯한 기이한 존재들을 꾸짖고 물리치는 기독교 성인의 이야기가 성직자들에 의해 퍼져나가 곳곳에서 회자되었다. 때로는 이러한 이야기를 조각이나 그림으로 만들어 교회를 장식하기도 했다. 한때는 두려움의 대상이었던 존재들이 더 이상 위협적이지도 무섭지도 않게 되었다. 공경할 필요가 없어졌다는 것은 말할 필요도 없었다. 그러나 사람은 고집스러운 측면이 있고, 오래된 믿음은 어지간해서는 쉽게 사라지지 않는다. 특히 외딴 시골 지역에는 마법의 존재에 대한 믿음을 내려놓을 준비가 되어 있지 않은 사람들이 많았다. 심지어 오늘날에도 이 존재들을 화나게 만들지 않기 위해 미신적 관습을 따르는 사람들이 있다.

벨기에 앤트워프Antwerp에서는 수백 년 전 중세시대에 사제와 마을 사람들이 종교의식을 펼치고 성모마리아상을 동원하여 도시 주변 숲에 사는 악귀, 고블린 등의 사악한 존재들을 쫓아냈다는 이야기가 전해져 내려온다. 괴물들은 바다로 도망쳤고, 그것들을 모두 몰아냈다는 사실에 만족한 사람들은 안심하며 집으로 돌아왔다. 그러나 모든 괴물이 사라진 것은 아니었다.

앤트워프에서 괴물 소탕 작업이 한창일 때, 랑게 바퍼lange wapper ('긴 다리 바퍼'라고도 불린다)는 도시의 수로로 숨어들었고 인간에 대한 적의를 키우며 소란이 잦아들기를 기다렸다. 랑게 바퍼는 무엇으로든 변할 수 있는 셰이프시프터다. 그는 생쥐만큼 작아질 수도, 건물만큼 커질 수도 있었다. 그는 특히 엄청나게 긴 다리를 가진 모습으로 변신해서 창문 너머로 사람들을 훔쳐보며 놀라게 하기를 즐겼다. 가늘고 긴 다리 덕분에 소금쟁이처럼 물위를 걸어 다닐 수 있었다.

보통 의심 없고 순진한 사람들이 랑게 바퍼의 장난에 희생양이 되곤 했다. 랑게 바퍼는 불쌍한 거지, 아름다운 여성, 사제, 강아지나 새끼고양이 등 동정심을 일으킬 만한 모습으로 나타났기 때문이다. 가장 좋아하는 것은 버림받아 울고 있는 신생아의 모습으로 변신하는 것이다. 누군가가 불쌍한 마음에 아기를 안아 올리면, 갑자기 아기가 점점 무거워져서 결국 비명을 지르며 아기를 떨어뜨리게 된다. 랑게 바퍼는 술에 취한 사람들을 쫓아가 겁주기도 좋아했다. 그는 자신의 모습을 여러 개로 복제할 수 있었는데, 소름 끼치는 환영들이 우르르 나타나는 것을 보고 공포에 질려 죽는 사람도 있었다. 그래도 아이들에게는 그렇게까지 못되게 굴지는 않았다. 어린아이로 변해서 아이들과 놀다가 장난으로 놀이를 몇 번 망쳐놓는 정도였다. 랑게 바퍼는 자신이 살던 곳에서 추방되는 것은 피할 수 있었지만, 곧 자신이 십자가나 묵주와 같은 기독교의 성물들과 교회에 둘러싸여 있음을 깨달았다. 그로부터 얼마 지나지 않아 앤트워프에서는 더 이상 랑게 바퍼가 나타나지 않았다고 전한다. 어쩌면 다른 정령들과 재회하기 위해 스스로 바다를 찾아간 것일지도 모른다.

기독교의 '도시 정화 운동'에서 살아남은 또 다른 생존자는 프랑스 브르타뉴의 무리오슈mourioche다. 이 셰이프시프터의 기원은 확실치 않다. 한때는 브르타뉴 지역에 살던 인간이었지만 마법의 치료약을 얻기 위해 악마에게 자신의 영혼을 팔았다는 이야기도 있고, 늑대인간이라는 이야기도 있으며, 무리오슈가 곧 악마라는 이야기도 있다. 어쨌든 무리오슈가 악마와 관계가 있는 존재인 것만은 확실하다. 일반적으로 무리오슈는 켈피처럼 말의 모습을 하고 있다. 우연히 자신의 등에 올라탄 운 나쁜 사람들을 호수나 강에 빠뜨려 죽이고, 그러기 어려울 경우 진흙투성이 시궁창에 던져 넣기라도 한다. 근육질의 튼튼한 앞발을 가진 돼지나 젖소, 양, 망아지로도 변신할 수 있다. 야행성 셰이프시프터인 무리오슈는 길에서 만난 사람을 불러 세우고는 그의 등에 올라타 지쳐 쓰러질 때까지 타고 다니기도 한다.

무리오슈는 치밀하게 계획해서 잔인하고 못된 장난을 벌이기를 좋아한다. 어느 이야기에 따르면, 한 농부가 버려진 암컷 양을 발견해 자신의 외양간에 데려다 놓았다. 물론 이 양은 변신한 무리오슈였고, 다음 날 아침 양을 살피러 온 농부는 양이 아닌 젖소를 발견하고 화들짝 놀랐다. 그다음 날에는 젖소 대신 말이 있었다. 셋째 날에는 다시 양이 돌아와 있었는데, 양은 농부가 당황하는 모습이 재미있어서 놀린 거라고 말했다. 그제야 자신이 데려온 양이 실은 양이 아니었음을 깨달은 농부가 주변을 둘러보니 자신의 가축들이 모두 죽어 있었다. 화가 난 농부는 서둘러 총을 들었지만 방아쇠를 당기기도 전에 무리오슈가 달아나고 말았다. 무리오슈는 달아나면서 외양간의 반을 엉망으로 부쉈고, 농부의 세 아이까지 데려가버렸다. 그 후 농부는 다시는 아이들을 볼 수 없었다. 아이들이 있던 자리에는 무리오슈가 두고 간 금목걸이만 덩그러니 놓여 있었다고 한다. 지금까지도 브르타뉴에서는 부모들이 자지 않으려는 아이들을 혼낼 때 말을 듣지 않으면 무리오슈가 찾아와 데려갈지도 모른다고 겁을 준다. 또 무언가에 기겁할 정도로 놀란 사람을 가리켜 "그는 무리오슈를 보기라도 한 것처럼 겁에 질렸다Il a eu peur comme s'il avait vu Mourioche"라고 표현한다. 이 지역에서는 무리오슈의 변종인 포스롤fausserole도 발견되는데, 포스롤은 개나 송아지 등 흰색 짐승으로 변신한다고 알려져 있다.

'작은 요정' 파이에트fayette는 지중해 연안까지 기독교가 전파되기 시작하자 이를 피해 달아난 그리스 님프의 후손으로 프랑스 중서부의 루아르 계곡에 산다. 아마도 오늘날 우리가 요정하면 떠올리는 팅커벨과 생김새가 가장 유사할 것이다. 파이에트는 조상인 님프보다 훨씬 작지만 마법 능력은 그대로다. 보졸레 숲에 가면 동굴과 숲의 수호자인 파이에트가 춤추는 모습을 목격할 수도 있다고 한다. 대부분의 요정들처럼 파이에트도 예쁜 인간 아기를 훔치고 그 자리에 못난이 요정 아기를 남겨두는 몹쓸 취미가 있다. 이때 못난이 요정 아기를 파이에트의 동굴 입구에 데려가서 아기를 해치겠다고 위협하면 인간 아기를 되돌려 받을 수 있다. 파이에트는 눈 깜짝할 새에 아기들을 다시 바꿔놓는다. 아기를 훔치는 것만 빼면 파이에트는 인간에게 특별히 해를 입히지는 않는다. 파이에트도 셰이프시프터라서 낮에는 두더지로 변하는데, 모두 변해도 작고 귀여운 두 손만은 그대로라고 한다.

　　기독교가 시칠리아섬에 전파되었을 때 시칠리아 사람들은 고대 에트루리아, 그리스, 로마 문명에서 탄생해 수천 년을 이어온 초자연적 존재들를 믿고 있었다. 기독교는 이 보편적인 믿음을 넘어서야 했다. 유럽의 다른 지역에서 그랬듯이, 교회는 이 유서 깊은 존재들을 파괴했으며 우스운 풍자화 속 주인공으로 만들었다. 하지만 시칠리아에서도 몇몇의 전설 속 존재들이 기독교의 공습을 피해 살아남았다. 마을 사람들은 여전히 자신의 어깨 너머를 두려움 가득한 눈빛으로 흘끗거리고는 했다. 기독교의 성인이나 천사와는 다른 성미를 지닌 존재들이 마을을 어슬렁거리며 배회하고 있다고 여겼기 때문이다.

　　도냐스 데 푸에라doñas de fuera는 시칠리아 민속 설화에 등장하는 요정 종족이다. 대체로 선량한 도냐스 데 푸에라는 인간, 그중에서도 여성들과 친밀한 관계를 맺어왔다. 이름에 부인을 뜻하는 '도냐'라는 단어가 들어간 것도 이 요정들과 여인들이 함께했던 것에서 유래했다. 일반적인 엘프의 외모를 한 도냐스 데 푸에라는 온통 빨갛거나 검거나 흰색의 옷을 입은 미인으로 묘사된다. 그러나 아름다운 겉모습에 어울리지 않게 그들의 발에는 발굽과 발톱이 달려 있었다(아무것도 없이 뭉툭하고 둥근 발을 지닌 경우도 있었다). 때때로 고양이나 아요돈ayodon(위험하고 잔인한 전설 속 짐승)으로 변신하기도 했다. 도냐스 데 푸에라는 하루의 대부분을 악기를 연주하고, 춤추고, 축제를 벌이고, 성관계를 맺으며 보냈다. 이런 생활을 했으니 인간들이 그들과 자주 어울렸던 것도 이상한 일은 아니다. 도냐스 데 푸에라가 인간 추종자들에게 요구했던 단 하나의 규칙은 하느님이나 성모마리아 등 기독교에 관한 어떠한 말도 해서는 안 된다는 것이었는데, 그 말들이 자신들뿐 아니라 요정들의 왕과 왕비를 불쾌하게 만들기 때문이라고 전해진다.

1579년부터 1651년까지 65명의 시칠리아 사람들(그중 남성은 8명밖에 되지 않았다)이 마법을 사용해서 도냐스 데 푸에라와 어울렸다는 죄목으로 붙잡혀 종교재판을 받았다. 시칠리아 재판정은 다른 나라 재판정보다 관대했으며, 구금 중인 사람들을 고문하거나 사형을 집행하는 경우는 그리 많지 않았다. 재판에서 피고들은 기꺼이 자백에 나섰는데, 그 배경에는 이러한 관대함도 작용했던 것으로 보인다. 어쨌든 많은 여성들이 도냐스 데 푸에라와의 모임에 참여했고, 요정 왕국 '베네벤토Benevento'까지 마법으로 이동했으며, 거기서 요정들과 방탕한 생활을 마음껏 누렸다고 거리낌 없이 인정했다. 또한 요정들이 기독교와 관련된 모든 말에 증오심을 드러냈다고도 밝혔다. 하지만 자신들이 나쁜 일을 하고 있다는 느낌은 들지 않았으며, 사탄을 믿는다고 고백하라고 강요받지도 않았다고 말했다. 재판정은 요정이 존재하지 않는다는 판결을 내렸다. 그리고 많은 시칠리아 사람들이 여전히 요정의 존재를 믿고 있지만 그러한 믿음이 해롭지도 악마적이지도 않다면서 대부분의 고소를 취하하거나 아주 가벼운 벌을 내렸다. 오늘날에도 시칠리아 사람들은 도냐스 데 푸에라가 숲속에서 연회를 열며 즐겁게 살고 있다고 이야기한다.

시칠리아를 비롯해서 현재의 스페인, 포르투갈은 한때 이슬람 제국의 영토로, 수백 년간 이슬람의 통치를 받았던 지역이다. 이슬람과 무어인이 이 지역에 끼친 영향은 건축, 디자인, 과학, 음식, 문학, 설화 등 문화 곳곳에서 지금도 흔하게 발견된다. 예컨대 이슬람 민속 설화에 등장하는 셰이프시프터 정령 진jinn은 대중의 믿음 속에 여전히 살아 있다. 이슬람 경전인 코란 15장 27절에는 진의 창조에 대한 구절이 나오는데, 내용은 이렇다. "그리고 그 이전에 우리는 맹렬히 타오르는 불에서 진을 창조했다." 이슬람교에서 사탄의 명령을 따른다고 알려져 있는 진은 그 누구보다 빠르게 달려 천국에 당도할 수 있다. 천국에서 천사들의 대화를 엿듣고 지상으로 돌아와 예언자와 선견자, 무녀에게 전한다고 하는데, 이는 진이 마법이나 신비로운 힘과 관

런되어 있음을 알 수 있는 대목이다. 그런가 하면 진이 젠더 전환 능력을 지녔다는 설도 있다. 아라비아 국가들에서 일반적으로 받아들여지는 믿음은 아니지만 그렇다고 아주 허황된 것도 아니다. 아라비아 신화에는 알-자라Al-Zarah라는 신묘한 샘이 나오는데, 이 샘의 물을 마시거나 샘에 들어가 목욕을 하면 성별이 바뀐다고 한다. 진이 젠더 전환 셰이프시프터라는 것도 아주 근거 없는 이야기는 아닌 셈이다.

유럽의 셰이프시프터들은 풍부하고 오랜 역사를 자랑한다. 유럽의 민속 설화와 전설들은 셰이프시프터가 사람들의 마음과 정신 속에 여전히 살아 있음을 분명하게 보여준다.

5
전설 속의 셰이프시프터 II
때로는 자애롭고 때로는 악랄한 세계의 괴물들

옛날 옛적에 바다의 공주 도요타마히메ᴛᴀᴛᴀᴍᴀ히ᴇ가 호오리노미코토 ᴏᴏ리노미코토라는 사냥꾼과 사랑에 빠졌다. 공주는 용왕의 딸이었고 사냥꾼은 평범한 인간(태양의 여신 아마테라스의 후손이긴 하다)이었음에도 그들의 사랑은 점점 깊어졌다. 그들은 용왕의 축복을 받으며 결혼했다. 호오리는 용왕의 해저 왕국에서 공주와 3년을 살았다. 하지만 갈수록 커져가는 고향에 대한 그리움을 참지 못하고 육지로 떠나버렸다. 당시 임신 중이었던 공주는 아들을 낳았고, 또 그 아들은 네 명의 아이들을 낳았다. 이 아이들 중 하나가 자라서 일본의 초대 천황인 진무 천황이 되었다. 이 신화를 바탕으로 일본 황가는 자신들이 태양의 여신과 용, 그리고 인간의 후손이라고 주장하게 되었다.

일본 황가가 태양의 여신과 용의 혈통이라고 이야기하는 이 고대 설화는 오랫동안 일본 천황들의 권력 세습을 정당화하는 근거로 사용되었다(1946년에 히로히토 당시 일본 천황이 자신의 신격을 부정하고 '인간 선언'을 함으로써 이 논리는 힘을 잃었다). 용은 중국과 일본에서 가장 높이 평가되는 환상의 생명체 중 하나다. 언제부터 용을 믿기 시작했는지는 확실치 않지만 선사시대 중국에서부터일 것이라는 설이 가장 유력하다. 용은 중국 민간 전통과 도교에서 중요한 존재로 다뤄졌다. 9세기 무렵에는 불교에 받아들여지면서 부처와 불법의 수호자가 되었다. 불교가 중국에서 일본으로 전파되면서 용도 함께 전해졌다.

바로 이 무렵에 용이 파충류의 모습을 하고 있다는 생각(오늘날 아시아 전역에서 일반적으로 받아들여지고 있는)이 뿌리내렸다. 보통 용의 몸은 뱀처럼 길고 구불구불하며, 비늘이 덮여 있고 등지느러미와 박쥐 날개처럼 생긴 거대한 날개, 예리한 발톱, 뾰족한 꼬리가 달려 있다고 여겨졌다. 얼굴에는 툭 튀어나온 왕방울만 한 눈과 털이 무성한 눈썹, 불을 뿜는 커다란 콧구멍, 긴 콧수염에 날카로운 이빨이 있고, 머리 위로는 작은 뿔이 솟아 있다. 용은 물과 하늘과 관계가 있으며 용들의 왕국은 보통 바다 아래에 있다. 여러 가지 마법 능력을 가지고 있는데, 그중에서도 변신 능력이 뛰어난 것으로 알려져 있다. 일본에서는 모든 셰이프시프터 중 용이 가장 강력한 존재였던 것 같다. 용은 스스로를 보이지 않게 만들 수 있고 원하는 어떤 모습으로든 변할 수도 있다. 특히 인간의 모습으로 변신하기를 즐긴다. 일본의 예술 작품에서 용은 종종 진주나 구슬(여의주)을 입에 물고 있는 모습으로 표현된다. 용은 변신할 때 이 여의주에 힘의 일부를 비축해놓는다. 여의주는 셰이프시프터가 변신하는 데 에너지가 필요하다는 점을 보여주는 몇 안 되는 사례 중 하나다.

유럽의 전설과 설화에 등장하는 용과는 달리, 아시아의 용들은 무시무시하고 강력하기는 해도 처녀를 납치하는 사악한 괴물이 아니다. 따라서 진정한 용기와 사랑을 지닌 기사에 의해 살해되어야 하는 존재도 아니다. 물론 프랑스에서 중세시대 때부터 전해져 내려오는 변신 용 이야기들 중에는 인간의 모습을 한 선량한 용이 인간 여성과 사랑에 빠지는 경우도 있고, 암컷 용이 인간 남성과 사랑에 빠지는 경우(이런 이야기는 딱 하나밖에 없다)도 있다. 하지만 전반적으로 보면 유럽의 용은 친절하지도 않고 도움을 준 인간에게 보답하지도 않는다. 반면 아시아의 용은 현명하고 인정 넘치며 부나 행운을 가져오는 존재라고 여겨진다. 용의 호감을 산 인간은 다양한 보답을 받을 수 있다. 중국과 일본에서 전해지는 수많은 용 이야기 중 인간 모습을 한 용과 그 자손들이 인간과 결혼하는 내용이 많은 것도 기본적으로 용이 착한 성품을 가지고 있기 때문이다.

아시아에도 사악한 용과 정의로운 신들의 싸움에 관한

전설이 있지만 이 용들은 대부분 외지에서 온 낯선 용이다. 지역의 토속 용들은 존경받을 만한 권위를 상징한다. 오늘날 우리가 공정하고 현명한 통치자에게 청원하듯, 아시아의 옛사람들은 용에게 소원을 빌고 부탁을 했다. 6세기 무렵부터 전해지는 일본의 설화에는 아이를 잡아먹는 용이 나온다. 동굴에 살던 용이 마을의 아이들을 잡아먹자 이 악행을 그만두게 하기 위해 불교에서 물을 관장하는 여신 벤자이텐弁財天이 나섰다. 여신은 용에게 결혼하자고 제안했고, 결혼 후 용에게 마을 사람들에게 저지른 잘못이 얼마나 나쁜지 가르쳤다. 이에 부끄러워 어쩔 줄 모르던 용은 그 자리에서 야트막한 언덕으로 변해버렸다.[1] 이 이야기 속 용은 사악해 보이지만 실은 양심을 가진 존재다. 자신의 잘못을 인정하고 스스로에게 벌을(그 벌로 인해 본래의 모습을 잃게 됨에도 불구하고) 내리기 때문이다. 이는 선한 세력과 싸우다 죽음을 맞이하는 유럽의 용과 아시아의 용의 성격이 완전히 다르다는 것을 보여준다.

아시아 문화에서 용은 단순한 상상 속 동물 이상의 중요성을 지닌다. 고대 중국인들은 악령을 피하고자 무덤 안에 용을 그렸고 절과 신사에는 아주 오래전부터 용 조각이 놓였다. 용은 아시아 예술가들이 가장 좋아하는 주제이기도 하다. 또한 권력과 권위의 상징으로 여겨졌기 때문에 왕실의 인장이나 깃발에 사용되었고 관료들의 관복에도 용 그림을 수놓았다. 오늘날에도 중국에서는 새해가 되면 신년 축제에서 용에게 경의를 표하기 위해 용춤을 추며 한 해 동안 행운이 가득하길 빈다. 또한 중국과 베트남에서는 태음태양력(달의 모양이 변하는 주기를 기준으로 하면서 윤달을 두어 태음력과 태양력을 절충한 역법. 우리나라의 음력과 중국의 중국력 등이 이에 해당한다)을 기준으로 용의 해에 아이, 특히 남자아이가 태어나면 매우 길하다고 본다. 용이 아이에게 부와 권력, 행운을 가져다줄 것이라 믿기 때문이다.

고대 중국 설화 중에는 용의 변신과 관련된 재미있는 이야기가 하나 있는데, 그 내용은 다음과 같다. 먼 옛날, 비파나무 열매는 오직 황족만 먹을 수 있었다. 비파나무 열매를 먹으면 모습을 바꿀 수 있었기 때문이다. 그런데 강에 살던 잉어 한 마리가 강물에 떨어진 비파나무 열매를 자꾸 주워 먹더니 상류에 있는 폭포를 넘어 헤엄쳐 올라가고 싶은 열망과 힘을 얻었다. 마침내 강을 거슬러 올라 폭포를 넘는 데 성공한 순간, 잉어는 용이 되었다. 지금까지도 아시아 문화권에서 용을 중요시하는 이유는 용이 변신 능력을 가지고 있기 때문이다. 아름다운 데다가 부와 권력까지 가져다줄 수 있는 여성(인간으로 변신한 용)을 만나 결혼하고 싶지 않은 남성이 어디에 있겠는가?

일본 문화에는 용 외에도 중요한 세 가지 셰이프시프터(일본에서는 '헨게'라고 부른다)가 있다. 덴구 てんぐ, 다누키, 기쓰네가 그것인데, 기쓰네는 이미 1장에서 살펴봤으니 여기서는 나머지 둘을 소개하려 한다. 덴구는 산속에 사는 요괴로, 인간과 새가 섞인 모습이다. 보통 날개와 긴 부리(몇몇 이야기에서는 까마귀의 부리와 비슷하다고 묘사된다)를 가지고 있다. 뛰어난 셰이프시프터인 덴구는 마음만 먹으면 어떤 동물로도 변할 수 있고 인간으로도 변할 수 있다. 겉모습을 기준으로 덴구는 크게 두 종류로 나뉜다. 가라스텐구からすてんぐ는 인간의 몸에 새의 머리를 지녔고, 고노하텐구このはてんぐ는 마찬가지로 인간의 몸을 하고 있지만 날개가 달렸고 피노키오처럼 긴 코를 가졌다. 덴구는 날개를 사용하지 않고도 순간적으로 이동할 수 있는 능력도 있으며 입을 움직이지 않으면서 인간들과 대화할 수 있는 기묘한 능력도 있다. 게다가 인간의 꿈에 제멋대로 들어갈 수 있는 못된 능력도 가지고 있다.

덴구는 일본뿐 아니라 중국과 인도 문화에서도 찾아볼 수 있으며 거의 비슷한 시기에 출현하기 시작했다. 불교와 신도神道(일본 고유의 민족 종교로, 태평양전쟁에서 패하기 전까지 일본의 국교였다-옮긴이)의 특징을 모두 보이는 덴구는 출중한 무술 실력을 뽐내는 전사이자 이간질에 능한 장난꾸러기이기도 하다. 오만, 허영, 허풍을 혐오하기 때문에 덴구가 벌이는 장난의 희생자들은 허영심 강한 불교의 수도승이나 사무라이, 자신의 이익을 위해 힘을 남용한 권력자인 경우가 많다. 셰이프시프터인 덴구가 가장 좋아하는 모습은 산속의 수도승인 야마부시やまぶし다. 하지만 야마부시로 변해 독특한 두건이 달린 수도복을 입고도 덴구는 여전히 짖궂은 장난을 즐겼다. 그렇지만 덴구가 그저 순진하

19세기에 제작된 일본의 네쓰케(에도시대 남성들이 사용했던 장신구).
두 마리의 덴구가 짐을 나르는 모양으로,
그중 한 마리의 긴 코에 짐 꾸러미가 매달려 있다.

고 무해한 개구쟁이 정도로 여겨지기만 했던 것은 아니다. 초창기에는 불교에 적대적이어서 사찰에 불을 지르고 승려들을 괴롭혔으며 아이들을 납치하는 못된 요괴로 그려졌다. 그러나 시간이 지나면서 덴구의 성격도 바뀌었다. 에도시대(1603~1867년) 무렵에 이르러서는 아이들을 납치하는 것이 아니라 사라진 아이들을 찾는 데 도움을 주고, 사찰의 파괴자가 아닌 수호자로 묘사되기 시작했다. 오늘날에도 일본의 불교 사찰이나 그 주변에서는 사찰을 지키는 덴구 조각상들을 발견할 수 있다.

작가 라프카디오 헌Lafcadio Hearn은 1899년에 기묘한 존재들이 등장하는 일본의 민담과 설화를 수집하고 기록하여《귀신들로 가득한 일본에서In Ghostly Japan》라는 제목의 책을 펴냈다. 19살이던 1869년에 헌은 아일랜드에서 미국으로 이주해 신시내티와 뉴올리언스에 거주하며 기자, 번역가, 작가 등으로 일하다가 1890년에 특파원 자격으로 처음 일본에 발을 딛게 되었다. 일본의 문화와 풍경에 매료된 그는 일본의 모든 것을 서구 세계에 전달하고자 애썼다. 이후 일본 여성과 결혼하여 일본에 귀화해 고이즈미 야쿠모小泉八雲라는 새로운 이름을 얻었다.《귀신들로 가득한 일본에서》에 실린〈덴구 이야기〉는 덴구의 변신 설화 중에서 가장 전형적인 것으로 알려져 있다. 이야기를 요약하자면 이렇다.

아주 먼 옛날, 레이겐 천황이 다스리던 시대에 한 스님이 바깥을 거닐다가 소년들이 덫에 걸린 솔개를 막대기로 때리는 것을 보았다. 불쌍한 마음에 소년들에게 불쌍한 새를 어찌 때리느냐고 묻자 소년들은 새의 깃털이 필요해서 그런다고 답했다. 그래서 스님은 자신의 깃털 부채와 새를 맞바꾸었다. 새가 크게 다치지 않은 것을 확인한 다음 새를 풀어주었고, 새는 훨훨 날아갔다. 스님은 불교의 가르침을 따라 덕을 쌓는 행동을 했다는 생각에 흡족해하며 계속 길을 걸었다. 잠시 후 이상하게 생긴 수도승이 풀숲에서 걸어 나오더니 스님에게 다가와 자신의 목숨을 구해줘서 고맙다며 정중히 인사했다. 스님은 손사래를 치며 자신은 당신을 구한 적이 없을뿐더러 알지도 못한다고 말했다. 그러자 수도승이 이렇게 대답했다.

이런 모습이라 저를 못 알아보시는 것도 이상한 일은 아니군요. 저는 못된 소년들에게 괴롭힘을 당하던 바로 그 솔개랍니다. 당신은 제 목숨을 구했고, 세상에 목숨보다 귀한 것은 없는 법이지요. 그래서 당신의 친절에 어떤 식으로든 보답하고 싶습니다. 만약 갖고 싶은 것이나 보고 싶은 것, 혹은 알고 싶은 게 있다면, 그것이 제가 당신을 위해 할 수 있는 거라면 어떤 것이든 저에게 말씀해주세요. 저는 우연히 여섯 가지 초자연적인 힘을 손에 넣었답니다. 그리 대단한 능력은 아닙니다만 그래도 특별한 힘을 발휘할 수는 있습니다. 그러니 무엇을 원하시든 들어드릴 수 있을 거예요.

깜짝 놀란 스님은 한동안 고심해보았지만 떠오르는 소원은 딱 한 가지뿐이었다. 석가모니가 살아 있던 옛날, 인도에서는 온갖 신들이 영취산靈鷲山('성스러운 독수리의 산'이라는 뜻)에 모여 석가모니의 설법을 들었다. 스님은 그때 그 장소에서 그 말씀을 직접 듣고 싶었다. 덴구는 그 소원을 들어주는 것은 어렵지 않다며 스님을 한적한 장소로 데려가 눈을 꼭 감으라고 말했다. 그리고 석가모니의 목소리가 들릴 때까지 절대로 눈을 떠서는 안 되며, 설법이 진행되는 동안 어떤 소리도 내면 안 된다고 경고했다. 스님은 그러겠노라 약속했고 말을 마친 덴구는 떠났다. 스님은 하루 종일 눈을 감은 채 조용히 석가모니의 목소리가 들리기를 간절히 기다렸다. 어느새 해가 저물어 저녁이 되었다. 마침내 하늘에서 내려오는 것 같은 석가모니의 목소리가 들려왔다.

　　스님의 눈이 저절로 떠졌다. 그의 눈앞에는 온갖 신과 정령들이 화려한 자태를 뽐내고 있었다. 하늘에서 꽃이 비처럼 떨어졌고 사방에 달콤한 향기가 가득했다. 셀 수 없이 많은 신과 나가, 악마, 요괴, 용, 성인, 신도들이 곳곳에 자리하고 있었다. 이 모든 것의 머리 위, 허공 한가운데에 석가모니가 있었다. 그는 마치 왕좌에 오른 왕처럼 사자의 등에 앉아 있었는데, 그 모습이 위풍당당하고 위엄이 넘쳤다. 그 순간, 스님은 덴구의 경고를 새까맣게 잊어버리고 말았다. 어리석게도 자신이 실제로 과거로 돌아가 석가모니와 한 공간에 있다고 착각한 것이다. 그는 바닥에 몸을 던져 절을 하고 경의를 표하며 사랑과 감사의 눈물을 흘렸다. 그리고는 커다란 목소리로 "저희를 축복하소서!" 하고 외쳤다. 그러자 갑자기 땅이 흔들리고 하늘이 순식간에 사라지더니 스님만 홀로 어둠 속에 남겨졌다. 언제 다시 나타난 것인지 덴구가 다가와 스님이 약속을 어겨 성스러운 광경을 잃었다고 호되게 꾸짖었다.

> 당신이 나와 한 약속을 지키지 못하고 경솔하게 행동하는 바람에 불법의 수호신이 돌연 하늘에서 내려와 "어떻게 감히 신앙심 깊은 인간을 속이는가?"라고 고함을 지르며 엄청난 분노로 우리를 덮쳤소. 그러자 내가 모아 온 다른 승려들이 두려움에 떨며 달아나버렸고, 내 날개 하나가 부러져버렸소. 덕분에 이제 나는 날 수 없게 되었구려. [2]

이 말을 남기고 덴구는 영원히 자취를 감췄다. 이 이야기에서 우리는 솔개를 구하고 착한 일을 했다는 생각에 빠져 있던 스님에게 덴구가 변신 능력을 사용해 장난을 쳤다는 사실을 알 수 있다. 스님은 환상 속에서 자신이 석가모니에게 말을 걸어도 될 만큼 덕이 높은 사람이라는 듯 석가모니를 소리쳐 불렀다. 즉, 덴구가 몹시도 싫어하는, 그래서 혼내주고 싶어하는 '허영'이라는 잘못을 범한 것이다. 유럽의 여러 셰이프시프터 이야기들처럼 이 이야기도 교훈적인데, 겸손해야 한다는 메시지를 전한다. 그런데 그 외에 뜻밖의 놀라운 요소도 발견할 수 있다. 스님을 속였다는 이유로 덴구 역시 한쪽 날개가 부러지는 벌을 받은 것이다. 일본에서 가장 오래된 덴구 이야기는 기원전 720년에 작성된 것이고, 그 후로 지금까지 계속해서 수정되어왔다. 덴구에 대한 믿음이 꽤 보편적이었는지 에도시대인 1860년에 작성된 정부의 공식 서류에 막부의 쇼군(일본 무신정권의 우두머리)이 방문할 예정이니 덴구에게 부탁해 인근의 산 하나를 잠시 보이지 않게 하라는 내용이 적혀 있기도 했다.

한편, 너구리 요괴인 다누키에 관한 설화들도 많다. 너구리는 눈 아래의 줄무늬가 특징이고, 가끔 오소리나 여우와 혼동되는 개과 동물이다. 원래는 산이나 계곡에서 굴을 파고 살지만 오늘날에는 도시나 그 주변에 내려와 쓰레기를 먹거나 정원을 망쳐놓기도 한다. 4세기에서 7세기 사이에 중국의 여우 설화(대부분 사악하고 변신 능력이 있는 여우)가 일본에 전래되면서, 평범했던 너구리는 변신할 수 있는 초자연적 존재가 되어 설화 속에 등장하기 시작했다. 일본인들이 중국 이야기 속 여우를 자국의 토종 동물인 너구리로 대체한 것이다. 이 상상의 너구리, 다누키의 특징은 중국의 여우 셰이프시프터로부터 그대로 가져온 것이 많다. 초기의 다누키는 인간으로 변할 수 있는 심술궂은 셰이프시프터로, 사람들 곁에 출몰해서 그들을 홀린다. 그런 이미지가 자리 잡으면서 진짜 너구리를 보고도 나쁜 일이 생길 불길한 조짐이라 여기기도 했다.

다누키가 기차로도 변신할 수 있다는 조금 독특한 이야기도 전해진다. 19세기에 이르러 일본 전역에 철도가 건설되면서 일명 '유령 열차'를 보았다는 사람들의 목격담이 줄을 이었다. 오늘날 유령 열차에 관한 괴담은 전 세계 곳곳에서 찾을 수 있지만(미국에 출몰한다는 에이브러햄 링컨의 장례 열차가 가장 유명하다), 일본에서 유령 열차 목격담이 나오게 된 원인이 무엇인지는 정확히 밝혀지지 않았다. 철도가 놓인 초창기에 열차 사고가 급증한 것과 관계가 있을 거라고 추측할 뿐이다. 어쨌든 유령 열차 목격담이 보고된 장소 근처에서 너구리의 시신이 자주 발견되자 사람들은 요괴 다누키가 열차로 변신했던 것이라 믿게 되었다. 또 다른 옛이야기에는 노파를 죽여 고깃국으로 만드는 다누키가 나온다. 끔찍하게도 이 다누키는 죽인 노파의 모습으로 변신해서 완성한 고깃국을 노파의 남편에게 먹인다. 다누키는 번개로 사람을 죽일 수 있는 외눈박이 괴물, 마녀, 수도승 등으로 변하는 것도 즐겼다.

수 세기가 지나면서 설화 속 다누키는 점차 선량한 존재로 바뀌었다. 변신 능력은 여전히 가지고 있지만 사악하다기보다 단순히 장난기가 좀 많은 캐릭터로 변화한 것이다. 겉모습도 변해서 현재 일본에서 요괴 다누키를 표현할 때 사용하는 전형적인 특징들을 가지게 되었다. 지금의 다누키는 거대한 음낭을 달고서 크고 불룩한 배를 북처럼 두드리며 돌아다닌다. 또, 어디에서든 술 한 병을 들고 있다. 과거의 다누키가 사람들을 홀려 길을 잃게 만들기 위해 자신의 큰 배를 북 삼아 두드리며 노래했다면, 18세기 무렵부터는 그저 즐거움을 위해 배를 두드렸던 것으로 보인다. 다누키가 집 앞 현관에서 잠자는 것을 허락해준 인간 가족을 위해 밤마다 배를 두드리며 장단을 맞췄다는 이야기도 있고, 자신의 배 장단에 넋이 나갈 정도로 흥이 오른 나머지 배가 닳아 없어질 때까지 두드리다 죽거나 혹은 자신의 배를 계속 부풀리다 터뜨려버리는 이야기도 있다.

　　아마도 다누키의 가장 기이한 특징은 거대한 음낭일 것이다. 이를 보고 다누키의 번식능력이 엄청났을 것이라고 생각하는 것은 일차원적인 추측에 불과하다. 다누키의 거대한 음낭은 성적 능력이 아닌 부와 번영의 상징으로 여겨졌다. 오래전 일본의 금속세공사들은 금을 망치로 두드려 얇은 판으로 만들 때 맨 먼저 금덩어리를 너구리 가죽으로 감쌌다. 이 때문에 다누키의 음낭에 그러한 의미가 부여되었을 거라는 해석이 있다. 19세기 일본의 예술가들은 다누키의 음낭을 기상천외하게 표현하며 선정적인 즐거움을 맛봤다. 예컨대 음낭을 폭우 속에서 커다란 우산처럼 받쳐 쓴다든지, 고기 낚는 그물로 사용한다든지, 사람들을 태워 강을 건네주는 나룻배로 이용한다든지, 무거운 짐을 옮기는 마차처럼 쓴다든지, 그것도 아니면 넓게 펴서 기모노처럼 입는다든지 하는 식으로 말이다.

　　현재의 다누키 이미지는 20세기에 만들어졌다. 커다란 배에 우스꽝스럽고 어리둥절한 표정을 한 다누키는 사랑스럽고

18세기에 제작된 다누키를 형상화한 네쓰케

귀엽다. 밀짚모자를 쓰고 한 손에는 술병을, 다른 한 손에는 약속어음 뭉치를 쥐고 있다. 이런 모습의 다누키는 일본 전역에서 발견되는데, 특히 시가라키信樂에서 많이 볼 수 있다. 이 지역의 특산품이 바로 다누키 도자기 조각상이기 때문이다. 시가라키에 가면 기차역, 식당, 술집, 상점 등 어디에서나 다누키 조각상을 만날 수 있다. 아예 누워 있는 다누키 모양으로 지은 공예품 가게도 있다. 이제 다누키는 행운과 복을 가져다주는 존재로 거듭 났다.

지금까지 소개한 것과는 완전히 다른 범주에 속하는 셰이프시프터들도 있다. 중국에서 생겨나 불교와 함께 일본에 유입된 이 셰이프시프터들은 인간이 아니고, 동물도 아니다. 이들은 다양한 이유로 셰이프시프터가 된 인간의 혼령, 즉 귀신이다. 중국과 일본 문화에서 귀신은 사악하기 때문에 반드시 달래고 진정시켜야 하는 존재다. 중국을 비롯해 여러 중화권 국가들에서는 해마다 중원절(음력 7월 15일을 전후로 한 달간 이어지는 중국의 전통 명절-옮긴이)이 되면 땅에 내려온 혼령들을 위로하고 가족의 행운을 빌기 위해 갖가지 음식과 물건(종이로 만든 옷이나 돈 같은 것)을 정성스레 마련한다. 일본학 연구자이자 번역가인 제임스 베네빌James S. De Benneville은 이러한 귀신의 개념에 대해 다음과 같이 말했다.

138

귀신의 대부분은 치욕스럽게 죽었거나 생전에 흉악한 일을 당한 영혼이 죽어서도 이승을 떠나지 못하고 가해자에게 복수하기 위해 떠도는 존재로 묘사된다. 이들은 삶의 마지막 순간에 느낀 원한에 사로잡혀 있다. 생사의 갈림길에서 경험했던 극심한 증오 때문에 산 자들 사이를 끊임없이 불행하게 떠돌 수밖에 없다. 결국 원수를 갚고 원한이 풀어져야 영혼이 사라진다. 3

중국과 일본 민속 설화에는 다양한 변신 귀신들이 나온다. 7세기 초 중국에서 편찬된 불교 경전인 능엄경에는 귀신의 종류가 정의되어 있는데, 몇 가지 예를 들자면 다음과 같다. 물건을 탐한 죄로 지옥에 간 사람은 물건에 붙는 괴귀怪鬼가 되고, 간사하게 남을 속이는 죄를 지은 사람은 죽어서 동물에 붙는 매귀魅鬼가 되며, 다른 사람에게 원한을 샀다면 곤충 모습의 충독귀蟲毒鬼가 된다. 생전에 거짓말을 많이 한 사람은 어둠 그 자체인 염귀魘鬼가 되고, 성공하려는 욕망에 부정을 일삼았다면 눈을 멀게 하는 밝은 빛의 역사귀役使鬼가 된다. 또한 편 가르기와 아첨을 즐긴 사람은 죽어서 사람 모습을 한 전송귀傳送鬼가 된다.

일본에서는 '본래 모습에서 벗어나 변화한 어떤 것'을 의미하는 말로 오바케おばけ와 바케모노ばけもの가 혼용되어왔지만, 명확히 말하자면 이 둘에는 차이가 있다. 오바케는 변신할 수 있는 인간 귀신을 가리키고 바케모노는 보통 비인간 셰이프시프터를 일컫는다. 앞서 소개한 여우 기쓰네나 너구리 다누키일 수도 있고, 오소리 무지나^{むじな}일 수도 있으며, 고양이 바케네코^{ばけねこ}일 수도 있다. 혹은 변신 능력이 있는 나무의 정령 고다마^{こだま}나 집 안에 오래 두어 요괴가 된 물건인 쓰쿠모가미^{つくもがみ}일 수도 있다.

　이 셰이프시프터들은 대개 못된 성미를 지녔다. 그러니 오바케든 바케모노든 이들과 우연히라도 마주치기를 바라는 사람은 없을 것이다. 바케모노는 인간으로 변신하지 않을 경우 훨씬 더 끔찍한 무언가로 변신하기 쉽다. 이마 가운데에 거대한 눈이 달린 외눈박이 대머리 소년 히토츠메코조^{ひとつめこぞう}나 처음에는 희생자가 아는 사람처럼 보이다가 차츰 얼굴의 이목구비가 조금씩 사라져 달걀처럼 매끈해지는 괴물 놋페라보^{のっぺらぼう}를 만났다고 상상해보라. 이름 그대로 어마어마하게 '덩치가 큰 스님'인 오뉴도^{おおにゅうどう}가 길을 막고 있다면 무엇을 하겠는가? 보통의 경우 평범한 사람보다 두 배 정도 큰 오뉴도는 몸집을 자유자재로 바꿀 수 있어 원한다면 산보다 거대해질 수도 있다. 이런 괴물들과 마주한다면 도망갈 생각밖에 들지 않을 것이다.

　라프카디오 헌의 《귀신으로 가득한 일본에서》에 실린 〈연정이 가져온 업보 A Passional Karma〉는 변신한 오바케가 사무라이와 사랑에 빠지는 이야기다. 사무라이 신사부로는 오츠유라는 여인과 서로 첫눈에 반해 사랑에 빠지지만, 두 사람의 만남을 반대하는 사람들에 의해 헤어진다. 오츠유는 상사병을 앓다 끝내 세상을 떠나고 그녀의 충실한 하녀 오요네도 며칠 후 주인을 따라 죽는다. 얼마간의 시간이 지난 어느 날 밤, 신사부로는 오츠유와 하녀가 자신의 집 앞을 지나쳐 가는 모습을 보고 얼른 뛰쳐나간다. 오츠유는 신사부로가 죽은 줄 알고 있었다는 오요네의 말에 신사부로는 깜짝 놀라 자신도 두 사람이 죽었다는 이야기를 들었다고 대답한다. 당연히 그는 두 여인이 죽어서 오바케가 되어 나타났다는 사실은 알지 못한다. 그래서 그녀들을 집으로 초대하고, 밤마다 만나서 시간을 보낸다. 하지만 신사부로의 하인 토모조는 주인을 찾아오는 신비로운 여성들이 무척 수상쩍었다. 주인의 돈을 노리는 것일지도 모른다고 생각한 토모조는 그녀들의 정체를 밝히기 위해 벽 틈새로 그들을 염탐한다. 벽 너머로 들려오는 대화로 짐작컨대, 둘 중 주인과 더 각별해 보이는 여인은 평민이 아니라 높은 가문의 아가씨인 듯했다. 토모조는 벽에 눈을 바짝 대고 살펴보기로 한다.

마침내 그는 모든 것을 두 눈으로 목격했다. 방 안에서부터 퍼지는 얼음처럼 차가운 냉기에 온몸이 떨려왔고 머리카락이 곤두섰다.

여인의 얼굴은 이미 오래전 죽은 자의 것이었다. 그녀는 뼈밖에 남지 않은 손가락으로 주인을 쓰다듬고 있었는데, 허리 아래에는 아무것도 없었고 녹아내리듯 흐린 그림자뿐이었다. 망상에 빠진 주인의 눈에 젊음과 우아함, 아름다움만 보였다면, 하인의 눈에는 오직 공포와 죽음의 공허함만 보였다.

업보를 소재로 한 일본의 전통 설화 대부분이 그렇듯, 이 이야기는 신사부로가 죽어서 자신의 연인이었던 오바케 옆에 묻히는 것으로 끝난다.

일본인들은 1868년부터 하와이로 이주하기 시작했다. 이때 함께 전해진 오바케 이야기는 하와이의 토착 설화 중 비슷한 이야기와 결합하게 되었다. 셰이프시프터 설화가 한 문화에서 다른 문화로 전파되는 것은 드문 일이 아니다. 하와이는 일본에서, 일본은 중국에서 이야기들을 차용했으며 중국은 불교와 함께 전래된 인도 설화에서 많은 이야기를 가져왔다. 변신 설화가 전 세계 곳곳에서 만들어지는 이유는 전파에 따른 문화적 전유cultural appropriation 때문이기도 하지만, 셰이프시프터라는 요소 속에 인간의 마음을 울리는 보편적인 무언가가 존재하기 때문이다. 물론 각각의 문화는 서로 다른 종교, 지리, 환경을 기반으로 발전해왔으므로 셰이프시프터 유형은 문화마다 다르다. 예를 들어 아름답지만 위험한 자연에 둘러싸여 살아갈 수밖에 없는 지역의 토속적인 셰이프시프터는 그 자연 속에 사는 생명체들을 바탕으로 한 경우가 많다(모두가 그런 것은 아니다). 반면 유럽과 같은 지역의 셰이프시프터는 요정처럼 허구적인 상상의 존재인 경우가 많다. 지금부터 세계 곳곳의 매력적이고 특색 있는 셰이프시프터들을 만나보자.

오스트레일리아의 드넓은 황무지에는 기이한 존재들이

살고 있다고 한다. 그러니 오스트레일리아 원주민들의 '드림타임dreamtime' 설화에 환상적인 괴물들이 잔뜩 등장하는 것도 놀라운 일이 아니다. 이 괴물들의 대부분은 셰이프시프터라고 한다. 그런가 하면 오스트레일리아 서부 사막에서는 운이 나쁘면 마무mamu가 다니는 길에 들어설 수도 있다. 인간을 닮은 식인 짐승 마무는 땅 밑이나 속이 빈 나무 속에 산다. 대머리일 수도 있고 긴 머리를 전부 위로 세운 모습일 수도 있다. 마무의 온몸은 무성한 털로 뒤덮여 있고, 툭 불거진 커다란 눈에 희생자의 살점을 물어뜯을 수 있을 만큼 날카롭고 뾰족한 이빨을 지녔다. 평소에는 사람처럼 보이지만 원한다면 날카로운 부리의 새, 개, 심지어 밤하늘의 별똥별로도 변신할 수 있다. 유럽의 여러 옛이야기에는 원주민 부모가 아이를 훈육하고 통제할 때 말을 듣지 않으면 마무가 와서 잡아먹을지도 모른다고 위협하는 장면들이 나오기도 한다.

다른 문화들에서 엿볼 수 있듯, 원주민 문화에도 물에 사는 셰이프시프터 정령이 등장한다. 요크요크yawk-yawk는 강이나 깊은 물웅덩이에 숨어 사는 잔인한 정령으로, 초록색 수초로 된 길고 치렁치렁한 머리에 물고기의 꼬리를 가지고 있다. 여인으로 변신해서 어리석은 남성들을 유혹한 다음 물에 빠뜨려 죽인다. 특히 어린아이들이 요크요크를 무서워하는데, 잡히면 물에 끌려 들어가기 때문이다. 이 이야기 역시 집 근처를 벗어나 위험한 물가를 돌아다니지 말라는 경고를 아이들에게 전한다.

뉴질랜드의 마오리족을 비롯한 여러 폴리네시아^{Polynesia}
(오세아니아 동쪽 해역에 분포하는 수천 개의 섬들을 통틀어 이르는 말)계
원주민들 사이에서도 변신하는 물의 정령 이야기가 전해져 내
려온다. 타니파^{taniwha}라는 이름의 이 정령은 바다나 강, 호수에
살고, 물가의 동굴에 사는 경우도 있다. 변신 능력이 있는 타니
파는 때에 따라 상어나 고래처럼 보이기도 하고 용처럼 보이기
도 한다. 타니파의 주된 먹이는 인간이다. 몇몇 전설에서는 타니
파를 개인이나 부족의 수호자로 소개하기도 하지만, 그럴지라도
타니파가 보호하는 인간이 아닌 외부인에게는 위험한 존재다.

가나 아샨티족의 전설 중에는 거대한 박쥐 모습을 한 사
싸본삼^{sassabonsam}이라는 괴수에 관한 이야기가 있다. 사싸본삼
은 여우 머리에 강철로 된 이빨을 가졌고, 발과 날개 끝에는 강
철 갈고리가 달려 있다. 이 강철 갈고리로 인간을 쉽게 낚아채
사냥한다. 때로는 마르고 키가 큰 체형에 턱수염과 붉은 눈을 가
진 흡혈 '인간'으로 변신하기도 하는데, 이때 사싸본삼의 발을
보면 하나는 앞을, 다른 하나는 뒤를 향하고 있다. 한편, 가나와
토고 남부에 사는 에웨족은 아제^{adze}라는 셰이프시프터를 두려
워한다. 본래 모습은 사싸본삼과 비슷하지만, 아제는 반딧불이
로 변신할 수 있다. 작고 반짝거리는 반딧불이로 변한 아제가 무
해해 보일 수도 있지만 실은 아주 사악하다. 아제는 지독한 병을
옮기고, 아이들의 피를 빨아먹어 노인으로 만들어버리는 등 무
시무시한 행동을 일삼는다.

남아프리카공화국의 티콜로시tikoloshe는 상상 속 물의 정령으로 자그마하지만 악랄하다. 줄루족 전설에 따르면 티콜로시는 물을 마시는 순간 눈에 보이지 않게 되거나, 곰 같기도 하고 인간 같기도 한 동물로 변신한다. 케냐의 식인 괴물 일리무ilimu는 모습이 일정하지 않아 사람에 따라 다른 동물로 보인다.

남아메리카 대륙 전역에서도 일본의 변신 요괴와 비슷한 존재들이 발견되는데, 이들은 문명과 야생의 경계에 숨어 있다. 대표적인 것은 주로 파타솔라la patasola('발이 하나뿐인 여자'라는 뜻)라는 이름으로 불리는 여성 셰이프시프터다. 이 무서운 괴물은 베네수엘라에서는 사요나sayona, 콜롬비아에서는 툰다tunda라고 불리는데, 어떤 이름으로 불리든 무척 섬뜩하고 잔인하다고 알려져 있다. 파타솔라의 기원은 확실하지 않다. 주인과 간음하다 들킨 아내를 남편이 살해한 후 아내의 다리 한쪽을 잘랐는데 죽은 아내가 저주에 걸린 채 혼령이 되어 황무지를 떠돈다는 이야기도 있고, 자신의 아들을 살해하는 죄를 범한 여인이 다리 한쪽이 잘리는 벌을 받고 밀림으로 추방당해 지금까지 떠도는 것이라는 이야기도 있다. 파타솔라는 남아메리카 대륙의 황량하고 외딴 산과 밀림에 출몰하여 대지와 동물을 보호하는 일을 한다. 특히 환경을 파괴하는 채광·벌목 업자나 사냥꾼, 목동, 양치기의 약탈을 막는다. 다리는 한쪽뿐이어도 무서운 속도로 정글을 가로지를 수 있다. 파타솔라는 아름다운 여성으로 변신하여 희생자들을 정글로 끌어들인 다음 본래 모습으로 되돌아간다. 보통 튀어나온 눈에 매부리코, 두툼한 입술, 헝클어진 머리, 하나밖에 없는 젖가슴을 가진 모습으로 묘사된다. 그녀의 길고 날카로운 송곳니가 피부를 뚫고 들어가 피를 빨아 마시면 단 몇 초 만에 희생자는 바싹 마른 옥수수 껍질처럼 변해버린다.

아메리카 대륙의 동부 삼림지대와 중앙 평원에 사는 원주민 부족(포타와토미족, 크리크족, 오마하족, 퐁카족) 사이에서는 '사슴여인Deer Woman'의 이야기가 유명하다. 다산과 사랑을 상징하는 사슴여인은 선한 존재이지만 어두운 측면도 가지고 있다. 사슴여인의 표적은 문란하거나 간통을 저지른 남성들이다. 그녀는 여인의 모습으로 남성들을 외딴 곳으로 유인한 다음 사슴으로 변신해 짓밟아 죽인다. 이런 행동을 하는 것은 그녀가 사슴여인이 된 사연 탓일 수도 있다. 전설에 따르면, 그녀는 원래 인간이었는데 강간을 당한 뒤 분노와 수치심에 사슴이 되었다고 한다(고대 그리스 신화의 변신 이야기 중 하나와 매우 유사한 대목이다). 또 다른 전설에서는 태초의 사슴여인이 살해된 인간 여성들을 사슴여인으로 되살려냈다고 설명하기도 한다. 이때 태초의 사슴여인이 어떻게 생겨난 것인지는 전해지지 않고 있다. 파타솔라와 사슴여인 이야기에도 사람들을 향한 경고성 메시지가 담겨 있다. 파타솔라 이야기는 '방탕한 여성은 저주를 받아 추한 유령이 될 것이다'라는 메시지를, 사슴여인 이야기는 '난잡한 호색한은 처참한 죽음을 맞이할 것이다'라는 메시지를 전한다. 또한 이 두 셰이프시프터들은 자연의 수호자이기도 하기 때문에 문명이 아직

닿지 않은 야생의 자연에 함부로 가까이 가지 말라는 교훈도 엿볼 수 있다.

아메리카 대륙 남서부에 거주하는 나바호족의 친디chindi 역시 환경 파괴에 민감하게 반응한다. 친디는 어떤 동물로도 변신할 수 있으며, 어머니인 지구의 생명체를 파괴하는 인간들에게 복수한다. 만약 어떤 동물이 두 발로 일어나 걷고 있다면 그것은 친디가 확실하다. 친디는 적이라고 생각되면 그게 누구든 끈질기게 추적하여 무자비하게 응징하기 때문에 친디의 분노를 산 자는 도망칠 수 없다.

서부 아프리카 일대에서 미국으로 팔려온 아프리카 노예의 후손들을 가리켜 걸라Gullah라고 부른다. 이들은 조지아주와 사우스캐롤라이나주 등에 거주하고 1700년대부터 크리올 언어(서로 다른 두 언어의 요소가 혼합된 보조적 언어 피진pidgin이 점차 확장되어 제1언어로 사용되는 것, 여기서는 아프리카계 언어와 영어가 합쳐진 언어를 의미한다-옮긴이)를 사용하며 발전시켜왔다. 이들 사이에서는 부 해그boo hag라 불리는 무시무시한 셰이프시프터 이야기가 전해온다. 부 해그는 죽었다 되살아난 악령이다. 부 해그의 피부는 붉은색이고 새파란 혈관이 비치는데, 낮에는 희생자의 살가죽을 뒤집어쓰고 산 사람 흉내를 내며 돌아다니다가 밤이 되면 그것을 벗어버린다. 부 해그는 햇살을 받으면 소멸되는데, 이를 피하려면 벗어던진 살가죽을 되찾거나 새로운 인간의 피부를 얻어 둘러써야 한다. 먹이 사냥에 나선 부 해그는 열린 창문, 벽의

틈이나 구멍을 통해 집으로 들어가 희생자를 물색한다. 보통은 자고 있는 희생자의 가슴에 올라타 밤새 희생자의 생기를 빨아들인다고 한다. 공격을 알아차리지 못하는 희생자는 아침이 되어서야 멍한 상태로 극심한 피로를 느끼며 깨어난다. 부 해그가 몸 위에 올라타 있을 때 잠에서 깬 사람은 피부를 도둑맞고 극심한 고통에 시달리다 죽게 된다. 그래서 걸라인들은 밤 인사를 나눌 때 '부 해그가 올라타지 않기를'이라고 말하곤 한다.

　　브라질 아마존강 유역에 사는 사람들은 정글의 위험을 잘 알고 있다. 그래서 특히 밤에는 강둑 근처에 가지 않는다. 사람들을 공격하는 야생동물도 무섭지만, 정글에 사는 사람들이 가장 두려워하는 것은 엔칸탄도encantando다. '주술에 걸린 자'라는 뜻의 이름을 가진 엔칸탄도는 아마존 강물 깊은 곳에 사는 괴물로, 뱀이나 돌고래의 모습으로 나타난다고 알려져 있다. 때때로 마을에서 축제가 열려 음악 소리가 들리면 거부할 수 없을 만큼 아름답고 음악성이 뛰어난 인간으로 변신하기도 한다. 아름다움에 매혹된 마을 사람들은 엔칸탄도의 손쉬운 먹잇감이다. 납치된 인간은 괴물의 수중 동굴로 끌려 들어가 다시는 되돌아오지 못한다고 전해진다. 남아메리카 대륙 동북부에 위치한 가이아나에 사는 카리브족 전설 중에도 이와 유사한 것이 있다. 물의 정령 중 으뜸인 아나콘다anaconda에게는 셰이프시프터인 딸이 있다. 아나콘다 모녀는 아름다운 여인으로 변신해서 불운한 어부들을 유인해 죽음에 이르게 만든다. 간혹 희생자들 중에 쓸 만하다고 여겨지는 사람들은 정령의 노예가 되어 목숨을 부지하기도 한다.

　　세계의 여러 설화들에는 밤에 들리는 부엉이 소리가 누군가에게 죽음이 임박했음을 알리는 소리라는 이야기가 많이 등장한다. 멕시코 전설 속 '마녀 새' 추사la chusa는 볼썽사나운 노파의 얼굴에 거대한 날개가 달린 부엉이의 몸을 가진 마녀다. 추사가 거대한 날개로 집의 창문이나 벽을 두드리면 그 집에 사는 누군가가 곧 죽는다는 의미라고 한다. 죽은 자의 영혼을 데려가는 것이 추사의 역할이기 때문이다. 만약 추사를 포획해서 해가 뜰 때까지 붙잡아두면 아름다운 여성으로 변한다. 저주나 마법이 깨지면 괴물이 미모의 여인으로 돌아온다는 점에서 포르투갈의 모우라 엔칸타다 이야기와 비슷하다. 어떤 지역에서는 추사를 붙잡아 밤새 초록색 덩굴로 꽁꽁 묶어두면 원래의 마녀 모습으로 돌아가는데, 오직 그때에만 화형에 처할 수 있다고 믿는다.

　　미국 플로리다주의 원주민 세미놀족에게도 추사와 비슷한 셰이프시프터 스티키니stikini의 이야기가 전해진다. 사악한 마녀 스티키니는 낮에는 평범한 세미놀족 사람처럼 보이지만 밤이 되면 내장과 영혼을 토해내고 부엉이 비슷한 것이 되어 인간의 심장을 파먹는다. 스티키니의 이름을 입에 올리는 것만으로도 스티키니가 되기 때문에 스티키니 이야기는 괴물로부터 자신을 보호할 수 있는 주술사의 입을 통해서만 전해져왔다. 다른 나라들의 셰이프시프터 전설처럼 스티키니 이야기도 아이들의 훈

육에 이용되곤 했다. 미국 남서부에 사는 아파치족은 아이들에게 겁줄 때 '보기맨bogeyman(미국에서 아이들을 겁주는 데 쓰는 말로, 명시적인 지시 대상은 없다. 부기맨이라고도 부른다-옮긴이)' 대신 부엉이 거인Big Owl Man 설화를 이용한다. 부엉이 거인은 인간 모습으로 나타나 사람을 잡아먹으며, 이따금 뿔 달린 거대한 부엉이로 변신해 발톱으로 아이들을 들어 나른다고 알려져 있다.

칠레와 아르헨티나 설화에도 변신 능력이 있는 섬뜩한 '새' 촌촌chonchon이 등장한다. 마법사 촌촌은 신비로운 크림을 목에 발라 자신의 머리를 목에서 안전하게 떼어낼 수 있다. 그 머리에는 깃털과 발톱이 자라나고, 양쪽 귀가 비정상적으로 커진다. 달이 없는 밤이 되면 촌촌은 그 큰 귀를 날개 삼아 날아다닌다. 촌촌은 마법사의 눈에만 보이고, 평범한 인간은 그 울음소리만 들을 수 있다. 나쁜 마법사들이 촌촌의 모습으로 변해 잠자는 인간의 피를 빨아먹는 등 악행을 저지른다고 알려져 있기 때문에, 촌촌의 울음소리는 불행의 전조로 여겨진다. 북아메리카 대륙 이로쿼이족 사이에서도 끔찍한 모습으로 날아다니는 머리 이야기가 전해진다. 이 머리는 카논치스톤티kanontsistontie라고 부르는데, 관련 이야기가 워낙 많고 다양해서 이것이 셰이프시프터인지조차 확실하지가 않다. 여러 이야기에 공통적으로 나오는 특징들을 조합해보자면, 카논치스톤티는 식인 인간의 혼령이고 죽어서도 소름 끼치는 모습으로 사람을 잡아먹어야 하는 저주에 걸렸다고 한다.

유럽의 예술 작품에 등장하는 푸토putto는 흥미로울 정도로 춘춘이나 카논치스톤티와 유사하다. 이따금 케루브cherub(천사와 비슷한 천상의 존재. 고대 오리엔트 종교에 등장하는 날개 달린 수호신 카리브에서 유래했다-옮긴이)와 동일시되기도 한다. 푸토는 날개가 달린 작고 토실토실한 아기의 모습을 하고 있으며, 신화나 종교를 소재로 한 미술 작품에 많이 등장한다. 특히 케루브 조각상은 몸 없이 머리에 날개가 달린 형태로 표현되는 경우가 종종 있다. 하지만 아메리카 원주민 설화에 등장하는 날아다니는 머리와는 다르게 순결한 마음과 착한 성품을 지녔다고 알려져 있다.

지금까지 살펴본 셰이프시프터는 다른 존재로 변신할 수 있는 동물이나 주술사, 혹은 변신 능력을 가진 상상 속 정령이었다. 하지만 지금도 세계 곳곳에서는 여전히 변신이 행해지고 있다. 의례나 예식 중에 일어나는 내적 변신이 바로 그것이다. 내적 셰이프시프터는 자신의 모습을 물리적으로 변화시키지 않는다. 대신 다른 사람이나 동물의 모습을 모방함으로써 자신의 의식을 변화시킨다.

에콰도르 북서쪽에 거주하는 차치족(카야파스족이라고도 불린다)의 장례 의식이 이러한 유형의 변신을 보여주는 가장 적절한 예일 것이다. 차치족은 고도로 발달한 우주론을 보유하고 있다. 그들은 사후의 삶이 죽으면서 남기고 떠나온 현세의 삶과 크게 다르지 않다고 믿는다. 죽은 사람도 사후 세계에서 친한 사람을 만나고 동식물을 보며 음식을 먹는다. 하지만 망자가 사후 세계로 가는 길을 제대로 찾으려면 그를 위한 장례 의식이 절차대로 치러져야 한다. 이때 의식이 여러 날에 걸쳐 복잡한 순서에 따라 진행되므로 실수 없이 치러지도록 주의해야 한다. 특이하게도 차치족은 장례 의식 중에 '게임'을 한다. 부족 구성원 모두가 참여하는 이 게임에서 조문객은 망자가 사후 세계에 가서 만나게 될 사람, 동물, 식물인 척한다. 정확히 말하면 그것은 게임이 아니며 참가자도 역할을 가장하는 것이 아니다. 인류학자 이스트반 프라에트Istvan Praet는 차치족의 장례 의식에서 벌어지는 게임에 대해 다음과 같이 묘사했다.

> 게임 참가자들은 소, 닭, 재규어, 말, 물고기, 마코앵무새, 개, 흰입술페커리(멕시코 남부와 아르헨티나 동북부에 사는 미국멧돼짓과 동물-옮긴이) 등의 동물뿐 아니라 대왕야자나 카사바 같은 식물 모습도 '흉내' 낸다. 또한 다양한 사회적 지위와 역할의 사람들(예컨대 경찰, 어부, 사냥꾼, 농부)도 흉내 낸다. 이렇게 사람들이 온갖 종류의 것들을 따라 하는 이유는 죽은 자의 세계에 존재하는 것, 달리 말해 '혼령들'을 표현하기 위해서다. 게임 참가자들은 '차치족이 아닌 다른 무언가'가 되거나 '인간 존재를 넘어선 무언가'가 된다. 이런 관점에서 보면 장례 의식에서 행해지는 경야(죽은 사람을 장사 지내기 전에 가까운 가족들이 관 곁에서 밤새 지키는 일-옮긴이)나 '게임'은 광범위한 변신 과정의 일

부라고 할 수 있다. 따라서 엄밀히 말해 게임 참가자들은 '게임에 참여하고 있는 것'이 아니다. [4]

어떻게 정의하든 간에 죽음이 일종의 변신이라는 것은 확실하다. 그리고 차치족에게 죽음이라는 변신은 매우 중요한 의미를 가진다. 장례가 바르게 치러진다면 망자는 사후 세계로 넘어갈 수 있다. 하지만 절차가 잘못되기라도 하면 망자는 유령이 되어 '이승을 떠도는 죽은 자'가 될 것이다. 이에 관해 프라에트는 이렇게 이야기했다.

> 내 생각에 죽음은 하나의 변신 과정인 것 같다. 우리는 죽으면 인간의 모습을 벗어던지고 영혼이 된다. 죽은 이의 관에 음식, 옷, 돈 같은 선물을 넣는 관습은 영혼이 죽어서도 인간 세계의 삶(영혼의 관점에서)을 영위할 것이라는 믿음을 보여준다. 비록 살아 있는 사람들이 그들을 산 사람으로 인식하지는 않더라도 이승의 삶과 같은 삶을 살 것이라고 믿는다. 그러니 문제를 피하려면 무엇보다 변신 과정이 가능한 한 완벽하고 철저하게 진행되도록 주의를 기울여야 한다. [5]

카리브 제도의 카리브족(크리스토퍼 콜럼버스가 1492년에 카리브해의 섬에 도착해서 처음 만난 원주민 부족) 문화에서도 비슷한 내적 변신 사례를 발견할 수 있다. 그들은 카나이마kanaima라는 악령이 존재한다고 믿는다. 기독교에서 말하는 악령 빙의와 비슷하게 카나이마도 사람의 몸속에 들어가 그를 장악한 다음 격렬한 분노를 일으키거나 미쳐 날뛰는 동물로 변신시킨다. 카리브족 사람들은 카나이마를 피하기 위해서라면 무엇이든 한다. 그러나 살해된 가족의 복수를 위해 마법이나 약물을 써서 일부러 카나이마가 자신에게 빙의되도록 하는 사람들도 있다.

오늘날 우리의 눈에는 이 셰이프시프터들이 터무니없어 보일 수도 있다. 하지만 원주민 문화를 비롯하여 세계의 많은 문화에서 여전히 셰이프시프터의 존재와 변신의 힘을 믿고 있다는 사실은 유념해야 한다. 이러한 믿음은 주술적 샤머니즘으로 표출되기도 하는데, 샤머니즘 의식에서 주술사는 실제로 '다른' 무언가로 변신하는 것처럼 보인다. 아르헨티나의 주술사들은 동물 가죽과 마법 주문을 이용해 재규어로 변신한다. 티그레 카피안고tigre capiango라 불리는 이 주술의 목적은 그저 신체의 물리적 힘과 마법 능력을 증가시키는 것이다. 하지만 셰이프시프터는 신체적 변화를 넘어 정신적 변화도 경험할 수 있다. 심리적이고 의식적인 차원에서 '타인'으로 변신하는 것은 선사시대 사냥꾼이나 북유럽 베르세르크만큼 오래된 관행이다. 사냥꾼이 동굴벽에 '변신한' 자신의 모습을 그림으로 남겨두었다면, 무시무시한 살인 기계 베르세르크는 동물 가죽을 뒤집어씀으로써 무자비한 동물의 본성도 함께 가지게 되었다고 믿었다. 내적 셰이프시프터는 현존한다. 그것은 차치족과 카리브족 사이에 존재하고,

154

부두교 주술사들 사이에 존재하며, 정령 카치나^{kachina}로 분장하고 춤을 추는 호피족(미국 애리조나주에 거주하는 원주민 부족-옮긴이) 무용수들 사이에 존재한다. 또한 가톨릭의 구마^{exorcism} 의식 속에도 존재한다. 다시 말해 셰이프시프터는 더 이상 존재하지 않는, 멸종되어버린 미신적 존재가 아니다. 지금 이 순간에도 여전히 우리와 함께 공존하고 있다.

6
늑대인간
인간의 동물적 본능이 폭발하다

체로키족 노인이 손자에게 인생에 대해 이야기하고 있었다. 타 다 남은 모닥불 불씨가 하나둘 밤하늘로 떠오를 즈음, 노인이 말했다.

"얘야, 내 안에서는 항상 싸움이 일어나고 있단다. 두 마리 늑대 가 벌이는 처절한 싸움이지. 그중 하나는 사악해. 그놈은 분노, 질투, 비통, 원한, 후회로 똘똘 뭉쳐 있단다. 탐욕스럽고 오만하 며 자기 연민에 빠져 자신밖에 모르는 놈이야. 다른 하나는 선 해. 이놈은 즐거움, 평화, 사랑, 희망, 겸손, 친절 그 자체란다. 너 그럽고 동정심이 많으며 진실하고 신의가 있지. 똑같은 싸움이 네 안에서도, 다른 모든 사람 안에서도 벌어지고 있단다."

잠시 생각에 잠겼던 손자가 물었다. "어떤 늑대가 이길까요?"

노인이 짧게 대답했다. "네가 먹어 키우는 쪽이 이기겠지."

†∎†

북아메리카 남동부에 거주하는 원주민인 체로키족 사이에 전해지는 이 작자 미상의 이야기는 인간 본성의 이중성을 보여준다. 즉, 인간은 원초적이고 충동적인 동시에 합리적이고 이성적인 존재라는 것이다. 지난 오랜 세월 동안 세계의 철학자, 신학자, 예술가, 작가들은 인간의 이중적 본성에 대해 끊임없이 질문하고 답을 찾아왔다. 특히 견제와 균형을 통해 중용을 지킬 방법을 모색하고 원초적인 동물적 본성이 우세해지면 어떤 일이 생기는지를 탐구했다.

늑대인간은 아마도 세상에서 가장 유명한 셰이프시프터일 것이다. 동물적 본성이 우리를 장악할 때 생길 수 있는 문제를 가장 잘 보여주는 예이기도 하다. 늑대인간이 매력적으로 느껴지고 인기를 누린다는 사실은 도덕과 사회규범이라는 족쇄에서 벗어나 한밤중에 벌거벗은 채 숲을 가로지르고 달을 보며 울부짖고 싶다는 우리 인간의 잠재적 욕망을 반영하는 것일지도 모른다. 적어도 늑대인간이 민속 설화, 영화, 소설을 통해 대중적 인기를 얻는다는 것은 우리가 억눌리고 금지된 우리의 동물적 본성에 끌린다는 증거다. 인간과 늑대의 관계는 아주 오래되었다. 수렵·채집 사회에서 늑대는 무시무시한 포식자였다. 강하고 교활한 늑대에게 잡아먹히지 않기 위해 인간은 끊임없이 경계하고 조심해야 했다. 하지만 우리 선조들은 지금은 멸종한 늑대의 한 종을 개로 길들였다. 개는 인간과 함께 살기 시작한 최초의 동물이자 인간의 첫 번째 동물 친구가 되었다. 그렇지만 여전히 숲속 어딘가에서는 사나운 야생 늑대가 배회하고 있었다. 홀로, 혹은 무리 지어 사냥하는 이 위험한 육식동물은 이따금 인간을 사냥하기도 했다.

1760년대에 프랑스 남부의 외딴 산악 지방인 제보당 Gévadaun에 사는 주민들은 늑대와 비슷하게 생긴 거대한 짐승의 공격으로 극심한 고통에 시달렸다. 1765년 1월 15일 사지가 절단된 처참한 모습으로 죽은 어린 소녀의 시체가 발견된 것을 시작으로, 1767년에 일명 '제보당의 괴수'가 살해될 때까지 100명이 넘는 사람들(대부분은 여성과 아이였다)이 죽었다. 사람들은 '죽음의 시간'이라 불렸던 이 시기가 지나갈 때까지 공포에 숨죽여야 했다. 목격자들은 괴물이 검정색 또는 적갈색 털로 뒤덮여 있었고 날카로운 이빨과 강한 꼬리를 가졌으며 기분 나쁜 냄새를 풍겼다고 말했다. 괴물은 엄청난 속도로 달리며 믿을 수 없는 높이까지 뛰어오를 수도 있었다. 또한 인간을 두려워하지 않았으며 혼자 있든 여럿이 함께 있든 가리지 않고 사람들을 잔인하게 공격했다. 괴물은 날카로운 앞발과 면도칼 같은 이빨로 인간을 잔혹하게 죽였다.

괴수가 한 마을에서 다른 마을로 옮겨다니며 활개를 치는 동안 제보당 주민들은 계속 두려움에 떨어야 했다. 괴수가 출몰했다는 소리가 들리면 그 즉시 주변의 모든 마을이 텅 비어버렸다. 상황이 긴박해지자 루이 15세는 기병대를 파견하며 괴물을 포획하라고 명령했다. 하지만 기병대도 괴물을 잡지 못했다. 그러자 이번에는 유명한 늑대 사냥꾼인 프랑수아 앙투안François Antoine을 보냈다. 1765년 9월 21일에 앙투안이 약 60킬로그램에 달하는 거대한 회색 늑대를 총으로 쏴 죽였다. 앙투안이 그 늑대를 박제하여 왕에게 보냈고, 왕은 크게 기뻐하며 베르사유궁전에 전시했다. 그러나 애석하게도 그 늑대는 왕이 찾던 괴수가 아니었다. 두 달 후 끔찍한 인간 사냥이 다시 시작되었다. 1767년, 끈질기게 괴수의 뒤를 쫓던 지역 사냥꾼 장 샤스텔Jean Chastel이 마침내 괴수를 사살하는 데 성공했다. 샤스텔은 늑대인간을 죽이는 전통 방식대로 신부가 축성한 은제 총알을 사용했다고 증언했다.

제보당의 괴수는 과연 무엇이었을까? 늑대와 사자 혹은 늑대와 하이에나의 교미로 태어난 혼종 동물이라는 말도 있었고, 표범이라는 말도 있었다. 프랑스는 가톨릭 국가인 만큼 신앙심 깊은 사람들은 괴수가 악마의 화신이라고 생각하기도 했다. 하지만 그보다 훨씬 많은 사람들은 그 괴수가 늑대인간이라고 확신했다. 두 다리로 일어서서 달리는 모습을 봤다는 목격담이 이어졌기 때문이다. 샤스텔은 죽은 괴수가 '특이한' 발, 어둡고 성긴 털, 뾰족한 귀를 가지고 있었다고 묘사했다. 그와 함께 사냥에 참여했던 사람들 역시 괴수가 반인 반늑대의 모습이었다고 말했다. 늑대인간이든 아니든 괴수가 등장하는 소름 끼치는 전설은 제보당 지역에 세워진 기념비들과 함께 아직도 생생히 남아 있다. 특히 마을 전체가 공포의 3년을 기억하기 위한 박물관으로 헌정된 소그 마을에서는 더더욱 그렇다.

　현대를 사는 우리에게 한 지역의 주민 모두가 늑대인간이 활보하고 있다는 말을 믿었다는 이야기는 정말 이상하게 들릴 것이다. 하지만 18세기 사람들은 과거 수백 년 동안 그랬던 것처럼 온갖 종류의 셰이프시프터들이 실재한다고 생각했다. 자신이 늑대인간이라고 고백했던 사람들에 관한 역사적 기록이 많다는 사실만 보아도 알 수 있다. 그런 상황에서는 오히려 늑대인간의 존재를 믿지 않는 것이 더 어렵지 않겠는가? 어떤 이들이 자신이 늑대인간이라고 주장했었는지 지금부터 한번 살펴보자.

　전통적인 늑대인간, 혹은 낭광병 환자는 보름달이 뜨면 늑대로 변하는 사람이다. 그리스 신화에서 리카온은 인육을 먹은 죄로 제우스에 의해 늑대가 되는 벌을 받는다. 하지만 늑대인간 이야기가 넘쳐나던 중세시대에 늑대로의 변신은 대부분 자연 발생적으로 일어났다. 중세의 설화들에서 늑대인간은 고차원적 힘에 의해 자신이 원하지 않는 변신을 강요당하는 인간이 아니라 그저 초자연적 존재의 일부로 그려지는 경우가 많았다. 간혹 저주 때문에 늑대인간이 된 것이라고 추정되기도 했지만, 그 저주의 원인과 특징이 명확하게 제시되지는 못했다.

어쨌든 낭광병은 아주 오랜 역사를 지니고 있다. 고대 로마인들은 낭광병 환자를 베르시펠리스versipéllis, 즉 '겉모습이 변한 자'라고 불렀다. 7세기에 활동했던 그리스의 의사 파울루스 아이기네타Paulus Aegineta는《의학 개론Medical Compendium》제7권에서 낭광병 증상은 환자가 자의적으로 경험할 수 있는 변화가 아니라 뇌 기능 부전, 체액 이상, 환각 약물에 의해 발생하는 정신병이라고 설명했다. 낭광병은 매우 드물게 나타나는 정신질환으로 이 병에 걸린 사람은 자신이 야생동물(일반적으로는 늑대)이라는 망상에 빠진다. 미국의 정신과 전문의 라지트 슈레스타Rajeet Shrestha는 낭광병에 걸린 한 20세 남성의 증상과 행동을 다음과 같이 기술했다.

그다음 며칠 동안 환자는 동물 같은 이상행동들을 점점 더 많이 보였다. 병실에서 크게 울부짖다가 갑자기 방을 박차고 나가 복도를 달리기도 했고, 네발로 바닥을 기어 다니기도 했다. 내면의 무언가가 그를 자극하는 것처럼 보였다. 어떤 뚜렷한 외부 요인이 없는데도 그의 감정 상태가 변했다. 혼자 웃다가도 돌연 격양되어 얼굴을 찌푸렸다. 이상한 행동을 한 이유를 물으면 모호하게 답할 뿐이었다. 그러다 결국 그는 자신이 늑대인간이며 주기적으로 늑대로 변신한다고 털어놨다. 몇 년 전 '악마'의 환영을 보고 난 뒤부터 자신이 사람들과 다르다는 생각을 하게 되었다는 것이다. 또한 '불특정 다수'의 목소리가 들린다고도 말했다. 나중에 가족에게 들은 말에 따르면, 최근에 그가 늑대인간이 나오는 책과 영화에 몰두했었다고 한다.[1]

이 청년은 다른 낭광병 사례들에 비해 온순한 편이었고 약물과 심리 치료로 효과를 보았다. 하지만 다른 낭광병 환자들은 그다지 운이 좋지 못했다. 16세기 프랑스의 어느 날 밤, 피에르 버고Pierre Burgot는 폭풍 속에 잃어버린 양을 미친 듯이 찾고 있었다. 그때 검은 옷을 입은 남자 셋이 나타나 신을 부정하라고 요구했다. 그러면서 만약 그렇게 한다면, 그를 부자로 만들고 잃어버린 양도 되돌려 받게 해주겠다고 약속했다. 그 말대로 버고는 신을 부정했고, 얼마 지나지 않아 늑대인간 미셸 베르됭Michel Verdun을 알게 되었다. 버고는 베르됭의 도움으로 주술에 빠져들었다. 두 남자는 늑대인간이 되게 해준다는 '마법'의 연고를 몸에 바른 채 맨몸으로 프랑스 시골 전역을 돌며 살인 행각을 벌였다. 1521년 열린 재판에서 이들은 자신의 죄를 인정했는데, 죄목에는 9살 소녀의 목을 부러뜨려 죽인 후 잡아먹었다는 끔찍한 내용도 포함되어 있었다. 결국 이들은 화형에 처해졌다.

낭광병의 또 다른 섬뜩한 사례 역시 프랑스에서 발생했다. 1572년 질 가르니에Gilles Garnier는 네 차례의 발작을 일으키며 어린 소녀 2명과 소년 2명을 살해했다. 아이들의 사체는 손(그는 당시 자신의 손이 늑대의 발과 같았다고 말했다)과 이빨로 여기저기가 찢어져 있었고 몸통은 절단된 상태였다. 가르니에는 마지막 희생자를 먹으려던 순간에 체포되었다. 그는 자신이 아이들을 죽였고 그 살을 뜯어먹었다고 망설임 없이 자백했다. 법정은 그가 심지어 금요일에 인육을 먹으려 했다는 사실에 경악했다. 가톨릭 교회의 교리에 따라 금요일에는 고기를 먹지 않는 것이 전통이었기 때문이다. 가르니에도 '늑대인간 행각'으로 유죄 선고를 받고 화형당했다. 1598년에는 독일 베트부르크^{Bedburg} 출신의 페터 슈튀베^{Peter Stübbe}가 어린이 13명과 임산부 2명을 포함하여 많은 사람을 살해한 죄로 유죄 선고를 받았다. 그는 악마에게 받은 늑대 허리띠 때문에 자신이 흉폭한 늑대로 변한 것이라고 주장했다. 당시의 기록에 따르면 슈튀베는 늑대의 모습으로 남성 2명과 여성 1명을 공격했다. 그는 남성들은 죽인 다음 사체를 절단했고, 여성은 강간 후 살해했으며 피해자들의 인육을 먹었다. 늑대의 모습을 한 그를 발견하고 개들을 앞세워 추적에 나선 사람들은 그가 인간으로 다시 변신하는 장면을 목격했다. 그는 거열형(죄인의 팔과 다리를 각각 다른 수레에 매고 수레를 끌어서 찢어 죽이는 형벌-옮긴이)에 처해져 고통스럽게 죽었다.

1598년 프랑스 쥐라^{Jura}에서 페르네트 강디용^{Pernette Gandillon}이라는 어린 소녀가 자신이 늑대라며 기어 다니기 시작했다. 강디용은 아이 2명을 공격했고 그중 한 아이의 목을 물어뜯었다. 이에 격분한 자경단원들이 소녀를 죽여버렸다. 마술을 쓴

늑대인간이 마을 사람들을
공격하는 모습이 그려진 17세기 독일의 목판화

다는 의심을 받고 있었던 페르네트의 오빠 피에르^{Pierre}가 그 자신도 늑대인간인 데다가 마법 연고로 여동생을 늑대인간으로 만들었다는 혐의로 기소되었다. 피에르가 재판에서 자신의 혐의를 인정하자, 피에르의 아들 조르주^{Georges}가 자신도 마법 연고를 바르고 늑대인간으로 변신했었다고 말했다. 두 사람은 늑대인간 상태에서 여러 아이들을 잡아먹었다고도 자백했다. 다른 가족들에게 뒤지지 않으려는 듯 피에르의 딸 앙트와네트^{Antoinette}도 아버지와 오빠와 함께 마법사 집회에 참석했다고 외쳤다. 그녀는 흑염소의 모습으로 나타난 악마에게 자신의 영혼을 팔았다고 고백하기까지 했다. 감옥에 있는 동안 피에르와 조르주는 늑대처럼 네발로 기어 다니고 으르렁거리며 짖어댔다. 법원은 세 사람 모두를 화형에 처함으로써 이 사악한 늑대인간 가족의 악행에 종지부를 찍었다.

같은 해에 또 다른 프랑스인 낭광병 환자가 보고되었다. 어느 외딴 황무지에서 시장의 호위 궁수와 농부들이 처참하게 찢긴 15세 소년의 사체를 발견했다. 늑대인간, 뱀파이어 등 기이한 생명체에 대한 연구로 유명한 영국의 작가 몬터규 서머스$_{Montague\ Summers}$는 자신의 책 《늑대인간》에서 그 장면을 다음과 같이 묘사했다.

> 피에 흠뻑 젖은 사지는 아직 따뜻했고 꿈틀거렸다. 일행이 다가가자 늑대 두 마리가 숲으로 달아나는 것이 보였다. 무장도

했고 인원도 제법 있었기 때문에 사람들은 용기를 내서 늑대들을 추적했다. 놀랍게도 이들이 마주친 것은 겁에 질린 사람이었다. 그는 키가 크고 눈이 퀭할 정도로 수척했으며 긴 머리와 수염은 마구 뒤엉켜 있었고 몸에는 더러운 넝마를 반쯤 걸치고 있었다. 손은 아직 굳지 않은 피로 물들어 있었고, 긴 손톱에는 불그죽죽한 인육 찌꺼기가 말라붙어 있었다. [2]

이 역겨운 생명체는 자크 룰레Jacques Roulet라는 거지였다. 그는 친구 장Jean, 사촌 쥘리앵Julien과 함께 시골을 배회하며 구걸하고 있었다고 한다. 붙잡힌 룰레는 어렸을 때 부모가 자신을 악마에게 바쳤으며 부모가 준 연고를 몸에 바르고 나서부터 늑대로 변할 수 있게 되었다고 말했다. 또한 악마의 축제에 참여했으며 지역 곳곳을 돌며 많은 아이들을 죽이고 잡아먹었다고 자백했다. 그의 상세한 자백이 당시 수사 중이던 살인 사건과 맞아떨어졌고 그는 유죄 판결을 피할 수 없었다. 사형 선고가 내려졌지만, 고등법원은 룰레의 정신이 온전치 못하다고 판단하여 생제르맹 병원에 수감시키게 했다.

마지막 사례 역시 프랑스에서 수집된 이야기다. 장 그르니에Jean Grenier라는 이름의 10대 소년이 한 소녀에게 자신은 늑대인간이며 9명의 늑대인간으로 이루어진 단체의 일원이라고 고백했다. 매주 월요일과 금요일, 토요일마다 달빛이 사라지면 사냥에 나선다고도 했다. 그는 지금까지 개를 잡아먹었지만, 사실은 어린아이의 인육을 훨씬 더 좋아한다고 덧붙였다. 소녀는 그를 신고했고, 그르니에는 1603년 6월 2일에 체포되었다. 그리고 법정에서 자신의 늑대인간 행각을 별 저항 없이 인정했다. 그르니에는 자신이 어떻게 늑대인간이 되었는지도 이야기했다. 온통 검은 옷차림에 검은 군마를 탄 신비로운 남자가 그에게 입으라며 늑대 가죽을 주었고, 가죽을 뒤집어쓰자 늑대로 변했다는 것이다. 그르니에는 남자를 숲의 왕이라 불렀지만, 속으로는 악마라고 여기는 것 같았다. 그르니에는 기욘느Guyonne라는 3살짜리 소녀를 잡아먹은 게 시작이었다며 자신의 죄를 상세히 나열했다. 증인 몇몇이 나와서 자신이 목격한 늑대가 사람을 공격하고 살해하는 장면을 설명했는데, 그 내용이 그르니에의 말과 정확하게 일치했다. 그 밖에도 많은 목격담이 이어졌는데, 이에 관련해 서머스는 다음과 같이 기록하기도 했다.

> 사건들을 하나하나 시간순으로 나열하는 것은 불필요했고 지루하기까지 하다. 늑대의 공격을 받았던 아이들의 부모, 부상 당한 소년과 소녀들이 법정에 나와 진술했고, 그들은 장 그르니에의 자백이 정확하다는 사실을 확인해주었다. [3]

법원은 그르니에가 벌인 늑대인간 행각이 유죄라고 결론지었다. 하지만 아직 어리고 자신의 잘못을 '전혀 인지하지 못한다'는 이유를 들어 프란체스코 수도회에서 운영하는 보르도의 수도원에 감금했다. 또한 그를 풀어주려고 시도하는 자는 그 즉시 교수형에 처하겠다는 경고를 첨부했다. 수도원에 갇힌 소년을 찾아갔던 사람들은 그가 몹시 수척했지만 움푹 들어간 검은 눈은 이글이글 타올랐다고 전했다. 길고 날카로운 이빨은 부러진 채 일부는 검고 일부는 흰색이었으며, 짐승의 발 같은 손에는 무시무시한 갈고리 모양의 손톱이 달려 있었다. 그는 늑대 이야기를 들려주면 좋아했고, 이따금 네발로 재빠르게 기어 다녔다고 한다. 그르니에는 1611년에 수도원에서 사망했다.

이 프랑스 늑대인간 이야기들은 대부분 프랑스 생클로드Saint-Claude 출신의 앙리 보게Henri Boguet가 집필한 《마법사 이야기 Discours de Sorciers》에 나오는 것들이다. 판사였던 보게는 17세기에 열린 수많은 마녀와 늑대인간 재판에 참여했다. 특히 늑대인간 이야기는 '짐승으로 변한 인간: 낭광병 환자 혹은 늑대인간에 대하여'라는 장에서 상세히 다뤘다. 보게의 책은 방대한 사례들을 싣고 있지만, 당시 유럽에서 보고된 늑대인간 이야기들의 숫자에 비하면 극히 일부일 뿐이다.

이 사건들이 16세기 유럽에서 발생했다는 사실이 놀랍지 않은 이유는, 당시가 마녀사냥을 둘러싼 사회적 히스테리가 극에 달한 시점이라 유럽 전역에서 재판과 처형이 줄을 잇고 있었기 때문이다. 사람들은 마녀가 늑대인간으로 변신할 수 있다고 생각했다. 따라서 마녀와 늑대를 특별히 구분할 필요는 없었다. 하지만 16세기 이후 수백 년이 지나도 낭광병 관련 사건들은 계속 일어났다. 이를테면 스페인의 첫 번째 연쇄살인범 마누엘 블랑코 로마산타Manuel Blanco Romasanta는 자신이 늑대인간이라고 주장했다. 1844년 스페인 서북부의 도시 레온León에서 경찰관을 살해했다는 혐의를 받은 로마산타는 스페인을 떠나 포르투갈에 가서 여행 가이드로 일했다. 그런데 그를 고용했던 여성 몇 명이 흔적도 없이 사라졌다. 로마산타는 곧 체포되었고, 자신이 늑대가 되는 저주에 걸렸으며 늑대의 모습으로 5일 내내 살인을 저지른 적도 있다고 진술했다. 그의 주장을 진지하게 받아들인 법원은 그에게 법정에서 늑대로 변신하여 그 주장을 증명해보라고 했다. 그러자 로마산타는 13년 동안 자신에게 걸려 있던 저주가 바로 지난주에 풀렸다고 말했다. 그 역시 사형을 선고받았으나 한 의사가 그의 사례를 연구하고 싶어했기 때문에 형 집행은 유예되었다. 그러나 그가 감옥에서 급작스레 사망하면서 연구는 시작되지도 못했다.

아주 최근인 2013년에는 캘리포니아 주민인 마크 앤드루스Mark Andrews가 그의 이웃이 자신의 꿈을 훔치려는 뱀파이어라며 총으로 쏘아 죽인 사건이 있었다. 앤드루스는 재판에서 자신이 정신질환을 앓고 있다고 호소했다. 그는 3살 때 처음 늑대로 변했으며 중세시대를 거쳐 살아남았고 그사이 암컷 늑대와 결혼한 적도 있다고 진술했다. 앤드루스는 2015년에 살인으로 유죄판결을 받고 50년 형을 선고받았다.

이 이야기들은 대부분 끔찍하고 잔인하기 그지없지만, 그런 가운데에서도 늑대인간을 바라보는 시선이 변화해왔다는 점은 눈여겨볼 만하다. 선사시대의 수렵·채집인에게 늑대나 다른 동물로 변신할 수 있다는 것은 그 자체로 귀중한 기술이었다. 이는 곧 사냥의 성공을 가져다주어 부족의 생존 가능성을 높여주는 능력이었기 때문이다. 이후 베르세르크 같은 전사들은 전투에서 승리를 거두기 위해 늑대나 곰으로 기꺼이 변신하려 했다. 그런가 하면 프세슬라프Vseslav 왕자의 이야기가 보여주듯이 귀족 중에도 늑대인간 소리를 듣는 이들이 있었다.

프세슬라프 왕자는 1039년 폴로츠크 공국(오늘날의 벨라루스 북부에 있는 도시)에서 태어났다.《원초 연대기Primary Chronicle》(12세기경 키예프 공국에서 편찬된 역사서로,《지나간 세월의 이야기Tale of Bygone Years》라는 제목으로도 알려져 있다)에는 프세슬라프의 출생에 관한 이야기가 나온다. 프세슬라프는 차라데이Чародей(마법사)라는 별칭으로도 불렸는데, 이는 그가 태어날 때 머리에 양막(태아를 둘러싼 얇은 막으로, 안에 양수가 차 있어 외부의 충격으로부터 태아를 보호한다–옮긴이)을 뒤집어쓰고 나온 데서 유래한다. 양막을 쓰고 나온 아이에게는 초자연적 능력이 있다는 전설이 있었기 때문이다. 1044년 아버지가 사망하고 폴로츠크의 왕자가 된(공국 군주의 작위는 왕이 아닌 왕자prince다–옮긴이) 프세슬라프는 키예프 공국을 지배하던 야로슬라프 가문과 사이가 좋지 않았다. 그는 폴로츠크를 57년간 통치하면서 현재도 남아 있는 성 소피아 대성당(성스러운 지혜의 성당Cathedral of Holy Wisdom이라고 불리기도 한다)을 건축하는 등의 업적을 남겼으며, 상당한 마법 지식과 능력도 가지고 있었다고 전해진다. 프세슬라프는 1066년과 1067년에 걸쳐 키예프 공국을 침공하여 노브고로드를 약탈하고 불태웠다. 이때 노브고로드에 있는 성 소피아 대성당의 종과 신물들을 빼앗은 뒤 폴로츠크에 같은 이름의 성당을 짓고 그것들로 꾸민 것이다. 그런데 그가 이 모든 일을 능숙하게 처리할 수 있었던 것이 늑대인간이기 때문이라는 소문이 돌았다.

작자 미상의 서사시 《이고르의 출정The Tale of Igor's Campaigns》에서도 이따금 프세슬라프를 늑대인간으로 묘사한다. 그중 한 대목은 다음과 같다.

그는 마침내 계략을 써서 빠져나오는 데 성공했다. 그리고 키예프 시내를 질주하더니 무기를 휘둘러 키예프의 황금 옥좌를 손에 넣었다. 키예프를 벗어난 다음 칠흑 같은 밤을 틈타 들짐승처럼 움직여 벨고로드를 통과했다. 푸르스름한 안개가 그를 감싸자 몸을 옥죄던 끈이 끊어졌다. 그 길로 노브고로드로 돌진한 그는 성문을 활짝 열고 들어가 야로슬라프 가문의 자랑, 성 소피아 대성당을 박살냈다. 그러고도 그의 폭주는 멈추지 않았고, 그는 두두트키에서 네미가까지 마치 늑대처럼 내달렸다.

또, '프세슬라프는 위대한 호르스Khors의 길을 가로질러

11세기 폴로츠크 공국의 왕자 프세슬라프는
밤이 되면 늑대인간의 모습으로 나타나
사람들을 습격했다고 전해진다.

늑대처럼 달려갔다'라는 구절도 있다. 게다가 프세슬라프는 폴로츠크의 성 소피아 대성당에서 울리는 종소리를 키예프에서도 들을 수 있었다고 하는데, 늑대처럼 뛰어난 청력을 갖고 있지 않은 한 불가능한 일이었다.

이 이야기에서 흥미로운 부분은 늑대인간이 평민이 아닌 귀족, 그것도 막강한 권력의 소유자인 왕자라는 사실이다. 종교개혁 이전의 유럽에서는 가톨릭이 절대적인 지배력을 행사했다. 따라서 왕과 왕비도 교회의 분노를 사서 파문이나 정죄의 대상이 되는 위험을 감수하기보다는 로마교황에게 충성을 맹세하는 쪽을 택하는 경우가 대부분이었다. 신성로마제국의 황제 하인리히Heinrich 4세와 교황 그레고리우스Gregorius 7세의 일화는 교회의 교황권과 세속의 국가권력이 분리되지 않고 긴밀하게 얽혀 있었음을 보여준다. 1077년, 황제는 교황이 머무는 카노사 성의 성문 밖에 서서 교황에게 파문을 철회해달라고 빌었다. 그의 죄목은 주교와 성직자들을 임명하는 교황 고유의 권한을 찬탈하려 했다는 것이었는데, 황제는 꼬박 사흘 동안 내리는 눈을 맞으며 교황의 용서를 간청해야 했다. 하지만 이와 같이 특별한 사건이 벌어지지 않는 한 유럽의 귀족 통치는 '왕권신수설'에 기반해 이루어졌고, 국민들은 군주가 마치 신이라도 되는 것처럼 그에게 복종했다.

군주를 신처럼 여기다 보니 고귀한 귀족이 늑대인간을 물리치는 이야기들이 만들어졌다. 12세기 프랑스의 시인 마리드 프랑스Marie de France는 브르통어로 된 시 열두 편을 번역했는데, 그중 〈비스클라브레Bisclavret〉라는 제목의 늑대인간 이야기가 가장 큰 인기를 누렸다. 이 작품의 주인공 비스클라브레는 브르타뉴 왕실의 총애를 받는 남작이었다. 그런데 그는 일주일에 3일씩 이유 없이 사라지고는 했다. 그가 어디에 가는지는 아무도, 심지어 그의 아내조차도 몰랐다. 어디로 가는 것인지 알려달라고 계속해서 애원하는 아내에게 남작은 결국 자신이 늑대인간이라고 고백했다. 늑대로 변신하기 전에 숲에 옷을 벗어놓는데, 본모습으로 돌아오려면 다시 그 옷을 입어야만 한다고도 덧붙였다. 남편의 고백에 놀라고 혐오감이 든 아내는 내연 관계에 있던 젊은 기사와 공모하여 남작의 뒤를 밟아 옷을 훔치기로 마음먹었다. 두 사람은 계획대로 실행했고, 가엾은 비스클라브레 남작은 늑대에서 인간으로 돌아오지 못했다. 그러자 사람들은 그가 죽었다고 믿게 되었고, 그의 아내는 기사와 결혼식을 올렸다.

그로부터 1년 후, 왕과 신하들이 사냥을 하다가 늑대 한 마리를 잡았다. 늑대는 왕 앞에 무릎을 꿇고 왕이 탄 말의 발걸이에 입을 맞추더니 자비를 베풀어달라고 부탁했다. 왕은 늑대의 점잖고 겸손한 행동에 감동하여 늑대를 궁전으로 데려갔다. 짐작했겠지만, 그 늑대는 비스클라브레 남작이었다. 궁전에서 자신의 옷을 훔친 기사를 본 늑대는 그를 공격했다. 그 순간 왕이 지팡이로 늑대를 후려쳐 물러나게 했다. 하지만 이전과 다른 늑대의 행동에 의아해하며 기사가 늑대에게 어떤 잘못을 저질렀을 수도 있다고 생각하게 되었다. 그러던 어느 날, 왕이 늑대(비스클라브레 남작)와 함께 한때 남작의 소유지였던 영지를 방문했다. 늑대는 과거 자신의 아내였던 여인이 왕에게 선물을 바치는 모습을 지켜보더니 갑자기 그녀에게 달려들어 코를 물어뜯었다.

그 여인이 늑대가 얼마 전에 공격한 기사의 아내이자 자신이 총애하던 비스클라브레 남작의 아내였다는 사실을 알게 된 왕은 의심을 품고 그녀를 붙잡아 고문했고, 그녀는 왕에게 모든 것을 자백했다. 왕은 여인과 기사가 숨겼던 남작의 옷을 되찾아 개인 침실에 가져다 놓게 했다. 잠시 후 완전한 인간으로 되돌아온 남작이 침실 문을 열고 나왔다. 왕은 기쁨을 감추지 않으며 그를 반겼고 그의 영지를 돌려주었으며, 간사한 여인과 기사를 추방했다. 훗날 이 여인의 딸들은 코가 없는 채로 태어났고, 그 끔찍한 얼굴 때문에 누구나 그녀의 자손을 알아볼 수 있었다고 한다. 이 이야기에서 왕은 모든 잘못을 바로잡을 수 있는 현명하고 자애로운 통치자로 그려진다. 왕은 늑대인간의 저주를 풀어 인간으로 되돌릴 수 있었다. 다시 말해, 평범한 인간은 가질 수 없는 신의 능력을 보여주었다. 이러한 이야기는 왕권신수설을 뒷받침하고 왕의 권위를 강화하는 역할을 했다.

유럽에서 기독교가 이교 신앙을 대체하며 세력을 확장함에 따라, 늑대인간은 이교도가 숭배하는 악마나 마녀와 관련된 사악한 존재가 되었다. 13세기에서 17세기 사이에 마술을 행하거나 늑대인간처럼 보였다는 이유로 많은 사람들이 처형당했다는 사실에서 알 수 있듯이 늑대인간은 신을 경외하는 선량한 인간이라면 피해야 하는, 나아가 박멸해야 하는 존재였다. 하지만 베난단티benandanti('선한 일을 하며 다니는 사람'이라는 뜻으로, 늑대인간이지만 마녀를 상대로 싸웠다) 같은 선한 늑대인간에 관한 설도 존재했다. 베난단티는 16~17세기에 이탈리아 동북부 프리울리Friuli 지역에서 농민들이 풍요를 기원하며 벌였던 가상의 전투 의식에서 곡식을 지키는 역할을 맡던 중요한 구성원이었다. 이들은 자신의 영혼이 밤마다 몸에서 빠져나와 동물의 혼에 올라타고 사악한 마녀(농작물에 지속적인 피해를 입혀 흉년이 들게 한다)와 전투를 벌인다고 주장했다. 이따금 동물의 혼에 올라타기가 번기로우면 아예 동물로 변신하기도 하는데, 주로 늑대로 벼했다고 한다. 16세기 내내 베난단티를 자처하는 사람들이 로마의 종교재판소에서 마술을 행했다는 이유로, 혹은 이교 신앙을 따랐다는 이유로 재판을 받았다. 하지만 이들은 비방하는 사람들의 주장과는 다르게 자신이 한 일은 악마가 아닌 예수를 섬기기 위한 것이었다고 말했다. 대부분 악의가 없다고 판단되어 가벼운 (당시의 기준에서 본다면) 처벌만 받고 풀려났다.

　　이탈리아 아시시Assisi의 성 프란체스코St Francesco와 구비오Gubbio 마을의 늑대 이야기는 늑대인간에 대한 인식이 변하고 있음을 상징적으로 보여준다. 전해지는 이야기에 따르면, 사나운 늑대 한 마리가 움브리아Umbria 지역을 배회하다 구비오라는 작은 마을 근처에 다다랐다. 처음에는 가축만 공격하고 잡아먹었지만 곧 인간에게 관심을 돌려 사람을 죽이고 잡아먹기 시작했다. 늑대를 죽이기 위해 사냥꾼이 파견되었지만 아무도 늑대를 이길 수 없었다. 보다 못한 성 프란체스코가 늑대를 상대하기 위해 황야로 떠났다. 성인이 늑대를 만나 성호를 긋자 늑대는 으르렁거리기를 멈추고 성인의 발 옆에 양처럼 순한 모습으로 엎드렸다. 성 프란체스코는 늑대에게 신의 창조물인 인간을 죽이는 행동은 죄악이라고 타일렀다. 또한 만약 자신과 구비오로 돌아가 더 이상 살인하지 않겠다고 약속한다면 마을에서 먹이고 보살펴줄 것이라고 제안했다. 성 프란체스코가 한때는 포악했으나 이제는 유순해진 늑대를 데리고 구비오로 돌아오자 마을 사람들은 놀라움을 감출 수 없었다. 성인의 약속대로 사람들은 늑대를 잘 먹이고 돌봤다. 늑대는 마을에 남아 집에서 키우는 개처럼 사람들과 친해졌으며, 모든 집에서 환대받다가 몇 년 후 평온한 죽음을 맞이했다.

이 이야기에서 기독교의 신은 이교도 신, 즉 늑대나 늑대인간으로 표현되는 어둠의 세력을 정복할 수 있을 정도로 강력한 존재로 그려진다. 하지만 '악마의 화신'이라는 늑대의 이미지는 산업 시대에 과학과 기술이 발전하면서 다시 한번 변화한다. 사람들은 더 이상 악마나 마녀와 같은 미신적 존재들을 두려워하지 않게 되었고, 보다 세련된 세계관을 갖게 되었다. 이에 발맞추어 늑대라는 동물을 보다 정확하게 이해하게 되면서 늑대가 악마의 짐승이라는 생각도 시대에 뒤떨어진, 옛이야기가 남긴 기묘하고 보잘것없는 유산으로 여겨졌다. 또한 늑대인간에게 측은한 마음을 가지기도 했다. 늑대의 모습으로 변해 나쁜 행동을 하긴 하지만 이러한 변신은 늑대가 되고 싶다는 주체할 수 없는 욕망 때문이 아니라 저주에 걸린 탓이라는 것이다. 어떤 점에서 보면, 모든 인간은 초자연적 존재에 비해 결함이 있는 존재다. 늑대인간은 그 결함을 조금 더 많이 가지고 있는 것에 불과하다. 이렇듯 늑대인간은 동물보다 인간에 가까운 존재로 여겨지게 되었다. 누군가는 늑대인간을 보며 이렇게 말할지도 모른다. "신의 은총이 없었더라면 내가 늑대인간이 되었을지도 모르는데……. 얼마나 다행스러운 일인가!"

늑대인간에 대한 인식의 전환은 영화를 통해서도 확인할 수 있다. 1935년에 개봉한 영화 〈런던의 늑대인간Werewolf of London〉은 티베트에서 늑대인간에게 물려 늑대인간이 된 월프레드 글렌던에 대한 이야기다. 1941년 작품 〈울프맨The Wolf Man〉의 주인공 래리 탤벗 역시 늑대인간에 물려 늑대인간이 된다. 1981년 제작된 코미디 공포 영화 〈런던의 늑대인간An American Werewolf in London〉에 등장하는 얼빠진 미국 여행객 데이비드는 잉글랜드 황무지에서 늑대인간에게 물려 늑대인간이 된다. 이 세 편의 영화에서 늑대인간이 된 사람들은 모두 늑대인간의 공격을 받은 피해자들이다. 이들 중 누구도 늑대로 변신하는 능력을 가지고 싶어한 적이 없었다. 1957년에 개봉한 〈나는 십대 늑대인간이었다 I Was a Teenage Werewolf〉의 주인공 마이클 랜던 또한 무고한 희생자다. 한 미친 의사가 그에게 인간을 원초적 상태로 되돌리는 혈청을 계획적으로 주입하여 늑대인간이 되었다. 이 영화들의 결말에서 늑대인간은 목숨을 잃는 비극적 최후를 맞이하지만, 그래도 늑대인간이라는 굴레에서는 벗어난다. 이 밖에도 당시에 만들어진 다양한 대중문화 작품에서 그려진 늑대인간의 모습은 〈울프맨〉에 나온 한 줄의 대사로 요약할 수 있을 것이다. "영혼이 깨끗하고 밤마다 신께 기도하는 사람도 가을 달빛이 영롱하게 빛나고 늑대의 피가 끓어오르는 순간이 오면 늑대로 변신할지도 모른다."

이후 늑대인간의 성격은 또 한 차례 변화를 겪는다. 2007년부터 출간된 스테프니 메이어Stephanie Meyer의 소설 〈트와일라잇〉 시리즈에는 두 종류의 셰이프시프터가 등장한다. 하나는 '달의 아이들Children of The Moon'로, 전형적인 늑대인간인 이들은 보름달이 뜨면 늑대로 변하고 희생자를 물어 독액을 흘려보내 늑대인간으로 만들 수 있다. 나머지 하나는 '퀼렛Quilete족'이라는 허구의 아메리카 원주민 부족이다. 늑대로 변신할 수 있는 신비로운 힘을 지닌 추장의 후손인 퀼렛족은 메이어가 창조해낸 새로운 유형의 늑대인간이다. 이들은 아름답고 건강하며, 믿을 수 없을 정도로 강하고 빠르다(약 시속 160킬로미터의 속도로 달릴 수 있다). 인간의 모습일 때도 180~210센티미터에 달하는 큰

1941년 미국에서 개봉한 조지 와그너 감독의 영화 〈울프맨〉

키에 고도로 발달된 사물 감지 능력을 가지고 있다. 또한 극도의 분노 상태가 아닐 때에는 자신의 변신을 통제할 수 있다. 그러나 화가 나면 자신도 모르게 늑대로 변하기도 한다. 철천지원수인 뱀파이어의 존재를 간파할 수 있는 능력이 있으며, 뱀파이어와 자주 전투를 벌인다.

늑대인간의 이미지는 주술을 행하는 마법사에서 악마의 하수인, 불운한 희생자, 매혹적인 뱀파이어 헌터에 이르기까지 계속해서 변화해왔다. 이 밖에도 더 많은 인물 유형을 늑대인간 캐릭터에 추가할 수 있을 것이다. 그런데 늑대인간이 스크린이나 소설 속에 등장하는 캐릭터, 즉 가상의 인물에 불과한 것일까? 만약 그들이 실제로 존재한다면 어떨까?

1887년, 미국 미시간주에서 벌목 작업을 하던 노동자 2명이 개로 추정되는 짐승을 발견하고 그 뒤를 쫓았다. 그들은 짐승을 막다른 곳에 몰아넣고 특별한 이유도 없이 막대기로 찌르기 시작했다. 그러다 돌연 혼비백산하여 하던 일을 멈추고 달아났다. 몸을 뒤틀며 일어나 두 발로 선 짐승이 개의 머리를 한 사람이었기 때문이다. 그것은 변신 중에 붙잡힌 늑대인간이 아니었을까? 이 사건 후에도 이른바 '개-인간Dog-Man'이라 불려온 존재들이 나타났다는 보고는 여러 차례 있었지만 현재는 사라진 듯 보인다. 반면 늑대인간의 목격담은 지금까지도 계속되고 있다. 일례로 위스콘신주의 남동부에서는 1930년대부터 지금까지 늑대인간을 봤다는 신고가 이어지고 있다. 1936년에는 마크 섀

클맨Mark Shackleman이라는 남자가 위스콘신주 제퍼슨 카운티 근처에서 원주민의 흙무덤을 파헤치는 거대한 털북숭이 생명체를 목격했다. 그것은 180센티미터 정도 되어 보이는 큰 키에 뾰족한 귀가 달린 개처럼 생긴 얼굴을 하고 있었다. 섀클맨이 달아나기 전에 본 그것의 손은 손가락이 네 개이고 그중 엄지가 뒤틀려 있었다. 그다음 날 밤 같은 장소에 간 그는 그 생명체와 다시 마주쳤다. 이번에는 그것이 세 음절로 으르렁거리며 대화하려 하는 듯 보였다고 했다. 1989년에도 같은 지역에서 로리안 엔드리지Lorrianne Endrizzi라는 여성이 늑대인간을 만났다. 그것은 그녀의 차와 가까운 도로 옆에 웅크리고 앉아 있었다. 엔드리지는 그것의 황금색 눈이 어둠 속에서 번쩍였고 긴 얼굴에 늑대처럼 가늘고 긴 주둥이를 가지고 있었다고 말했다. 또한 다음과 같이 덧붙였다.

> 인간처럼 관절이 있어서 그런지 팔이 정말 이상해 보였다. 손바닥을 위로 향한 채 두 손을 모으고 있었는데, 운동을 꽤 한 사람처럼 팔근육이 발달해 있었다. 뒷다리는 마치 무릎을 꿇은 사람처럼 뒤쪽으로 튀어나와 있었다.

1991년에도 또 다른 목격담이 이어졌다. 한밤중에 운전을 하던 여성이 무언가와 부딪힌 것처럼 오른쪽 앞바퀴가 도로에서 튕겨지는 느낌을 받았다. 차에서 내려보니 거대하고 가슴이 떡 벌어진 털북숭이 짐승이 자신을 향해 돌진하고 있었다. 놀라서 차로 돌아간 그녀는 서둘러 출발했는데, 그 짐승이 차의 뒤쪽 트렁크 위로 껑충 뛰어올랐다. 속도를 계속 올리자 자동차의 미끄러운 표면을 붙잡고 버틸 수 없었던 짐승은 차에서 떨어졌다.

이러한 사건은 위스콘신주뿐 아니라 캘리포니아, 플로리다, 켄터키, 메인, 뉴멕시코, 오하이오, 펜실베이니아, 버지니아 등에서도 종종 보고되었다. 1958년, 텍사스에 사는 한 여성은 집에서 혼자 잠을 자던 중 무언가가 창문을 긁는 소리에 깼다. 돌연 번개가 치자 늑대처럼 보이는 커다란 짐승이 방충망을 잡아 뜯는 모습이 보였다. 그것은 새하얀 송곳니를 드러내며 악의에 찬 번쩍이는 눈으로 그녀를 노려보고 있었다. 여성이 침대에서 벌떡 일어나 램프를 움켜잡자, 짐승은 정원 뒤편의 덤불 속으로 달아났다. 그녀는 털이 덥수룩한 늑대를 쫓는 대신 마당에 불을 밝혔다. 그때 엄청나게 키가 큰 남자가 무성한 수풀 사이로 튀어나오더니 재빠르게 정원을 가로질러 어둠 속으로 사라졌다. 무시무시한 늑대와 괴상한 키 큰 남자가 그녀의 집에 동시에 나타난 것이 단순히 기묘한 우연의 일치였을까? 아니면 그 여성이 정말로 늑대인간의 변신 과정을 목격했던 걸까?

한편, 1996년 인도 북부의 우타르프라데시주에서는 약 5개월에 걸쳐 33명의 아이들이 늑대에게 잡아먹히는 일이 발생했다. 이 열악한 지역에는 900만 명 이상이 거주하는데, 이 사건으로 인해 지역 전체가 공포에 휩싸였고 수천 명의 주민들이 늑대 사냥에 동원되었다. 그럼에도 살인 사건이 반복되자 '이런 끔찍한 일을 저지를 수 있는 것은 늑대인간뿐'이라는 소문이 걷잡을 수 없이 퍼지기 시작했다. 낯선 사람을 보면 의심의 눈초리로 주시했고, 늑대인간일지 모른다는 이유로 20명 이상의 외지인들이 폭행당하거나 경찰에 체포되었다. 1996년 9월 1일 자《뉴욕 타임스》에는 늑대가 자신의 4살짜리 남동생을 잡아가는 모습을 목격한 소녀 시타 데비Sita Devi의 증언이 상세하게 실렸다.

> "그 짐승은 네발로 풀숲을 가로질러 왔어요, 이렇게요." 우물 근처에 모인 마을 사람들 앞에 선 시타 데비가 몸을 웅크리며 말했다. 10살 난 데비는 지난 8월 16일 반비르푸르에서 늑대에게 살해당한 소년 아난드의 누나다. 아이는 눈물을 그렁거리며 자신이 본 것을 이야기했고, 사람들은 불안해하며 수군거렸다. …… "그것이 아난드를 움켜잡더니 두 발로 일어섰어요. 서니까 어른 키만 하더라고요." 소녀가 말했다. "그러더니 동생을 어깨에 둘러맸어요. 검정 외투를 입고 고글이 붙은 헬멧을 쓰고 있었어요." …… 콜카타에서 50년 동안 트럭을 몰다 은퇴 후 고향에 돌아온 소녀의 할아버지 람 라칸 판다이는 "공무원들이 우리에게 그것이 늑대였다고 말하라고 강요하니까 늑대라고 말하는 거라오. 하지만 내 눈으로 똑똑히 봤는데, 그건 늑대가 아니라 사람이었소"라고 말했다.

미얀마에서도 늑대인간과 관련된 사건이 있었다. 버마(지금의 미얀마)에서 근무하던 영국의 관료 해럴드 영Harold M. Young은 샨족 사람들과 시간을 보낼 기회가 많았고, 그들에게서 늑대인간과 유사한 '토taw'라는 존재에 대해 여러 차례 들었다. 그러던 1960년의 어느 날, 영은 실제로 토와 맞닥뜨리게 되었다. 크리스토퍼 데인Christopher Dane의 책 《오리엔탈 오컬트The Occult in The Orient》에 따르면, 영은 달이 밝은 어느 날 밤 샨족 마을을 방문 중이었는데 그때 한 오두막에서 이상한 소리를 들었다고 한다. 그는 의아해하며 오두막에 다가가 창문을 통해 안쪽을 자세히 들여다보았다.

오두막 안에서는 무시무시한 모습의 짐승이 죽어가는 여인의 목을 느릿느릿 씹고 있었다. 그것은 반은 인간이고 반은 야수라고밖에 설명할 수 없는 섬뜩한 생김새를 하고 있었다. 몸은 성긴 털로 뒤덮여 있었고, 작고 붉은 눈을 가진 얼굴은 기괴했다. 입술 사이로 날카로운 송곳니가 보였는데, 송곳니가 여인의 살을 파고들면서 피와 침이 뚝뚝 떨어졌다.

영이 야수를 향해 총을 쏘자, 그것은 펄쩍 뛰어올라 정글로 달아났다. 영과 마을 사람들이 뒤를 쫓았지만 울창한 숲속에서 그만 놓치고 말았다. 이튿날 다시 수색에 나선 그들은 핏자국을 발견했다. 핏자국은 숲을 크게 돌아 다시 마을로 향하더니 어느 허름한 집 앞에서 끝났다. 문을 박차고 들어간 사람들은 한 남자가 옆구리에 총상을 입은 채 누워서 죽어 있는 것을 발견했다. 마을 사람들 중 하나가 시체에 침을 뱉더니 "토^{taw}(변신한 자, 즉 셰이프시프터를 가리키는 말)!"라고 외쳤다.[4]

2016년, 영국의 항구도시 헐에서 발간된 한 보고서에는 몇몇 겁에 질린 주민들이 키가 240센티미터에 달하는 엄청난 크기의 늑대인간을 발견했다는 내용이 적혀 있다. 괴물이 처음 목격된 곳은 도시 외곽의 버려진 산업 지구에 있는 오래된 수로였다. 주민들은 이 괴물이 요크셔 다운스^{Yorkshire Downs} 일대를 배회한다고 전해지는 전설 속 늑대인간 '올드 스트라이커^{Old Striker}'라고 믿었다. 수로 위를 지나는 다리에서 올드 스트라이커를 목격했다는 한 여성은 그것이 인간에서 늑대로 변하더니 네 다리로 달리다가 두 다리로 일어섰다며 공포에 질려 말했다. 9미터 높이의 수로 위 제방까지 단번에 도약한 후 달아났다고도 했다. 또 다른 목격자는 그것이 셰퍼드를 잡아먹었다고 신고했는데, 높이가 2.4미터나 되는 담장을 뛰어올라 도망치면서도 주둥이 사이에 죽은 개를 물고 있었다고 말했다.

영국 스태퍼드셔주에 위치한 숲이 우거진 마을 캐녹 체이스^{Cannock Chase}에서는 아주 오래전부터 늑대인간을 보았다는 이야기가 전해졌다. 마지막 늑대인간 목격 신고는 2009년이었는데, 그 이전 30년 동안 30건의 신고가 있었다. 신기하게도 늑대인간을 보았다는 사람들의 증언은 한결같았다. 그것은 커다란 개처럼 생겼고 뒷다리로 똑바로 일어섰으며 다가가면 숲으로 달아났다고 한다.

늘대인간은 전 세계 곳곳에서 목격되어왔고, 이러한 목격담을 기초로 나라마다 늘대인간 설화라는 귀중한 유산이 만들어져 오랜 세월 동안 전승되었다. 늘대인간과 관련된 이야기가 전해지는 국가들 중 일부를 정리하자면 다음과 같다.

- 아르헨티나 – 로비손lobizón, 여우와 비슷한 늘대인간
- 불가리아 – 브르콜라크vrkolak, 늘대인간이지만 죽으면 뱀파이어가 된다.
- 중국 – 랑 런狼人
- 프랑스 – 루 가루loup-garou
- 아이슬란드 – 바룰푸르varulfur
- 이탈리아 – 루포 만나로lupo mannaro
- 라트비아 – 빌카치스vilkacis, '늘대의 눈'을 의미한다.
- 멕시코 – 나우알nahual, 늘대나 거대한 고양이, 독수리, 황소로 변신할 수 있다.
- 노르웨이·스웨덴 – 에이 에인하미르eigi einhamir, 늘대 가죽을 이용해 늘대인간으로 변신한다.
- 필리핀 – 아수왕aswang, 뱀파이어와 늘대인간의 특징을 모두 지니는 괴물

- 포르투갈 – 로브 오멘lobh omen, 전형적인 늑대인간이
  다. 뱀파이어와 늑대인간이 섞인 괴물은 브루사bruxsa라
  고 부른다.
- 러시아 – 보다르크bodark
- 세르비아 – 부르달라크wurdalak, 늑대인간이지만 죽으
  면 뱀파이어가 된다.
- 슬로바키아 – 블코드라크vlkodlak, 마법을 이용해 늑대
  인간으로 변신한다.
- 스페인 – 로보 옴브레lobo hombre

늑대인간은 가장 널리 알려진 셰이프시프터다. 하지만 인
간은 그 밖에 다른 동물로도 변신할 수 있다는 사실을 유념해야
할 것이다. 알래스카에는 곰과 개의 후손인 거대한 늑대 와힐라
waheela가 산다. 뿐만 아니라, 모든 것을 얼려버리는 이 혹한의 황
무지에는 다른 곳에서는 볼 수 없는 기묘한 셰이프시프터도 존
재한다. 알래스카 동남부에 거주하는 원주민인 틀링깃족과 침시
안족 설화에 따르면 쿠슈타카kushtaka라는 수달-인간은 수달의
모습을 하고 있지만 인간의 목소리를 흉내 낼 수 있다. 물에 빠
져 죽어가는 선원에게 사랑하는 사람과 이야기를 나누고 있다는
환영을 만들어 보여주며 고통을 달래준다고도 한다. 안전한 곳
까지 헤엄쳐갈 수 있도록 선원을 수달로 바꿔 목숨을 구해줄 수
도 있지만, 어떤 사람들은 이를 불공정한 거래라고 보기도 한다.

쿠슈타카는 사악한 면도 있어서 아기의 울음소리나 여인의 비명소리를 내어 사람들을 강가로 유인할 때도 있다. 유인에 성공하면 불쌍한 희생자를 죽이거나 새로운 쿠슈타카로 만들어버린다. 쿠슈타카는 특히 아이들을 잡아먹는 것을 좋아한다.

미국 루이지애나주의 습지에는 인간의 몸에 늑대나 개의 머리를 한 야수 로가로우rougarou가 산다고 한다. 로가로우라는 이름은 '늑대인간'을 뜻하는 프랑스어 '루 가루'가 잘못 전해져 굳어진 것인데, 그 특성도 프랑스의 늑대인간과 매우 비슷하다. 로가로우와 루 가루는 둘 다 종교에 상관없이 희생자를 선택하지만 그중에서도 7년 연속으로 사순절에 절제와 금욕을 지키지 않은 가톨릭 신자를 잡아먹는다고 알려져 있다. 로가로우에게 피를 빨린 희생자는 로가로우가 되는 저주에 걸리고 101일간 그 저주에서 벗어날 수 없다. 낮에는 인간 모습이기 때문에 정체를 들켜 살해당할 위험이 적다.

에티오피아, 모로코, 탄자니아 등 여러 아프리카 국가들에서 공통적으로 발견되는 부다bouda는 대장장이 마법사로, 하이에나-인간으로 변신할 수 있다. 이들은 변신하더라도 인간이었을 때 착용한 장신구가 그대로 남아 있어 그것으로 알아볼 수 있다고 한다.

스칸디나비아의 전사 베르세르크들은 자신이 늑대나 곰으로 바뀌었다고 믿었는데, 이와 같은 곰-인간은 다른 문화에서도 발견된다. 곰으로 변하는 인간 이야기는 아메리카 대륙의 여러 원주민 부족들의 문화와 슬라브 문화, 러시아 문화에서도 등장한다. 기원전 슬라브 사람들은 논밭, 목초지, 산림, 농작물, 동물(특히 소)을 관장하는 신 벨레스Veles를 숭배했다. 셰이프시프터였던 벨레스는 곰의 모습으로 변신하는 것을 가장 좋아했다고 한다. 하지만 슬라브 신화의 강력한 신 벨레스는 기독교가 전래되면서 바실리우스 성인으로 탈바꿈되었다.

세계 곳곳의 다양한 문화들에는 이 한 권의 책에 담을 수 없을 정도로 많은 동물–인간 이야기들이 전해져 내려온다. 하지만 그중에서도 단연 으뜸은 전 세계인의 상상력을 자극하고 최악의 악몽을 선사해온 늑대인간일 것이다.

7
뱀파이어
금기를 어기고 죽은 자가 살아 돌아오다

달빛이 쏟아지는 침실 한가운데 아름답고 젊은 여인이 잠들어 있다. 무서운 꿈에 시달리기라도 하듯 그녀는 계속 잠을 설친다. 끊임없이 뒤척이다가 창문을 긁는 소리에 결국 잠에서 완전히 깨고 만다. 침대에 일어나 앉은 그녀는 열린 창문 밖의 허공에 거대한 박쥐가 붉은색 눈을 희번덕거리며 떠 있는 모습을 공포에 질려 바라본다. 너무 무서운 탓에 아무 소리도 내지 못한 채 가만히 앉아서 박쥐가 창문으로 날아드는 것을 지켜볼 수밖에 없다. 침대 위를 맴돌던 박쥐가 갑자기 사라지더니 그 자리에 온통 새까만 옷을 입은 마르고 키가 큰 남자가 서 있다. 몹시 창백한 얼굴의 남자는 최면이라도 거는 것처럼 여인의 영혼을 꿰뚫을 듯 응시한다. 그는 초대하듯이 손을 뻗으며 그녀에게 다가간다. 갈고리 모양의 손톱은 새까맣고 면도날처럼 날카롭다. 그녀의 눈은 그의 눈에 고정되어 있고 그녀는 꼼짝할 수 없다. 그가 그녀 위로 몸을 숙이며 달빛에 번쩍이는 단도 같은 송곳니를 드러내는데도 그녀는 움직일 생각조차 하지 못한다. 그녀는 꿈, 그것도 아주 끔찍한 악몽을 꾸는 것이라고 생각한다. 그러나 꿈이 아니다. 남자가 그녀의 따뜻한 목덜미에 송곳니를 박고 살아 있는 그녀의 신선한 피를 탐욕스럽게 들이킬 때, 그녀는 생생하고 극심한 고통을 느낀다. 이번이 처음 물리는 것이지만 결코 마지막은 아닐 것이다. 그리고 조만간 그녀도 되살아난 시체가 되어 피에 굶주린 채 어둠 속을 배회하게 될 것이다.

†‡†

'뱀파이어'라는 단어를 생각해보자. 그러면 지금 묘사한 것과 유사한 장면이 바로 머릿속에 떠오를 것이다. 1897년 아일랜드의 작가 브램 스토커Bram Stoker가 소설 《드라큘라Dracula》를 출간하여 뱀파이어의 기준과도 같은 이미지를 만들어낸 이후 이 장면은 거의 모든 뱀파이어 영화나 소설에 등장하는 기본 요소처럼 자리 잡았다. 하지만 이러한 이미지와 유형의 뱀파이어는 비교적 근대에 형성된 것으로 고대 설화에 등장하는 전통적인 불멸의 흡혈귀와는 차이점이 많다.

1847년 아일랜드 더블린에서 태어난 브램 스토커(본명은 에이브러햄 스토커)는 트리니티대학 재학 시절에 연극에 흥미를 가졌고, 졸업과 동시에 연극 비평가가 되었다. 그는 당시 연극 《햄릿》에 출연한 영국의 유명 배우 헨리 어빙Henry Irving에 대한 호의적인 비평을 내놓아 어빙의 눈에 들었다. 두 사람은 친구가 되었고, 어빙은 스토커를 자신이 런던에 소유하고 있던 라이시엄 극장의 지배인 겸 개인 비서로 고용했다. 스토커는 여가 시간에 글을 썼다. 주로 짧은 글을 썼는데, 세간의 관심을 끌지 못하다가 1879년에 《아일랜드 즉결 재판소 사무 종사자의 업무Duties of Clerks of Petty Sessions in Ireland》라는 책으로 이름을 알리며 정식 작가의 반열에 올랐다. 그리고 1890년, 첫 번째 소설 《뱀 길Snake's Pass》을 발표했다.

　　스토커는 어빙의 비서 역할을 하면서 세계 곳곳을 여행할 기회를 얻었다. 《드라큘라》의 무대 중 하나인 동유럽에 직접 가본 적은 없지만 여행 도중 헝가리 출신의 역사학자이자 여행가인 아르민 방베리Ármin Vámbéry를 만났다. 방베리는 자신의 고향인 동유럽, 특히 루마니아의 트란실바니아Transylvania 지역에서 전해져 내려오는 역사적 사건들과 민속 설화들을 스토커에게 들려주었다. 이 이야기들에 상상력을 자극받은 스토커는 도서관과 박물관에서 무수히 많은 시간을 보내며 동유럽 지역의 역사와 문화를 깊이 탐구했다. 그러던 중 15세기 왈라키아Walachia의 블라드 체페슈Vlad Țepeș 공작의 이야기를 발견하고 소설 속 드라큘라 백작의 모델로 삼았다. 스토커가 집필하며 남겼던 메모에 블라드 공작(혹은 블라드 드라큘라)의 이름이 언급되지는 않지만, 소설 속에는 뱀파이어 모델을 구성하는 데 블라드 공작의 영향이 컸음을 보여주는 구절이 나온다. 예를 들어 백작 가문의 계보를 설명하는 대목에서 드라큘라 백작은 자신이 블라드 공작과 혈연관계라고 말한다.

> 트란실바니아 총독으로서 다뉴브강을 건너 터키 땅까지 가서 터키인을 무찔렀던 사람이 누구겠소! 바로 이 드라큘라 가문의 사람이었다오. 그 영웅이 쓰러졌을 때 그의 한심한 형제는 자기 백성을 터키인들에게 팔아 노예로 전락시키기도 했소. 하지만 터키인들을 쳐부순 그 영웅의 후손은 선업을 이어받아 군대를 이끌고 다뉴브강을 건너 터키 땅으로 거듭거듭 쳐들어갔소. 그는 번번이 격퇴당했다오. 병사들이 도륙당해 유혈이 낭자한 전쟁터에서 홀로 돌아오기 일쑤였소. 그래도 그는 자신이 결국 승리할 거라 믿었기에 가고, 다시 가고, 또 갔소.[1]

여기서 드라큘라 백작이 들려주는 이야기는 블라드 공작의 역사와 대략 일치한다. 블라드 체페슈는 1431년 시기쇼아라에서 왈라키아 공국 블라드 2세의 아들로 태어났다. 같은 해에 블라드 2세는 기독교 단체인 드래건 기사단Order of The Dragon에 합류하여 이교도인 오스만튀르크인과 싸울 것을 서약했다. 드래건 기사단에 소속된 기사들은 날개 달린 용이 위협하듯 입을 반쯤 벌리고 발톱도 세운 채 머리 주위로 꼬리를 말아올린 모습이 새겨진 메달을 달고 다녔다. 또한 이슬람에 대한 기독교의 승리를 상징하기 위해 바닥에 엎드려 축 늘어진 용의 등은 복십자 double cross 문양을 중심으로 두 부분으로 쪼개져 있었다. 바로 이 용 상징 때문에 블라드 공작 가문에는 루마니아어로 '용'을 뜻하는 드라쿨Dracul이라는 이름이 붙었다. 불행하게도, 아니 어쩌면 앞으로 일어날 일을 예고라도 하듯이 드라쿨은 '악마'를 뜻하기도 한다. 블라드 드라쿨 2세는 왈라키아 공국의 군주 자리를 두고 배다른 형과 다투었다. 그러던 중 튀르크인들과의 관계를 개선하는 데 관심이 있었던 형이 헝가리의 왕이자 신성로마제국의 황제인 지기스문트Sigismund의 눈 밖에 나 1434년 폐위되면서 라이벌이 사라졌다. 2년 후 블라드 2세는 트르고비슈테Târgoviște에 입성하여 수도로 삼음으로써 공식적인 왈라키아 공국의 군주, 왈라키아 공작이 되었다.

블라드 체페슈란 이름은 훗날 붙은 별명이고 공식 칭호는 블라드 3세 드라큘라인데, 여기서 드라큘라란 '드라쿨의 아들'이란 뜻이다. 블라드 3세는 트르고비슈테의 성에서 성장했으며, 혼란한 중세시대 유럽에서 군주로 살아남기 위해 필요한 군사적·정치적 지식과 기술을 학습했다. 1437년에 드라쿨 가문의 수호자 역할을 했던 지기스문트 왕이 사망하자, 블라드 2세는 곧바로 튀르크인들과 동맹을 맺었고 충성의 징표로 셋째 블라드 3세와 넷째 라두Radu를 볼모로 보냈다. 터키에서 여러 해를 지내

루마니아 트르고비슈테에 있는 블라드 체페슈 조각상

는 동안 블라드 3세는 술탄(오스만제국의 황제)의 군대에서 장교가 되었고 자신을 억류하고 있는 튀르크인들의 군사 전술과 고문 기술을 비롯해 각종 관습과 언어를 익혔다. 1447년 블라드 2세와 그의 첫째 아들이 헝가리 총독 후녀디 야노시Hunyadi János에 의해 살해되었다. 이에 블라드 3세는 터키에서 탈출해 왈라키아 공국의 통치권을 되찾으려 했다. 이듬해인 1448년에 왕좌에 올랐지만 곧 반대 세력의 공격을 받아 피신하게 되었다. 이후 수년 간 고난을 겪다 1456년에 드디어 왈라키아 공작의 자리를 되찾는 데 성공했는데, 아이러니하게도 그 배경에는 가문의 원수인 후녀디의 도움이 있었다고 한다.

15세기 유럽에서는 잔인한 처형을 동원한 공포가 일반적인 통치 수단이었음을 감안하더라도, 블라드 3세는 전에 없이 가학적인 통치자였다. 자신을 무너뜨리려는 튀르크인을 비롯한 적들과 끊임없이 싸워야 했던 그는 통치에 있어서도 인정사정을 봐주지 않았다. 특히 그의 처형 방식은 끔찍하고 가혹했던 것으로 알려져 있다. 그는 주로 '꿰뚫기 형Impalement'이라는 고문 처형 방식을 즐겼는데, 말 그대로 날카로운 꼬챙이로 처형자의 몸을 꿰뚫어 죽이는 형벌이었다. 이때 처형자를 단번에 죽이지 않고 꼬챙이를 땅에 똑바로 세워 고통 속에 서서히 숨을 거두도록 방치했다고 하니 블라드 3세가 얼마나 잔인한 군주였는지 짐작할 수 있다. 이 때문에 블라드 3세는 블라드 체페슈(루마니아어로 '가시, 꼬챙이 등 뾰족한 물건'을 의미한다) 혹은 '가시 공작 블라드Vlad

The Impaler'라는 별칭을 얻게 되었다. 한번은 자신을 암살하려 한 튀르크의 기마병 1천여 명을 모두 꿰뚫기 형에 처한 뒤 튀르크 군대가 진격해올 것으로 예상되는 길목에 세워놓기도 했다. 이 '인간 꼬챙이 숲'은 초기 심리전의 한 사례라고 볼 수 있다.

블라드 3세는 왈라키아 백성에게도 엄격했다. 자신이 생각하는 정직함이나 도덕성에 위배된다면 아무리 사소한 범죄라 하더라도 꿰뚫기 형을 내렸다. 타국의 침공을 극도로 경계하여 종종 주변국을 급습하고 수많은 이방인들을 죽이기도 했다. 왈라키아 정착을 허락받고 시기쇼아라나 브라쇼브 같은 도시들을 번영으로 이끌었던 색슨족 상인들도 예외는 아니었다. 6년의 통치 기간 동안 블라드 3세는 적게는 4만 명, 많게는 10만 명에 이르는 사람들을 처형한 것으로 추정된다. 그의 죽음에 대해서는 명확하지 않아서 1476년 12월에 사망했다고도 하고 1477년 1월에 사망했다는 설도 있다. 또 튀르크인의 공격으로 죽었다는 설과 자객에게 암살되었다는 설이 모두 전해진다. 현재 블라드 3세는 루마니아의 수도 부쿠레슈티Bucureşti 북쪽에 있는 스나고브 호수의 평화로운 섬에 지어진 작은 수도원에 묻혀 있다.

역사적 기록에는 블라드 3세가 뱀파이어라는 언급은 나오지 않는다. 그렇다면 브램 스토커는 어떻게 드라큘라와 뱀파이어를 연관 지을 수 있었던 걸까? 역사서에는 없지만 루마니아의 민간에서 전해지는 전설 중에는 블라드 드라큘라가 수십 명의 소년과 소녀를 잔혹하게 폭행하고 살해한 뒤 그들의 피를 마심으로써 젊음과 건강을 유지했다는 이야기들이 넘쳐난다. 이 전설은 헝가리의 바토리 에르제베트Báthory Erzsébet 백작 부인이 실제로 저질렀던 사건과 매우 흡사하다. 그녀는 600명이 넘는 소녀들을 고문하고 살해한 다음 자신의 젊음과 아름다움을 유지하기 위해 그 피로 목욕을 했다는 혐의로 1611년 기소되어 종신형을 선고받았다. 스토커가 이 이야기를 알고 자신의 드라큘라 백작에게 투영시켰던 것은 아닐까? 어쨌든 현실의 블라드 3세 드라큘라와 상상 속의 드라큘라 백작은 밀접한 관계에 있으며, 오늘날 루마니아에서는 둘 다 엄청난 상품 가치를 지닌다. 블라드 3세가 태어난 시기쇼아라의 집은 카사 드라큘라Casa Dracula(드라큘라의 집)라는 레스토랑으로 바뀌어 운영 중이다. 이 레스토랑은 접시에 용이 새겨져 있는 것으로 유명하다. 내부는 블라드 3세의 흉상과 초상화로 꾸며져 있고, 바에서는 드라큘라 메를로 와인을 주문할 수 있다. 가장 중요한 곳은 2층에 있는 방으로, 약간의 요금을 내면 과장된 연기를 선보이는 배우가 원색적인 붉은 조명 아래에서 번쩍이는 하얀 송곳니와 핏빛 입술을 드러낸 채 뚜껑 열린 관 속에 누워 있는 광경을 볼 수 있다.

소설 집필을 위해 자료를 수집하던 스토커는 우연히 루마니아 브라쇼브에 있는 브란 성Bran Castle의 그림을 보고 드라큘라 백작 성의 모델로 삼았다. 이 사실이 알려진 뒤 브란 성은 유명 관광지로 거듭났다. 성 아래쪽에는 잡화 상점들이 들어섰는데 늘 사람들로 붐벼서 그곳을 지나 성까지 도달하기란 쉽지 않다. 상점에서는 티셔츠, 모자, 포스터, 엽서, 서적, 인형, 장난감 송곳니 등 드라큘라를 소재로 만들 수 있는 온갖 기념품들을 판다. 한편, 드라큘 가문이 주로 살았던 트르고비슈테 성에는 이런 관광 상품 개발 열풍이 불어닥치지 않은 모양인지 성 주변에 기념품 상점이라고는 매표소 근처의 작은 선물 가게 하나뿐이다. 트르고비슈테 성에 가면 드라큘 가문 사람들이 실제로 살았던 흔적이 남아 있고, 친디아Chindia 탑에 올라가볼 수도 있다. 블라드 3세는 이 탑의 꼭대기에 올라 성의 안마당을 내려다보며 꿰뚫기 형을 당해 고통스러워하는 사람들을 구경했다고 한다.

　　루마니아 클루지나포카Cluj-Napoca에는 트란실바니아 호텔이 있다.《드라큘라》에서 변호사 조너선 하커가 드라큘라 백작을 만나러 가는 길에 묵었던 곳이다. 소설 속 이름은 콘티넨털 호텔이지만 책에서 언급된 호텔의 위치와 특징을 살펴보면 스토커가 트란실바니아 호텔을 참고했음이 확실해 보인다. 이 호텔의 규모는 작은 편이며 가운데의 안마당을 둘러싸며 방이 배치된 구조다. 소설에서 하커는 호텔에 머물며 파프리카를 곁들인 치킨 요리를 주문해 먹는데, 현재 트란실바니아 호텔의 레스토랑에서는 이를 활용해 '조너선 하커 치킨 파프리카'라는 메뉴를 판매하고 있다.

　　루마니아에는 블라드 3세를 향한 애정과 증오가 공존한다. 어떤 이들을 블라드 3세를 민족의 영웅이라 생각하고, 또 어떤 이들은 그저 여행자의 관심을 끌어 관광 수익을 올릴 수 있는

블라드 체페슈는 트르고비슈테 성에 있는 친디아 탑 꼭대기에서
희생자들이 꼬챙이에 찔려 죽어가는 모습을 지켜봤다고 전해진다.

전설 속 인물 정도로 여기기도 한다. 그런가 하면 루마니아 우체국은 무시무시한 드라큘라가 그려진 우표 시리즈를 발행했다. 재미있는 점은 우표에 사용된 초상이 실제 블라드 3세 공작이 아니라 영화와 문학 작품으로 유명해진 드라큘라 백작의 이미지였다는 사실이다. 반면에 헝가리 출신 루마니아 사람들은 블라드 3세의 '외국인 배척'에 분노하면서 그는 악마 같은 살인자였다고 평가하기도 한다.

오늘날 우리가 생각하는 뱀파이어의 모습 대부분은 브램 스토커가 만들어낸 루마니아의 드라큘라 백작에 기반한다. 그렇다고 해서 이것이 완전히 엉뚱한 것은 아니다. 뱀파이어가 처음으로 언급된 곳이 동유럽이기 때문이다. '뱀파이어'라는 단어의 어원에 관해서는 여러 가지 설이 있는데, 그중 하나는 '날지 않는 사람'을 뜻하는 세르비아어 '밤피르vampir'에서 유래했다는 것이다. 17~18세기부터 세르비아를 비롯한 여러 동유럽 국가에서 보고되기 시작한 뱀파이어 이야기들은 현대적 뱀파이어 개념의 토대가 되었다. 물론 흡혈귀, 다시 말해 사람의 피를 빨아먹는 괴물은 전 세계 거의 모든 문화권에서 공통적으로 발견된다. 그중에는 1천 년 이상의 역사를 가진 것도 있다. 하지만 이러한 고대 흡혈귀의 대다수는 정령이나 악마로, 지금 우리가 아는 뱀파이어처럼 되살아난 불멸의 시체를 의미하지는 않았다.

뱀파이어의 흡혈과 관련된 가장 오래된 문서는 1672년에 작성된 것으로, 지금의 크로아티아에 있는 어느 작은 마을에서 발생한 사건에 대한 기록이다. 1656년에 그 마을에서 유레 그란도Jure Grando라는 농부가 사망했다. 그런데 얼마 지나지 않아 마을 주민들 사이에서 죽은 그가 돌아와 그의 미망인을 강간하고 사람들의 피를 빨아먹으며 공포를 조장하고 있다는 말이 돌았다. 주장의 진위를 가릴 수 없었던 지역 당국이 할 수 있는 일이라고는 사람들을 안심시키기 위해 그란도의 시체를 파내 가슴에 말뚝을 박는 것밖에 없었다. 하지만 말뚝만으로 뱀파이어가 된 그란도를 없애기는 역부족이었던지 뱀파이어의 공격은 계속되었다. 그러자 이번에는 마을 사람들이 나서서 시체를 다시 파내어 머리를 잘랐다. 이후에는 더 이상 뱀파이어가 나타나지 않았다고 한다.

18세기에는 뱀파이어가 마치 전염병처럼 동유럽 전역을 휩쓸며 사람들 사이에 공포와 집단 히스테리를 퍼뜨렸다. 이런 현상은 1721년부터 13년간 지속되었다. 이와 관련된 유명한 일화 두 가지가 있다. 첫 번째는 세르비아의 한 마을에서 농사를 지으며 살다 62살에 사망한 페타르 블라고예비치Petar Blagojević라는 남자의 이야기다. 소문에 의하면, 블라고예비치는 사망한 직후 집으로 돌아와 아들에게 배가 고프니 음식을 내오라고 말했다고 한다. 아들은 아버지의 시신에게 음식을 주지 않았다(아마도 무서워서 그랬을 것이다). 그다음 날 아들은 집에서 죽은 채 발견되었다. 그 일이 있은 후 블라고예비치의 공격을 받아 죽은 주민 몇몇의 사인이 체내 혈액 부족이라는 의혹이 제기되었다. 그러자 사람들은 그의 시체를 파내 가슴에 말뚝을 박은 다음 불에 태워 재로 만들었다.

두 번째는 아놀드 파올레Arnold Paole라는 남자의 이야기다. 퇴역 군인이었던 그는 자신이 터키 점령 상태였던 세르비아 지역에서 복무하던 중 뱀파이어에게 물렸지만 특별한 이상이 나타나지는 않았다고 말하고 다녔다. 그는 뱀파이어로 변하지 않기 위해 물리자마자 자신을 문 뱀파이어의 무덤에서 파낸 흙을 먹고 뱀파이어의 피를 몸에 바르는 등 예방 조치를 취했다고 했다. 파올레는 전역 후 농부로 새로운 인생을 시작했지만 농사를 지은 지 몇 년 되지 않았을 때 건초 수레에서 떨어지는 바람에 목이 부러져 사망하고 말았다. 약 한 달 후, 지역 주민들이 그가 사람들을 공격하고 있으며 벌써 네 사람을 죽였다고 하소연하기 시작했다. 이에 파올레의 시체를 꺼내보니 전혀 부패되지 않아 보였고 눈, 귀, 코, 입에는 신선한 피가 흐른 자국이 나 있었다. 이것이야말로 뱀파이어라는 확실한 징표라고 판단한 사람들은 시체에 말뚝을 박고 불을 질렀다. 또한 파올레가 죽인 주민 4명의 시신도 무덤에서 꺼내어 말뚝을 박은 뒤 불에 태웠다. 사람들의 공포는 여기서 끝나지 않았다. 뱀파이어가 된 파올레를 다시 죽이기 전, 파올레가 가축을 물어 감염시켰고, 그 가축을 먹은 사람들은 파올레에게 직접적으로 물리지 않았더라도 뱀파이어가 된다는 이야기가 떠돌았다. 결국 추가로 17명의 무덤이 파헤쳐지고 그 시신들도 뱀파이어와 같은 취급을 받아야 했다. 세르비아 일대에서 촉발된 뱀파이어 히스테리는 폴란드, 헝가리, 슐레지엔Schlesien(오데르강 상류 지역으로, 오늘날 폴란드와 체코 영토에 걸쳐져 있다), 모라비아Moravia(오늘날 체코의 동부 지역), 오스트리아, 프랑스의 로렌Lorraine 같은 지역으로 확산되었다. 죽은 채 돌아다니는 흡혈귀를 없앨 방법을 찾기 위해 학자와 신학자, 법조인도 머리를 모았다. 그러나 예기치 못했거나 유별난 죽음의 원인이 뱀파이어이며, 뱀파이어와 접촉한 사람은 뱀파이어가 된다는 생각은 사라지지 않았다. 이에 가장 큰 영향을 미친 것은 시골의 농촌 공동체들 사이에 단단히 뿌리내리고 있었던 주술적 믿음이었다.

　　프랑스의 신학자이자 학자인 돔 오귀스탱 칼메Dom Augus-tine Calmet는 1751년에 〈영의 발현과 뱀파이어 혹은 유령에 대하여Treatise on The Apparitions of Spirits and on Vampires or Revenants〉라는 제목으로 뱀파이어와 그 밖의 초자연적 존재에 관한 논문을 펴냈다. 이 방대한 연구에서 칼메는 수년에 걸쳐 유럽 각지에서 수집한 재판 기록과 사건 일화들을 분석하고 그 타당성을 평가했다. 이 논문에서 뱀파이어가 실재할 수 있다고 주장하는 칼메의 근거는 다음과 같다.

　　목격자들의 증언에 따르면, 몇 달 전에 죽어서 땅에 묻힌 사람이 다시 지상으로 돌아와 말하고, 걷고, 마을에 출몰하고, 인간과 동물에게 못된 짓을 하고, 가까운 친척들의 피를 빨아 병들게 한 뒤 결국 죽게 만들고 있다. 이들의 위험한 방문으로부터 목숨을 지키기 위해서는 무덤을 파헤쳐 시신에 말뚝을 박고 목을 자르거나 심장을 갈가리 찢어 불에 태우거나 하는 수밖에 없다. 이 망령들은 우피르oupire 또는 뱀파이어라고 불리는데, 쉽게 말해 피를 빠는 거머리라는 뜻이다. 이것에 관한 사람들의 증언 하나하나가 모두 너무나 기이하고 상세한 데다 그럴듯한 정황이 뒷받침하고 있다. 게다가 이 증언들이 진실되어야 하는 법정 진술이라는 사실을 감안하면, 무덤에서 나온 망령들을 보았다는 목격자들의 말을 믿지 못할 이유는 없어 보인다.[2]

그렇게 한동안 지속되었던 뱀파이어 히스테리는 18세기 중반에 이르러 오스트리아 황제 마리아 테레지아Maria Theresa가 자신의 주치의 헤라르트 판 스비턴Gerard van Swieten에게 뱀파이어의 소행이라고 추정되는 사건들을 조사하라고 명령하면서 종지부를 찍게 되었다. 조사 끝에 스비턴이 뱀파이어는 존재하지 않는다고 결론 내렸기 때문이다. 이에 따라 황제는 시신과 무덤을 모독하는 일체의 행동을 금지하는 법안을 통과시켰다. 유럽의 다른 국가들에서도 비슷한 법안들이 뒤따르면서 뱀파이어 헌터들의 활동은 사실상 금지되었다.

하지만 뱀파이어가 등장하는 전설과 신화는 없어지지 않았고, 뱀파이어가 출몰한다는 신고도 19세기까지 이어졌다. 브램 스토커의 《드라큘라》를 비롯한 문학 작품들이 이에 일조했던 것으로 보인다. 영국의 제임스 맬컴 라이머James Malcolm Rymer와 토머스 페킷 프레스트Thomas Peckett Prest가 공동 집필한 《바니 더 뱀파이어Varney The Vampire》, 아일랜드의 셰리든 르 파누Sheridan Le Fanu의 《카밀라Carmilla》, 영국의 존 폴리도리John Polidori가 쓴 단편 소설 〈뱀파이어Vampyre〉(유명 시인인 조지 고든 바이런George Gordon Byron의 작품이라고 잘못 알려지기도 했으나 실은 그의 주치의였던 폴리도리가 쓴 것이다)가 대표적인 예다. 법을 시행하여 무고한 망자의 명예를 보호할 수 있었을지는 몰라도, 사람들로 하여금 뱀파이어의 존재를 믿지 못하게 할 수는 없었다.

한편, 뱀파이어를 향한 믿음은 미국으로도 전해졌다. 미국에서는 18세기 말부터 19세기에 걸쳐 뉴잉글랜드 지역, 특히 로드아일랜드, 버몬트, 코네티컷 동부를 중심으로 퍼져나갔다. 당시 결핵tuberculosis은 치료가 어려운 접촉성 전염병(과거에는 소모성 질환이라는 의미에서 'consumption'이라고 불렸다)으로 남녀노소를 가리지 않고 많은 사람의 목숨을 앗아갔다. 그 시절에도 결핵은 비교적 잘 알려진 질병 중 하나였으나, 시골에 사는 일부 사람들은 결핵으로 사망한 사람이 남은 가족들을 잡아먹기 위해 밤마다 찾아오기 때문에 병이 전염되는 것이라는 의심을 여전히 품고 있었다. 따라서 죽은 사람이 다시는 일어나지 못하게 하기 위해 극단적인 방법들이 사용했다. 보통은 시신의 심장을 불에 태우는 방법을 택했는데, 무덤 위에 대량의 콘크리트를 쏟아붓는 경우도 있었다.

미국의 뱀파이어 사건 중 가장 유명한 것 하나를 소개하자면 '뉴잉글랜드 뱀파이어 패닉(당시에 신문들이 붙인 이름이다)'이 있다. 로드아일랜드주 엑서터Exeter에 사는 머시 레나 브라운Mercy Lena Brown의 어머니 메리 엘리자Mary Eliza가 결핵에 걸려 1882년 사망했다. 이때 가족들 사이에 결핵이 빠르게 전염되었는데, 머시의 언니 메리 올리브Mary Olive도 1883년에 20살의 나이로 사망했다. 몇 년 지나지 않아 머시의 오빠 에드윈Edwin이 결핵에 걸리자 가족들은 그의 건강이 회복되기를 바라며 콜로라도주의 콜로라도스프링스로 요양을 보냈다. 하지만 집을 떠나왔음에도 나아질 기미가 없어 그는 다시 집으로 돌아왔다. 그 직후인 1892년, 안타깝게도 머시 역시 결핵으로 목숨을 잃었다. 사망 당시 그녀의 나이는 겨우 19살이었다. 집으로 돌아올 때 이미 위독한 상태였던 에드윈의 병세는 계속해서 나빠졌다.

머시가 죽고 두 달 후, 이웃들 몇 명이 머시의 아버지 조지를 찾아왔다. 그들은 사악한 힘이 브라운 가족을 따라다니며 공격하는 것 같다고 말했다. 조지는 아내와 딸들의 시신을 파내는 데 동의했다. 결국 1892년 5월 한 무리의 남자들이 브라운 가족의 주치의와 지역 언론사인 《프로비던스 저널》에서 나온 기자를 대동하고 무덤을 파헤쳤다. 관을 열었을 때, 메리 엘리자와 메리 올리브의 시체는 뼈만 남은 상태였지만 새로 묻힌 머시의 사체에서는 어떠한 부패의 조짐도 찾을 수 없었다. 현장에 있던 신문기자는 기사에 '심장과 간을 꺼낸 다음, 심장을 자르자 굳고 부패된 피가 보였다'라고 썼다. 머시의 사체가 거의 부패되지 않았던 것은 그녀가 죽은 지 2개월밖에 되지 않았고, 묻힐 당시 뉴 잉글랜드가 겨울이어서 모든 것을 얼려버릴 만큼 차가운 땅에 매장되었기 때문이었다. 하지만 이웃들은 심장에서 피가 발견되었다는 사실이 머시가 살아 있는 생명체를 잡아먹고 있었다는 증거라고 믿었다. 사람들은 머시의 심장과 간을 제거한 다음 태워서 재로 만들었고, 그 재를 해독제라며 에드윈에게 먹였다. 그러나 에드윈은 두 달도 채 못 돼서 죽었다.

　　'뱀파이어의 시체'를 발굴했다는 이야기에서 가장 흔히 언급되는 화제 중 하나는 어디에 묻혀 있었든, 또 얼마나 묻혀 있었든 사체에 '생기가 돈다'는 것이다. 소설과 영화에 등장하는 대부분의 뱀파이어가 여위고 창백하여 거의 해골과 같은 이미지였던 것과는 반대로, 전통적인 뱀파이어는 대체로 어느 정도 살집이 있고 안색이 불그스름하며 살아 있는 사람처럼 건강하고 기운이 넘쳐 보인다고 알려져 있다. 사람들은 뱀파이어 시체의 심장에서 신선한 피를 발견하기도 했고, 시체의 눈, 코, 입, 귀에서 피가 흐르는 것을 목격하기도 했다. 새로운 피부가 돋아난 것처럼 보이거나 손톱이 자라 있는 것 같았던 적도 있다. 관을 열었을 때 뱀파이어가 벌떡 일어나 앉거나, 심장에 말뚝을 박는 순간 엄청난 고통에 신음을 내뱉은 경우도 있다. 무지하고 미신에

매몰된 사람들은 이런 현상을 사체가 뱀파이어라는 '증거'로 해석할 수도 있다. 하지만 사실 이 모든 것은 육체가 부패하는 과정에서 자연적으로 발생하는 부수적 현상일 뿐이다.

사람이 죽으면 체내에서 가스가 발생하고 이로 인해 사체가 부풀어 오른다. 혈액은 사체 내에서 응고되는 것이 일반적이나 사망 방식에 따라 다시 액체화되어 신체의 여러 구멍으로 흘러내릴 수 있다. 또한 표피가 분해되어 떨어져나가면 그 아래의 진피가 드러난다. 이 진피를 '새 피부'로 오인할 수 있으며, 표피층이 없어져 피부가 얇아지므로 손톱이 이전에 비해 길어진 것처럼 느껴질 수 있다. 체액이 마르면 위를 비롯한 소화기관의 근육과 세포도 수축하는데 간혹 사체를 벌떡 일어나 앉게 할 정도로 강한 수축이 발생하기도 한다. 심장에 말뚝을 박을 때 들리는 신음소리는 사체에 갑자기 구멍이 나면서 풍선이 터지듯 그 안에 차 있던 가스가 분출되며 나는 소리다. 심지어 남성 사체의 생식기가 발기하기도 하는데, 이 역시 과학적 설명이 가능한 현상이다. 교수형 혹은 교살에 의해 사망한 경우, 또는 똑바로 서거나 엎드린 자세로 사망한 경우에는 시체 하부 말단으로 피가 몰리기 때문이다. 하지만 이를 알 리 없는 뱀파이어 헌터에게는 그 사체가 뱀파이어라는 것을 증명할 하나의 증거에 불과했다. 뱀파이어는 이미 죽은 자이지만 성욕이 왕성해서 최면 능력을 이용해 여성들을 유혹해 성관계를 가진다고 알려진 것은 이와 관련이 깊다. 민간에 떠도는 이야기들은 뱀파이어의 성적 충동이 무덤에서 나오게 할 만큼 강했다고 설명하기도 한다.

동유럽의 롬족(흔히 '집시'라고도 불리는 유럽 등지의 유랑 민족. 집시에 비하의 의미가 있어서 최근에는 롬족 혹은 로마니족이라고 부른다-옮긴이) 사이에는 뱀파이어의 성욕이 채워질 수 없을 정도로 강해서 인간 여성을 임신시켜 아들을 낳게 한다는 이야기가 전해진다. 그렇게 태어난 아이들은 '담피르dhampir'라고 부른다. 담피르는 뱀파이어를 탐지할 수 있고 죽은 채 돌아다니는 존재를 사냥하고 소멸시킬 수 있는 능력(보통 한 발의 총알이면 충분하다)을 가졌다. 스스로 담피르라고 생각했던 사람들 중에는 롬족 공동체 내에서 전문적인 뱀파이어 헌터로 활동하며 생계를 꾸려나가는 경우도 있었다.《드라큘라》 같은 초기 소설들에서 뱀파이어의 성욕은 살짝 암시되는 수준에 그쳤다. 하지만 뱀파이어가 매력적인 인간을 만나 그저 목만 물지는 않았을 거라고 짐작할 수는 있다. 뱀파이어가 등장하는 모든 소설과 영화가 선정적인 내용을 담고 있는 것은 아니나 최근 수십 년 사이에 보다 노골적이고 외설적인 작품들이 만들어지기 시작했다.

여성 뱀파이어 역시 성적 매력을 풍겼다. 예컨데 말레이시아의 랭수이르langsuyar는 아름답고 젊은 여성 뱀파이어다. 특이하게도 이들은 결혼해서 아이를 낳고 평범한 마을을 이루며 살아가다 우연히 인간에게 정체가 발각되었다고 한다. 흥미로운 점은 뱀파이어가 나오는 거의 모든 문학 작품에서 남성 뱀파이어보다 여성 뱀파이어가 먼저 등장한다는 사실이다. 이는 여성 뱀파이어의 성적 매력을 독자의 관심을 끌기 위한 장치로 사용했음을 보여준다. 영국 문학에 등장하는 최초의 뱀파이어는 새뮤얼 테일러 콜리지Samuel Taylor Coleridge가 1797년에 쓴 서사시 〈크리스타벨Christabel〉에 나오는 악녀 제럴딘Geraldine으로 알려져 있다. 로버트 사우디Robert Southey가 1801년에 지은 시 〈파괴자 살라바Thalaba The Destroyer〉에서는 주인공 살라바가 자신의 죽은 아내 오니자Oneiza의 몸에 깃든 뱀파이어 요부를 소멸시킨다. 1872년 셰리든 르 파누가 발표한 소설 《카밀라》에 나오는 뱀파이어 카밀라는 아마도 문학 사상 가장 유명한 여성 뱀파이어일 것이다. 르 파누는 젊은 여성의 피만 마시는 200살의 카밀라를 주인공으로 내세움으로써 뱀파이어 이야기에 여성 동성애를 뜻하는 레즈비언주의lesbianism를 결합시켰다.

뱀파이어는 살아 있는 존재가 아니라 살아 움직이는 시체라는 점에서 늑대인간을 비롯한 다른 셰이프시프터들과 다르다. 기본적으로 뱀파이어는 마녀나 자살자 같은 사악한 존재의 혼령이다. 즉, 죽어서도 무덤에 묻힌 자신의 몸을 떠나지 못하고 망령이 되어 사체에 머무는 존재다. 어떤 문화에서는 뱀파이어가 두 개의 영혼을 가지고 태어난다고 믿는다. 두 영혼 중 하나는 오직 인간을 파괴하는 일에만 몰두하며 심장에 깃들어 있다고 한다. 따라서 뱀파이어를 완전히 죽이려면 심장에 말뚝을 박거나 아예 심장을 불태워야 하는 것이다. 숙주인 사체가 썩는 것을 막으려면 살아 있는 인간의 피를 계속 공급해야 한다. 여러 전설에 따르면 뱀파이어는 최면 능력이 있어서 희생자에게 쉽게 접근할 수 있었다고 한다. 일단 뱀파이어에게 물리면 희생자는 급격히 쇠약해지다 결국 죽게 되며, 사후에는 뱀파이어가 된다. 뱀파이어는 낮에는 자신의 무덤에 숨어 있고 주로 밤에 활보했다. 셰이프시프터인 뱀파이어는 자신이 원하는 어떤 동물로도 변신할 수 있는데, 가장 중요한 변신 모습은 박쥐라고 알려져 있다. 또한 혼령이기 때문에 거울에 비치지 않고 관 밖으로 나오면 잡을 수 없으며 흐르는 물을 건널 수 없다.

많은 원시 문화에서는 사람이 잠들거나 의식이 없으면 그 영혼이 몸을 잠시 떠나는데(영혼이 몸을 영원히 떠나면 죽게 된다), 이때 이를 우연히 발견한 사악한 혼령이 그 몸에 깃드는 것이라고 여겼다. 그 증거 중 하나가 살아 있는 사람의 꿈에 죽은 자가 나오는 것이다. 다시 말해 살아 있는 사람이 자신도 모르는 사이 죽은 자를 '살려두는' 셈이라 믿었다. 뱀파이어 이야기에서는 이러한 오래된 믿음을 뱀파이어가 희생자의 꿈에 나타나거나 희생자가 최면에 빠져 의식을 잃는 등의 장면으로 표현한다. 피를 빨리거나 목을 졸리는 꿈은 곧 '살아 움직이는 죽은 자의 방문'을 의미한다. 잠자는 동안 악마에게 영혼을 도둑맞을지도 모른다는 두려움은 아주 오래전부터 인간 사회에 널리 존재해왔다. 다음은 12세기에 지어진 작자 미상의 어린이 기도인데, 여기서 그 두려움이 엿보인다.

주님, 이제 제가 잠자리에 들려 합니다.

잠든 동안 제 영혼을 보살펴주시고,

만약 잠에서 깨기 전에 제가 죽게 된다면

주님께서 제 영혼을 거둬주시길 기도드립니다.

이처럼 영혼과 몸이 별개라는 생각은 영체 이론Theory of astral vampirism이 만들어지는 계기가 되었다. 이 이론을 주창한 헨리 스틸 울컷Henry Steel Olcott은 1875년 뉴욕에 신지학협회Theosophical Society를 창립하고 협회장을 역임했다. 신지학협회는 지금까지도 유지되고 있는데, 이 단체의 목표는 세 가지다. 첫째, 인종·신념·성별·신분·피부색에 무관한 인류의 보편적 형제애를 형성하기 위한 토대를 쌓는다. 둘째, 종교·철학·과학 분야에서 비교연구가 발전하도록 독려한다. 셋째, 지금까지 설명되지 못한 자연법칙과 인간의 잠재력을 탐구한다. 울컷은 인간에게 물리적 몸인 육체와 보이지 않는 두 번째 몸인 영체astral body가 함께 존재한다고 믿었다. 인간이 죽으면 영체는 육체를 떠난다. 그는 우리가 유령을 보거나 유체이탈을 경험하는 이유는 육체와 영체가 분리되기 때문이라고 주장했다. 울컷에 따르면, 그저 마비 상태에 빠진 사람을 죽었다고 오해해 서둘러 매장하는 경우 그 육체는 영체의 도움으로 무덤 속에서 상당히 오랜 기간 살아 있을 수 있다. 영체가 무덤 밖으로 나가 살아 있는 사람의 피를 빨아들여 양분을 흡수한 다음 다시 육체로 돌아오기 때문이다.

현대인에게 죽지 않은 사람을 매장한다는 것은 있을 수 없는 일일지도 모르나, 19세기 혹은 그 이전에 살던 사람에게는 가능한 일이었고 그래서 공포스러운 일이었다. 살아 있음에도 매장될지 모른다는 엄청난 두려움에 죽었다고 오인받은 사람이 관 속에서 깨어났을 때 구조 요청을 할 수 있는 수많은 장치들이 고안되어 관에 설치되었다. 이를테면 관에서 지상까지 금속 튜브를 연결하고 튜브 가운데에 줄을 관통시킨 다음 그 끝에 종을 달아놓는 장치 같은 것이다. 만약 관에서 의식을 되찾는다면 그 끈을 잡아당기고 종을 울려 구조 신호를 보낼 수 있었다. 여기서 '운 좋게 살아나다saved by the bell'라는 표현이 유래했다고 한다.

울컷은 다른 뱀파이어 연구자들과 마찬가지로 피와 '생명력'을 구분하여 분석했다. 사체에 영양분과 활기를 공급하는 것은 피 자체가 아니라 그 안에 들어 있는 미지의 정수, 생명력이다. 그래서 육체와 영체의 연결 고리를 끊기 위해서는 매장이 아닌 화장을 해야 한다고 주장했다. 이때 영체라는 관념은 중국인들이 뱀파이어에 대해 갖는 생각과 맥이 닿아 있다. 중국인들은 사람에게 두 개의 영혼이 있으며, 이는 이성을 지닌 상위의 영혼과 비이성적인 하위의 영혼이라고 믿었다. 상위의 영혼은 밤이 되면 잠든 육체를 떠나 마음껏 활보할 수 있었다. 그러다가 다른 육체에 들어가 그것을 장악한 다음 그 육체의 입을 빌려 말할 수도 있었다. 이와 달리 하위의 영혼은 홀로 돌아다닐 수 없으며 죽어서도 육체에 남았다. 이때 하위의 영혼이 강력할 경우에는 제멋대로 사체를 움직이게 할 수 있었는데, 이렇게 되살아난 시체를 강시僵尸라고 불렀다. 강시도 흡혈귀이지만 사체가 매장되기 전에 흡혈귀로 변한다는 점에서 유럽의 뱀파이어와 다르다. 힘이 세고 난폭한 강시는 남녀를 가리지 않고 공격하여 희생자의 머리와 사지를 몸통에서 뜯어내 죽인다.

서아프리카의 여러 지역에서는 한밤중에 마녀의 영혼이 자신의 몸을 떠나 타오르는 불덩이 모양으로 거리를 배회하다 사람들, 특히 아이들의 피를 빨아먹는다고 믿었다. 아프리카에서는 대부분의 뱀파이어가 마녀의 주술로 인한 것이라고 여긴다. 마녀는 쥐나 고양이를 비롯해 다양한 동물로 변신할 수 있고 죽은 자를 움직이게 하는 힘이 있기 때문이다. 서아프리카의 뱀파이어는 중국의 강시처럼 폭력적인 방식이 아닌 심령 흡혈psychic vampirism을 통해 희생자를 서서히 말려 죽였던 것으로 보인다. 심령 흡혈의 일종인 '정기 흡혈energetic vampirism'은 세계적으로 유명한 영매 로이 마스터스Roy Masters가 주창한 용어로 피를 빨아먹지 않고도 흡혈이 가능하다. 신지학자 프란츠 하트만Franz Hartmann도 이와 유사한 '심령 스펀지psychic sponge'라는 용어를 창안했다. 심령 스펀지란 영적으로 민감한 사람의 정기를 그가 알아차리지 못하는 사이에 빨아들이는 사람을 가리킨다(사람이 영적으로 민감해지는 원인은 밝히지 않았다). 자성을 가진 마그네틱 뱀파이어magnetic vampire도 민감한 사람의 생기를 빨아들여 나른하게 만들 수 있다. 하트만은 이 '스펀지 뱀파이어'가 숙주와 주변 사람의 정기를 흡수해서 결국 고갈시켜버린다고 주장했다.

　　이처럼 뱀파이어의 종류와 뱀파이어가 되는 방식은 여러 가지다. 늑대인간처럼 직접적인 접촉에 의해 뱀파이어가 되더라도 즉각적으로 변화가 이뤄지지 않아서 뱀파이어와 여러 차례 접촉해야 뱀파이어가 될 수 있다. 동유럽에서는 이빨이 난 상태로 태어난 아이는 뱀파이어가 될 운명이라고 했고, 러시아에서는 알코올중독자가 죽으면 뱀파이어가 될 확률이 높다는 이야기가 있다(그 이유는 명확하지 않다). 이슬람으로 개종한 기독교나 큰 죄를 짓고도 미사를 집전하는 사제가 뱀파이어가 될 운명이라고 믿었던 나라들도 있다. 이렇게 보면 누구나 뱀파이어가 될 수 있었던 것으로 보인다. 이와 관련해 영국의 작가 마누엘라 던 마세티Manuela Dunn Mascetti는 저서 《뱀파이어: 불사의 세계에 대한 완벽한 입문서Vampire: The Complete Guide to The World of The Undead》에서 이렇게 말한 바 있다. "일반적으로 마녀, 마법사, 무신론자, 악당, 늑대인간, 강도, 방화범, 매춘부, 사기꾼 등 온갖 부도덕한 인간들은 죽어서 뱀파이어가 될 가능성이 크다."[3]

　　뱀파이어가 되는 방식과는 상관없이 모든 뱀파이어는 피를 향한 채워지지 않는 갈증을 느낀다. 물론 그 피가 항상 인간의 피일 필요는 없다. 불가리아에서는 토요일에 태어난 아기가 세례를 받기 전에 죽으면 그 영혼이 우스트렐ustrel이라는 뱀파이어가 된다고 믿었다. 우스트렐은 땅에 묻힌 지 9일째 되는 날 무덤 밖으로 기어 나와 소나 양을 공격하고 그 피를 마신 다음 새벽이 오기 전에 무덤으로 돌아간다. 이렇게 여러 날을 보내고 마침내 무덤으로 돌아가지 않아도 될 만큼 강해지면 낮에 안심하고 잠을 청할 수 있는 다른 장소를 찾는다. 보통 송아지의 두 뿔 사이나 젖소의 뒷다리 사이처럼 독특한 장소에 안착한다. 그래서 불가리아 사람들은 여러 마리의 가축이 밤에 죽는 일이 생기면 우스트렐의 소행이라고 확신하고 뱀파이어 헌터 뱀피르지야 vampirdzhija를 부른다. 뱀파이어를 볼 수 있는 은총을 입은 뱀피르지야는 그 삿된 영혼을 영면에 들게 하는 의식을 행한다. 불가리아에는 쟈다지djadadjii라는 뱀파이어 헌터도 있다. 이들은 뱀파이어의 심장에 말뚝을 받기보다 축성 받은 성화를 이용해 병에 가두는 것을 선호했다. 뱀파이어를 추적한 후 한 손에 성화를 들고 뱀파이어가 가장 좋아하는 음식이 채워진 병 안으로 뱀파이어를 몰아넣었다. 뱀파이어가 병에 들어가면 바로 코르크 마개로 입구를 막고 병째로 불 속에 던졌다. 이런 방식의 뱀파이어 묘사는 뱀파이어에게 초인적인 힘과 변신 능력이 있다고 보는 오늘날의 생각과는 확실히 차이가 있다.

　　루마니아에서도 혼외 자식이라서 세례를 받지 못했거나, 양막을 머리에 뒤집어쓰고 태어나는 등 출산 과정이 비정상적이었던 아이는 뱀파이어가 될 수 있다고 믿었다. 또한 임신 중에 소금을 먹지 않았거나 뱀파이어를 만난 적이 있는 여성도 뱀파이어로 변할 수 있다고 여겼다. 루마니아의 뱀파이어 스트리고

이 모르티strigoi morti는 소설 속 드라큘라 백작과는 많이 달랐다. 이들은 미국의 악령 폴터가이스트poltergeist처럼 시끄러운 소음을 내고 물건들을 저절로 움직이게 하는 진기한 재주를 가졌다. 스트리고이 모르티는 심령 흡혈을 통해 희생자들의 생명력을 섭취하는 경향이 강해서 물려도 그렇게 치명적이지는 않았다고 전해진다.

유럽 외의 지역에서도 임신이나 출산 중에 사망한 여성이 뱀파이어와 관련이 깊다는 생각을 가지고 있었다. 인도 신화에는 뱀파이어의 특징을 보이는 존재들이 많이 등장한다. 무시무시한 죽음과 파괴의 여신 칼리Kali는 전장에서 피를 마시는 일을 즐겼다. 인도 서부의 구자라트Gujarat주에서는 출산 중에 사망하거나 학대를 받아 죽은 여성은 괴물 추렐churel이 되어 자신을 학대한 가족에게 복수한다는 이야기가 전해진다. 추렐은 남자 가족의 체내에 있는 피를 말려 혈관을 쪼그라들게 만들고, 가끔은 젊은 남성을 유혹해 음식을 대접하기도 한다. 이때 음식을 먹고 그녀와 밤을 보낸 남성은 단 하루 만에 백발노인이 된다. 추렐의 발은 뒤로 돌아가 있는데 그녀의 아름다움과 음식 솜씨에 눈이 먼 남성들은 그 확실한 징표를 절대 알아채지 못했다고 한다. 인도에는 체디프chedipe라는 뱀파이어도 있다. 체디프는 밤마다 나체로 호랑이를 타고 희생자를 찾아다닌다. 그러다 잠든 남자를 발견하면 최면 주문을 건 뒤 남자의 발을 물어 피를 빨아먹는다. 아침에 깨어난 남자는 무력감을 느끼게 된다. 남자가 적절한 치료를 받지 않으면 체디프가 다시 찾아와 그의 생명력을 서서히 고갈시켜버린다.

　　멕시코에 전해지는 뱀파이어 이야기들은 마야문명에서부터 이어져 내려오는 오랜 역사를 지녔다. 마야의 전설과 신화, 역사를 집대성한 고대 문집 《포폴 부흐Popol Vuh》에는 박쥐의 수호신이자 죽음의 신인 카마조츠camazotz가 등장한다. 뾰족한 코, 거대한 이빨과 발톱을 가진 카마조츠는 박쥐-인간으로 묘사되었다. 남아 있는 기록들 중에서 박쥐로 변신하는 인간(19~20세기에 뱀파이어 하면 연상되는 가장 일반적인 모습)을 언급한 최초의 문헌일 것이다. 마야인과 아즈텍인 모두 뱀파이어 신과 여신들을 믿었다. 이러한 믿음은 스페인 정복자들의 침략으로 로마가톨릭이 토착 신앙을 평정한 이후에도 변형된 형태로 계속되었다. 원주민들은 이 존재들을 아울러 틀라우엘푸치tlahuelpuchi라고 불렀고, 스페인 사람들은 '마녀'라는 의미의 브루하bruja라고 불렀다. 틀라우엘푸치는 여성 셰이프시프터로 어떤 동물로든 변신할 수 있었다. 동물의 모습으로 갓난아이를 공격하고 피를 빨았으며, 성인은 좀처럼 노리지 않았다. 칠면조 모습을 제일 좋아하지만 고양이나 개, 말똥가리, 심지어 벼룩으로 변하기도 했다. 틀라우엘푸치의 탄생에 이유는 없다. 순전히 우연하게 마녀로 태어나는 것이다. 첫 월경 때 이들의 변신 능력이 발현되며, 변신 능력과 함께 인간의 피에 대한 채워지지 않는 갈증이 시작된다. 틀라우엘푸치는 사람에게 최면을 걸어 자살하게 만들 수도 있다. 정체를 숨기고 인간들 사이에 섞여 살아가기 위해 최선을 다하지만 간혹 발각되기도 했다. 들키면 마을 사람들에 의해 곤봉과 돌로 구타당해 죽음에 이르는 경우가 대부분이었다고 한다.

오늘날 뱀파이어는 책, 영화, TV를 통해 그 어느 때보다 큰 인기를 얻으며 정말로 '죽지 않고 살아 있는 존재'가 되었다. 나아가 뱀파이어가 여전히 우리 사이에서 돌아다니고 있다고 말하는 사람들도 많다. 때로는 공포의 대상이고 때로는 혐오의 대상이지만 뱀파이어는 세계 곳곳에서 문화의 중요한 부분을 차지하며 우리 곁에 항상 존재해왔다. 1954년 멕시코 틀락스칼라 Tlaxcala주 의회는 (뱀파이어에게) 마술로 살해당한 아기의 사체를 의료 당국에 인도하는 법안을 만들기도 했다. 남아프리카공화국과 동유럽 여러 지역에서는 최근까지도 뱀파이어 목격담이 산발적이지만 지속적으로 보고되고 있다.

우리 곁에는 뱀파이어 공동체도 존재한다. 미국의 작가이자 학자이며 뱀파이어 전문가로 알려져 있는 존 브라우닝John E. Browning은 프랑스 오를레앙Orléans 지역에 사는 뱀파이어 2명을 2년간 연구하여 박사 논문을 썼고, 그 후에는 버펄로와 뉴욕의 뱀파이어 공동체로 연구 범위를 확대했다. 그가 연구한 뱀파이어들은 드라큘라 백작과 같은 부류가 아니었다. 죽은 채 살아 움직이는 존재도 또 불멸의 존재도 아니었으며, 박쥐나 그 밖의 동물로 변신하지도 않았다. 이들에게는 마늘도 효과가 없었다. 하지만 이들은 스스로를 '현실의 뱀파이어'라고 칭했다. 드라큘라 백작과 마찬가지로 피(인간의 피든 동물의 피든)를 필요로 하며, 피에 대한 자신의 갈망이 생물학적으로 불가피한 일이라고 확신했다. 이에 대해 브라우닝은 다음과 같이 설명했다.

> 자신이 생물학적으로 흡혈을 해야 하는 몸을 가졌다는 그들의 믿음은 확고하다. 보통 사춘기나 그 직후에 시작된 신체적 변화로 인해 매달, 매주, 때로는 매일 피를 마시지 않으면 몸의 기능을 유지하기 어렵다고 주장한다. 피나 '정기'를 너무 오래 흡수하지 못하면 몸이 쇠약해지면서 신체적·감정적 증상들이 나타나며, 피를 마셔야만 그 증세가 완화된다.[4]

나아가 브라우닝은 이들 공동체에는 '기증자'의 권리를 보호하는 법률이 마련되어 있고, 이를 기준으로 피 섭취를 통제한다고 덧붙였다. 법률에는 피를 기증하는 사람은 자신이 하려는 일이 무엇인지 명확하게 인지하고 자발적으로 참여해야 하며 뱀파이어와 기증자 모두 혈액 검사를 받아야 한다고 강조되어 있다. 또한 혈액 추출은 뱀파이어가 하더라도 의료 전문가가 하듯 살균 등 철저하고 위생적인 절차를 따라 이루어진다. 이 뱀파이어 공동체에는 혈액을 마시는 뱀파이어인 생귀내리언sanguinarian뿐 아니라 정기나 생명력을 섭취하는 사이킥 뱀파이어psychic vampire도 있다. 사이킥 뱀파이어들도 법률의 규제를 받기 때문에 내켜하지 않거나 의식하지 못하는 희생자들의 정기를 흡수해서는 안 된다.

대중문화에서 뱀파이어의 인기가 높아지고 인터넷과 소셜미디어가 발전하면서 현대의 뱀파이어들은 공동체를 구성하고 사회화 과정을 거칠 수 있게 되었다. 하지만 이 공동체들은 여전히 주류 사회의 인정을 얻지는 못하고 있는 듯하다.

많은 성장과 발전에도 불구하고 현실의 뱀파이어 공동체는 낙인과 오명에서 여전히 벗어나지 못하고 있다. 시대가 변하면서 과거에 비주류로 여겨져 배척당했던 정체성들이 있는 그대로 받아들여지게 되었지만, 인간의 피를 먹는 취향은 아직 수용되기 어렵다. 생존을 위해 피를 먹어야 한다는 주장을 뒷받침할 명확하고 객관적인 근거가 없어서 더 그런 것 같다. 하지만 뱀파이어는 그 자체로 '정상성normalcy'에 대한 훌륭하고 생동감 넘치는 의문을 제기한다. 아마도 이 사실이 사람들을 두렵게 하는 가장 큰 요인일지도 모른다. [5]

뱀파이어들은 끔찍한 방식으로 정상성을 뒤바꾸어 사람들을 공포에 떨게 해왔다. 1867년 포르투갈 선원 제임스 브라운James Brown은 보스턴에서 출항해 뉴잉글랜드 해안을 따라 고기를 잡는 어선과 계약을 맺었다. 그런데 항해 도중 선원 2명이 사라졌다. 선장은 그들을 찾다가 브라운이 두 선원 중 하나를 붙들고 피를 빨고 있는 모습을 발견했다. 다른 한 명은 이미 몸에서 피가 빠져나간 채 죽어 있었다. 브라운은 체포되었고 살인과 흡혈 행위로 기소되었다. 살인으로 유죄 선고를 받고 교수형이 내려졌으나, 당시 미국의 대통령이었던 앤드루 존슨Andrew Johnson이 종신형으로 감형시켰다. 15년 후 매사추세츠에서 오하이오로 이감된 직후, 브라운은 다시 두 건의 살인을 저질렀다. 결국 뱀파이어 브라운은 국립치료감호소(1892년 11월 4일자《뉴욕 타임스》기사에 따르면 브라운은 '이송되지 않으려고 호랑이처럼 날뛰었다'고 한다)로 보내져 정신 병동에서 죽을 때까지 갇혀 지냈다.

1897년에는 프랑스에서 도보 여행 중이던 조지프 바셔 Joseph Vacher가 '음식 취향을 넓혀보려' 최소 12명을 죽인 뒤 그 피를 마시는 사건이 발생했다. 그로부터 약 20년이 지난 1916년, 친코타라는 헝가리의 작은 마을에 마을의 자랑이었던 청년 벨라 키스Bela Kiss가 제1차 세계대전에서 전사했다는 소식이 날아들었다. 슬픔에 잠긴 주민들이 그의 집을 살펴보고 유품을 정리하던 순간, 마당의 한 구석이 좀 이상해 보였다. 사람들은 즉시 땅을 파헤쳤다. 그곳에서 무려 31구의 시체가 발견되었는데, 모두 교살된 후 목에 구멍이 뚫려 피가 제거된 상태였다. 뱀파이어가 된 키스가 무덤에서 나와 마을로 돌아왔던 것은 아닐까?

1940년대에 존 조지 헤이그John George Haigh는 자신의 런던 집으로 희생자들을 불러들여 죽인 다음 피를 빼내 마셨다. 그리고 황산이 담긴 통에 시체를 담가 처리했다. 1950년 뉴욕에서는 살바토레 아그론Salvatore Agron이라는 16살 소년이 벨라 루고시Bela Lugosi(루마니아 출신의 미국 영화배우. 1931년에 오늘날 공포영화의 고전이 된 〈드라큘라〉에서 주인공 드라큘라 백작을 연기하면서 세계적 명성을 얻었다-옮긴이) 스타일의 뱀파이어 복장을 하고 수차례 살인 행각을 벌였다. 아그론은 법정에서 자신이 뱀파이어라고 주장했지만 배심원을 설득하지 못했고 사형에 처해졌다. 그런가 하면 1970년대 캘리포니아주 새크라멘토Sacramento에 살던 리처드 체이스Richard Chase는 작은 동물을 죽여 피를 마시면 건강해질 수 있다고 믿었다. 당연히 그렇게 되지 않았고, 그는 사람에게 눈을 돌려 연쇄살인을 저질렀다. 여러 사람의 목숨을 빼앗고 그 피를 마신 그는 사형 선고를 받았지만 형이 집행되기 전에 감옥에서 자살했다.

제임스 리바James P. Riva는 플로리다에서 어느 뱀파이어를 알게 되었는데, 몇 년 후부터 그 뱀파이어의 목소리가 들리며 자신에게 해야 할 일을 알려주었다고 주장했다. 1982년에 그 목소리는 리바에게 장애가 있는 할머니를 죽이고 그 피를 마신다면 영생을 얻게 해주겠다고 약속했다. 리바는 할머니를 찌른 다음 뱀파이어가 알려준 대로 도금된 총알 네 발을 쏘고 집에 불을 질렀다. 자신이 700살 된 뱀파이어이며 할머니가 너무 노인이라 피를 빨 수 없었다고 진술한 그는 재판에서 종신형을 선고받았다. 1992년에는 러시아의 안드레이 치카틸로Andrei Chikatilo가 모스크바 북동쪽에 있는 도시 로스토프Rostov에서 55명을 죽였다고 자백했다. 치카틸로는 죽이는 것으로 부족했는지 희생자들의 피를 마시고 살을 먹었다. 그는 사형 선고를 받았다.

이 장에서 언급한 사례들은 자신이 뱀파이어라고 믿은 사람들이 망상으로 인해 저지른 끔찍하고 무시무시한 범죄 이야기들의 아주 일부에 불과하다. 이처럼 불쾌한 이야기가 넘쳐나지만, 오늘날의 뱀파이어는 과거와는 확실히 다른 모습으로 그려지며 대중적인 인기를 누리고 있다. 늑대인간처럼 뱀파이어도 소설이나 영화, TV 프로그램에서 자주 아름답고 매력적이며 세련된 존재(여성, 남성 모두) 혹은 세계적인 부자나 권력자로 그려진다. 그들에게는 전통적으로 뱀파이어에게 필요하다고 여겨졌던 것들이 더 이상 필요치 않다. 이제 그들은 관에서 잠을 자지 않고, 햇빛에 고통을 느끼지 않으며, 십자가나 은제 총알을 두려워하지도 않는다. 마늘을 좋아하고 인간의 피 대신 다른 동물의 피를 구입해서 마시기도 한다. 이렇게 보니 현대의 뱀파이어는 우리와 크게 다르지 않다는 생각이 들지 않는가?

8

변신으로 얻은 자유

셰이프시프터가 되어 진짜 나를 찾다

일본의 유명 가부키ᵏᵃᵇᵘᵏⁱ 배우 오노에 마쓰스케尾上松助가 거울에 비친 자신의 모습을 찬찬히 뜯어본다. 꼼꼼하게 아이구마ᵃⁱᵍᵘᵐᵃ(유령, 못된 벼슬아치 등 악역을 맡은 배우의 얼굴을 남빛으로 칠하는 가부키의 독특한 화장법-옮긴이) 화장을 끝낸 얼굴이 거울 속에서 자신을 응시한다. 얼굴의 주인공은 연극 〈창녀 아사마 다케〉에서 비참한 죽음을 맞이한 창녀다. 분장이 끝난 지금의 그녀는 사람이 아닌 유레이ᵞᵘʳᵉⁱ, 즉 유령이다. 마쓰스케는 화장 상태를 살펴보려고 몸을 좀 더 앞으로 기울인다. 죽음의 색인 흰색에 남색 음영이 더해져 얼굴이 더욱 창백하다. 눈썹은 본래 위치보다 높이 그려 이마에 있고, 눈 주위에 검정색 원을 그려 눈이 크고 사나워 보인다.

마쓰스케는 자신의 새 얼굴에 만족하며 일어나 일본 전통 수의인 흰색 기모노를 두른다. 그런 다음 길고 치렁치렁한 가발을 쓰는 것으로 분장을 마무리한다. 바로 이 가발이 머리카락 공포증을 자극해서 관객을 공포의 도가니로 몰아넣을 것이다. 거울 속에 자신의 맨발이 보인다. 무대 위에 놓인 화로와 등불을 기술적으로 사용하여 허리 위만 비추면 그는 허공을 떠다니는 발 없는 유령처럼 보일 것이다. 마쓰스케는 무대 옆으로 다가간다. 한 걸음 내디딜 때마다 그가 점점 죽은 창녀와 비슷해진다. 마치 그녀가 그 안에 있는 것 같다. 아니 어쩌면, 진짜 그녀일지도 모른다.

†‡†

일본의 전통극 가부키에는 남자만 출연할 수 있고, 따라서 남자 배우가 여성 역할을 맡는 것은 놀라운 일이 아니다. 마쓰스케는 19세기 일본에서 이름을 떨친 명배우 5대 오노에 기쿠고로尾上菊五郎의 제자였다. 기쿠고로는 가부키 배우 중에서 여성 역할을 전문으로 맡는 온나가타おんながた로 연극 인생을 시작한 것으로도 잘 알려져 있다. 과거의 가부키 배우는 일반적으로 연기 인생 내내 한 가지 유형의 역할(영웅, 악당, 노인, 여성 등)을 전문으로 맡았지만, 기쿠고로는 남자 주인공 역할을 맡는 데 성공했다. 마쓰스케도 스승의 길을 따라 여성 역할을 맡다가 배역을 전환했다.

월리엄 셰익스피어도 이따금 남성(보통은 소년)에게 여성 역할을 맡겼으나 가부키에서 남성이 여성 역할을 연기하는 것은 차원이 다르다. 약 400년 동안 가부키는 오직 남성들만 참여할 수 있는 영역이었다. 하지만 최초의 가부키를 만든 것은 에도시대의 여성 예술인 이즈모노 오쿠니出雲阿國였다. 1603년에 오쿠니가 가부키오도리かぶきおどり라는 무용극을 만들어 공연했는데, 이것이 발전하여 가부키가 되었다. 초창기 가부키는 춤 위주로 구성되었으며 요란하고 외설적이었다. 배우도 주로 유녀遊女(매춘부)들이 맡았다고 한다. 그러자 당시 막부(12~19세기 일본을 통치했던 무신 정권의 정부)는 가부키 공연을 금지했다. 하지만 가부키를 보고 싶다는 민중의 요구가 갈수록 커지자 1629년부터 남성 배우들만 출연하는 가부키를 만들어 공연하게 했다.

가부키 배우들은 공연 중 무대 위에서 의상을 재빨리 갈아입는다. 의상을 바꿔 다른 인물이 되기도 하고 같은 인물이지만 다른 감정 상태가 되었음을 표현하기도 한다. 이때 옷을 갈아입는 데 걸리는 시간은 고작 몇 초밖에 되지 않는다. 여러 벌의 옷을 덧대어 입고 뒤쪽을 시침실로 살짝 고정해둔 것을 무대 보조 스태프가 제거해주는 덕에 가능한 일이다. 따라서 무대 위의 가부키 배우는 일종의 셰이프시프터다. 창녀의 유령 역을 맡은 마쓰스케가 그랬던 것처럼 남성에서 여성으로 변신을 마친 상태에서 무대에 오르는 경우도 있다. 좀 더 따져보면 마쓰스케는 남성에서 여성으로, 여성에서 유령으로 두 번 변신한 셈이다.

젠더 전환은 아주 오래전부터 인간의 상상력을 자극해온 주제다. 공연에서의 젠더 전환은 다양한 젠더 전환 사례 중 하나일 뿐이다. 앞서 우리는 그리스 신화 속 테이레시아스가 젠더 전환을 경험한 이야기를 살펴봤다. 테이레시아스는 남성에서 여성으로 변신하여 결혼을 하고 아이를 낳고 몇 년 후 다시 남성이 된다. 또한 켈트족과 북유럽 신화에 등장하는 젠더 전환 셰이프시프터 이야기도 다루었다. 그 밖에도 세계의 많은 문화에서 성별이 바뀌는 존재에 관한 전설과 설화들이 전해진다. 일본에서는 특히 쌀의 여신 이나리가 젠더 전환 셰이프시프터로 자주 묘사된다. 이나리는 곡식을 관장하는 젊은 여신으로 그려지기도 하고, 쌀가마니를 짊어진 늙은 남자로 나타나기도 하며, 자웅동체의 보살이 되기도 한다. 아프리카 대륙 서부에 있는 다호메이 Dahomey(오늘날의 베냉공화국)의 창조신 마우리사Mawu-Lisa는 쌍둥이 남매인 달의 여신 마우와 해의 신 리사가 합쳐져 만들어진 존재다. 잠비아와 가나에서도 이와 유사한 전설이 전해진다. 오스트레일리아 원주민이나 태평양 섬나라들의 신화에도 성별이 바뀌거나 아예 자웅동체인 신들이 나온다.

젠더 전환은 '인간의 정체성을 결정하는 것은 무엇인가?'라는 질문을 불러일으킨다. 인간의 성을 결정하는 것은 겉모습일까, 아니면 인간의 내면에 존재하는 무언가일까? 세계의 수많은 철학자, 심리학자, 신학자들이 이 질문을 끊임없이 던지며 논쟁해왔지만 아직도 확실한 답은 내려지지 않고 있다. 영국의 철학자 존 로크John Locke는 1690년에 펴낸《인간지성론》에서 인간의 사고과 의식을 정의하고 이해할 수 있는 방법을 모색했다. 그는 개인의 정체성이 물리적인 몸(원자)에 의해 결정되지 않는다고 주장한다. 왜냐하면 우리 몸을 구성하는 원자는 시간이 지나면 모두 변하기 때문이다. 다시 말해, 우리의 물리적 신체는 사는 내내 죽은 세포를 새로운 세포로 대체함으로써 여러 번 완전히 '재건'된다. 로크는 원자가 아니라 원자의 배열이 개인의 정체성을 결정하며 우리 모두는 저마다 독특한 원자 배열을 가지고 있다고 이야기했다. 그는 이 독특한 배열을 '영혼soul'이라 불렀는데, 의식이라 이해해도 무방하다. 책에서 로크는 유명한 '왕자와 구두 수선공'의 예를 들며 자신의 주장을 설명했다.

왕자의 영혼이 왕자가 사는 동안 형성된 기억과 의식을 그대로 간직한 채 지금 막 영혼이 떠나버린 구두 수선공의 몸에 들어가 그 몸에 다시 생기를 불어넣는다면, 사람들은 그가 왕자와 같은 사람이라고 여겨야 할 것이다. 그가 왕자와 같은 행동을 할 것이기 때문이다. 하지만 대체 누가 그를 보고 왕자와 같은 사람이라고 하겠는가? 몸 역시 인간을 구성하는 일부다. 따라서 내 생각에는 이 경우 구두 수선공의 몸이 자신에게 구두 수선공이 아닌 다른 이의 영혼이 깃들도록 내버려둘 것 같지 않다. 그리고 무엇보다 구두 수선공의 주변 사람들이 보기에 왕자의 영혼이 들어갔어도 그는 여전히 구두 수선공일 것이다. 내가 알기로 우리는 일반적으로 '같은 사람', '같은 인간'이라는 말을 두 인물이 완전히 일치할 때 쓴다. 모든 사람은 자신이 원하는 대로 말할 자유를 가진다. 또한 어떤 관념에 자신이 보기에 적합해 보이는 이름을 붙일 수 있고, 마음 내키는 대로 다른 말로 바꿀 수도 있다. 하지만 '같은 영혼, 같은 사람 혹은 같은 인간을 결정하는 것이 무엇인가?'라는 질문을 하려면, 적어도 머릿속에 영혼, 사람, 인간이라는 관념이 명확히 정의되어 있어야 한다. 일단 이 단어들이 의미하는 바가 무엇인지를 결정하게 되면, 그것이 어느 것과 언제 같고 언제 다른지를 확정하는 일은 어렵지 않을 것이다.[1]

기본적으로 로크는 어떤 사람의 정체성(여기서는 젠더 정체성)이 그가 어떻게 보이는지 혹은 그가 자신의 자아를 어떻게 표현하는지에 대한 사회적 판단으로 결정되는 것이 아니라, 개인의 의식에 의해 결정된다고 말한다. 이 주장은 논리적이고 합리적이다. 그러나 여전히 우리 공동체 내에 존재하는 성소수자들은 그들의 정체성을 인정하지 않는 사회의 반대와 배척에 직면해 있다.

그렇지만 모든 사회가 성소수자의 정체성을 부정했던 것은 아니다. 실제로 생물학적 성이 아닌 성으로 살아도 다른 이들의 비난이나 편견의 대상이 되지 않는 문화들도 존재한다. 일례로 아메리카 대륙의 원주민 문화에는 베르다쉬berdache라는 오랜 전통이 남아 있다. 베르다쉬 남성은 여성의 옷을 입고 여성들의 일을 하며 이따금 남성과 결혼하는 등 부족 내에서 남성이 아닌 여성의 역할을 수행한다. 주목해야 할 점은 전통에 따라 여성 역할을 하는 남성이라도 젠더 정체성은 바뀌지 않은 채 그대로일 수 있었다는 것이다. 즉, 다른 성의 역할을 수행한다고 해서 자신의 젠더 정체성까지 바꿔야 하는 것은 아니었다. 약 150개 원주민 부족에 베르다쉬 전통이 있었으며, 그중 30여 개 부족에는 남성 역할을 하는 여성도 있었던 것으로 알려져 있다. 베르다쉬는 '두 개의 영혼'을 가진 사람으로 여겨졌다. 유동적인 젠더 정체성을 지닌 베르다쉬는 최근 아메리카 대륙 원주민들 사이에서 다시 활발하게 나타나고 있으며, 이들 중 대다수는 공동체의 일원으로 존중받는다.

하지만 모든 문화에서 젠더 전환자를 존중했던 것은 아니다. 오스트레일리아 원주민 부족 중에는 여성들로 이루어진 잔두족이 있었다고 전해진다. 이들은 남성 역할을 하는 여성으로, 다른 부족들과 멀리 떨어져 살았다고 한다. 과거에 여성의 일이라고 여겨졌던 곡식과 과일 채집 일을 하기보다는 남성처럼 무기를 들고 다니며 캥거루와 에뮤(오스트레일리아에 사는 대형 조류로, 타조와 비슷한 생김새를 지녔으며 날지 못한다—옮긴이)를 사냥했다. 부족의 법을 수호하는 위대한 뱀 츄루tchooroo는 이 여성들을 벌하고 사냥을 금지시켰다. 남성의 일인 사냥을 하는 것은 곧 법을 위반하는 행동이었기 때문이다. 여성들은 그의 말을 무시하며 사냥을 계속했다. 그러자 츄루는 그들을 거대한 흰개미집으로 쫓아냈다.

우리는 셰이프시프터라면 으레 마법이나 주술로 모습을 바꾼다고 생각하지만, 젠더 전환 셰이프시프터들은 그렇지 않다. 그들은 다른 성(생물학적으로 타고난 성이 아닌 자신이 선택한 성)과 다른 모습이 되고 싶다는 내적 욕망을 표출한다. 사회는 이러한 욕망을 품은 개인들이 존재한다는 사실을 수천 년 전부터 알고 있었으며, 이를 우호적인 시선으로 바라보지만은 않았다. 예를 들어 신명기 22장 5절에는 "여자가 남자의 의복을 입지 말 것이요, 남자는 여자의 의복을 입지 말 것이라. 이같이 하는 자는 네 하나님 여호와께 가증한 자이니라"라고 적혀 있다.

많은 사회(특히 유대교와 기독교 신앙에 기반한 사회)에서 복장 도착cross-dressing(이성의 복장을 입는 것)은 불법은 아니지만 부도덕한 일로 여겨져왔다. 미국에서 복장 도착을 처벌했던 법 중 가장 오래된 것은 1848년 오하이오주 콜럼버스에서 제정된 것으로, '자신의 성별과 맞지 않은 복장으로 공공장소에 나타나는 행동'을 금지했다. 그로부터 수십 년이 지나면서 미국 내 40개 이상의 도시에서 복장 도착을 처벌하는 법이 시행되었다. 하지만 적절한 복장을 규정하기도, 그 규정을 강요하기도 어렵다는 사실이 갈수록 명백해지면서 대부분의 법률들은 역사 속으로 사라졌다. 그럼에도 콜럼버스에서는 1947년이 되어서야 이 법률을 폐

지했다.

    놀랍게도 영국으로부터 독립하기 전, 식민지 시기 미국인들의 태도는 사뭇 달랐다. 미국의 변호사 하산 샤피쿨라Hasan Shafiqullah는 1997년에 발표한 논문 〈셰이프시프터들과 위장한 자들, 그리고 체제 전복: 성전환자의 해방을 위한 고찰Shape-shifters, Masqueraders, and Subversives: An Argument for The Liberation of Transgendered Individuals〉에서 1629년 버지니아에서 있었던 판례를 소개했다. 영국의 뉴캐슬에서 태어난 토머신 홀Thomasine Hall은 여느 소녀들과 같은 옷을 입고 자랐다. 하지만 12살에 런던의 고모 집에 보내지면서 그녀의 삶은 조금 달라졌다. 고모는 토머신에게 소년의 옷을 입히고 그녀를 토머스Thomas라고 불렀다. 그때부터 남자로 성장한 토머신은 몇 년간 군복무를 하기도 했다. 하지만 제대 후에는 다시 여성복을 착용했으며 레이스 만들기나 자수 놓기를 즐겼다. 토머신은 20살 때 버지니아로 이주했고 이 무렵에는 남성복을 주로 입었다. 그러나 이후에는 남성과 여성 복장을 주기적으로 바꾸어가며 입었다. 토머신은 한 젊은 여성과 성관계를 맺은 죄로 법정에 서게 되었는데, 재판 전 신체검사를 진행한 결과 남성과 여성의 생식기를 모두 가진 것으로 드러났다. 이에 버지니아 지방법원은 '그가 남성이면서 여성'이라는 결론을 내렸고 토머신에게 '여성용 모자를 쓰고 앞치마를 두른다면' 남성복을 입어도 좋다고 판결했다. 샤피쿨라는 이 사례에 대해 다음과 같이 말했다.

홀의 사례는 법체계가 젠더 문제에 처음으로 유연하게 접근하는 모습을 보였다는 점에서 중요하다. 성별이 애매모호한 사람에 대해 법원은 그(혹은 그녀)를 남성이자 여성이라고 선언하며 남성복과 여성복을 동시에 입고 다니라고 판결했다. 하지만 애석하게도 이 새로운 17세기 접근법은 살아남지 못했다. [2]

미국정신의학회는 최근 '성별 불쾌감Gender Dysphoria(자신의 타고난 성별이 잘못되었다고 느끼는 상태)'을 하나의 장애로 규정했다. 자신과 다른 성에 강하고 지속적인 동질감을 느끼고 표현하는 사람은 성별 불쾌감을 겪고 있을 가능성이 있다. 아동은 다음 여섯 가지 증상을 6개월 이상 보인다면 성별 불쾌감 장애를 가진 것으로 판단된다. 자신이 다른 성이라고 주장하는 경우, 다른 성이 되고 싶다고 반복적으로 이야기하는 경우, 복장 도착의 경향을 보이는 경우, 놀이에서 주로 다른 성 역할을 맡는 경우, 자신의 성기에 대해 강한 혐오감을 드러내는 경우, 다른 성의 친구와 노는 것을 더 선호하는 경우가 그 증상이다. 성별 불쾌감을 겪는 성인의 대표적인 증상은 다른 성이 되고 싶다는 열망을 말이나 행동으로 표현하는 것이다. 다른 성 행세를 한다든지, 다른 성으로 취급해달라고 주변에 요구하거나 다른 성으로 살고 싶다는 바람을 내비친다든지, 아니면 자신이 다른 성 특유의 감정 상태나 반응 양식을 가지고 있다고 확신하는 것이 그 예다.

젠더 정체성과 행동을 엄격하게 규정하는 문화들에서 타

고난 성이 진정한 자신을 대변하지 못한다고 여기는 사람들은 그 사회의 구성원으로서 살아가며 맞닥뜨리는 상황들을 제대로 헤쳐나가기 어려울 수 있다. 이로 인해 불안이나 좌절, 우울을 느끼거나 심지어 자살 충동에 고통받기도 한다. 반면 전통적인 아메리카 원주민 사회처럼 성에 대해 너그러운 문화라면 성별 불쾌감을 겪는 사람들을 성공적으로 포용할 수 있을 것이다. 중요한 사실은 이러한 사람들이 태곳적부터 우리와 함께해왔고 앞으로도 함께할 것이라는 점이다. 수술이나 약물 치료를 통해 자신이 가지고 태어난 성과 다른 성으로 신체를 변형시키는 트랜스젠더는 일종의 셰이프시프팅을 경험한다. 이처럼 스스로 잘못된 육체로 태어났다고 생각하는 사람들이 있다면, 가끔씩 내가 아닌 다른 누군가(혹은 무언가)가 되고 싶다는 은밀한 열망을 품은 사람들이 존재하는 것도 이상한 일이 아니다. 누구나 살면서 한 번쯤은, 일시적으로라도 지금의 내가 아닌 다른 존재가 되고 싶었던 적이 있기 마련이다. 그런 바람은 열등감(스스로가 충분히 예쁘지 않다거나 똑똑하지 않다거나 강하지 않다는 생각)에서 비롯된 것일 수 있다. 그럴 때 우리는 다른 누군가가 되기만 하면 그 열등성에서 벗어날 수 있을 거라고 생각한다. 또는 보다 원초적인 본능을 마음껏 충족시키기 위해, 심지어는 범죄를 저지르기 위해 다른 정체성을 가지려 할 수도 있다. 명상이나 종교적 무아지경에서 경험하는 것과 같은 순결하고 영적인 존재로 변한다면 더 나은 삶을 살 수 있을 것이라 생각하기도 한다. 그도 아니면 단순한 호기심에 새로운 옷을 입듯 다른 사람의 정체성을 체험해보거나 다른 사람의 처지에 놓이면 어떨지 궁금한 것일 수도 있다.

변신을 원하는 개인적 이유가 무엇이든 간에, 우리는 신이 아니기에 이러한 변화를 일으킬 수 없고 주술사가 아니라서 둔갑술을 쓸 수도 없다. 하지만 우리에게도 잠시이긴 하지만 변신할 수 있는 방법이 있는데, 바로 가면과 가장무도회, 코스튬과 코스튬플레이를 활용하면 된다. 셰이프시프터를 인간에서 동물로 자유롭게 모습을 바꾸면서도 인간의 의식은 유지할 수 있는 사람으로 정의하는 원론주의자라면 이러한 방법이 진정한 의미의 셰이프시프팅이 아니라고 주장할지도 모른다. 하지만 이러한 방식을 통하면 자발적이면서도 의식은 유지하는 상태에서 변신할 수 있다. 게다가 과거의 셰이프시프터 중에는 동물의 가죽을 뒤집어쓰고 그 동물이 되었다고 믿었던 선사시대 사냥꾼이나 북유럽 전사 베르세르크가 있지 않았는가. 오늘날 표범 코스튬을 입고 표범처럼 행동하는 코스튬플레이어 역시 그들과 같은 셰이프시프터일 수 있다.

가면은 아주 오래전부터 우리 곁에 있었다. 약 3만 5천 년 전의 것으로 추정되는 프랑스의 동굴벽화에 가면을 쓰고 사냥하는 사람들이 새겨져 있긴 하지만, 현존하는 가장 오래된 가면은 기원전 7000년경에 돌로 만든 것이다. 가면을 종교의식이나 세속적 의례에 사용한 사례는 세계 곳곳에서 발견된다. 이때 가면을 쓴 사람은 신의 대리인이 되거나 권력을 갖게 된다. 원시 문화 중에는 주술사가 가면을 쓴 다음 치료사로 변신하는 경우가 많다. 이때의 가면은 치유의 정령과 연결되기 위한 매개체였다. 가장 좋은 사례는 이로쿼이족의 폴스 페이스 소사이어티False Face Society(가짜 얼굴들의 모임)와 그들이 치료에 사용했던 다양한 가면들이다(이 가면들은 치유의 정령을 묘사한 것이다). 그 밖의 다양한 의식에서 신과 영혼을 부르기 위한 도구로 가면을 사용했다. 예를 들어 수확의 성공을 기원하는 의식, 지진이나 화산 폭발, 해일 등 신의 노여움 때문에 일어났다고 여겨졌던 각종 자연재해를 피하기 위한 의식, 성인식과 같은 공동체 내의 통과의례에서 참가자들은 가면을 썼다. 이러한 의식들은 곧 전통을 이루고, 그 전통은 미래 세대들은 인도하며 힘이 되어준다. 그리고 이 모든 것은 초자연적인 가면 뒤에 있는 인간의 변신 능력 덕분에 일어난다.

> 다양한 형태의 가면들(신성한 것, 실용적인 것, 장난스러운 것 등)은 '인간 존재의 의미'를 탐색하고 발전시킨다는 점에서 역사적으로 중요한 역할을 수행해왔다. 가면을 통해 다른 정체성을 가진 존재로 변신한다는 것(혹은 기존의 사회적·종교적 정체성을 확고히 한다는 것)이 '어떤 것인지' 상상을 통해 경험할 수 있기 때문이다. [3]

앞서 우리는 인간의 이중적 본성에 대해 알아보았다. 때때로 인간 내면의 원초적이고 동물적인 본능은 보다 고차원적이고 문명화된 본성과 불편하게 공존한다. 오스트레일리아의 생물학자 제러미 그리피스Jeremy Griffith는 이러한 이중성을 다소 독특하게 설명했다.

인간의 상태는 두 가지 기본적인 측면으로 구분할 수 있다. 하나는 사랑이 충만하며 섬세하고 독창적이며 직관적인 자아(혹은 영혼)이고, 다른 하나는 자기중심적이며 의식적이고 신중한 지성이다. 전자가 비참할 정도로 억눌려 있다면 후자는 부당한 비난에 항상 극도로 화가 나 있다. 자아와 지성에 구속되어 하루하루를 살아가는 인간의 눈에는 보이지 않지만 우리의 영혼은 야만스러울 정도로 강하게 억압당하고 있다. 우리의 정신적 분노 또한 자제되고 저지당해 대개는 겉으로 드러나지 않는다. 우리는 늘 문명인답게 행동하라고 듣고 배운다. 즉, 우리는 자신의 퇴폐적이고 혼란스러운 상태를 있는 그대로 보여주지 않기 위해 언제나 노력한다. ⁴

그리피스는 우리가 '퇴폐적이고 혼란스러운 상태'를 인식하거나 인정하지 못하면 심리적으로나 신체적으로 부정적인 결과가 발생한다고 말했다. 그러면서 카타르시스(마음속에 억압된 감정을 말이나 행동으로 외부에 표출함으로써 정신의 안정을 찾는 일-옮긴이)만이 그러한 퇴폐적 상태를 치유할 수 있다고 덧붙였다.

> 가면 착용은 있는 그대로의 모습을 드러내게 함으로써 긴장을 해소하고 치유하는 매우 효과적인 방법이었다. 가면으로 표현하는 내면의 질식한 영혼과 극심한 분노는 우리를 동요시킬 정도로 강렬했다. 따라서 거의 모든 문화에서 예식에 가면을 사용했었다는 사실은 어찌 보면 당연한 일이다. [5]

가면은 가면 착용자의 신체를 변형시키지는 못하지만 잠깐이나마 온갖 종류의 심리적 변신을 일으킬 수 있다. 현대 심리학에서는 드라마 치료(역할 체험 등 극적인 기법을 통한 심리 치료 방법)와 같은 심리 치료에서 가면을 자주 활용한다. 가면을 쓰면 내면에 어떤 변화가 일어난다고 보기 때문이다.

연극이 진행되는 동안 관객과 가면을 쓴 배우 모두 변신을 경험한다. 고대 그리스의 관객들은 희극과 비극의 가면이 어떤 의미를 담고 있는지 이해했다. 14세기 일본에서 발달한 연극 노のう는 음악극이자 가면극으로, 정해진 형태의 가면들을 사용해 관객에게 등장인물의 특징(여성, 어린이, 노인, 유령 등)을 알려준다. 특히 셰이프시프터가 주인공으로 등장하는 경우가 많다. 대부분 초자연적인 존재가 인간으로 변신하여 이야기를 이끌어가는데, 이때 가면을 바꿔 써 그 인물이 변신했음을 표현한다. 오늘날의 연극에서도 가면은 전통적인 비유와 상징을 나타내는 방식의 하나로 널리 활용된다.

의례가 아닌 놀이를 위해 가면을 쓰기 시작하면서 가면과 함께 의상까지 착용하는 가장무도회가 발전했다. 가장무도회에 참여하는 사람들은 최소한 겉모습만큼은 자신이 흉내 내고자 하는 존재로 완벽하게 변신하려고 노력한다. 이를 보면 가면 착용이 가장무도회로 발전한 것은 충분히 예측 가능한 자연스런 수순이라 할 수 있다. 고대 로마에서는 술의 신 바쿠스(그리스식 이름은 디오니소스)를 숭배하며 즐기는 축제인 바카날리아 Bacchanalia나 농경의 신 사투르누스(그리스식 이름은 크로노스)에게 풍년을 기원하는 축제인 사투르날리아Saturnalia가 열리면 가면을 쓴 사람들에게 특별한 허가증을 발급하기도 했다. 이 허가증을 받은 사람들은 다른 때에는 묵인되지 않았을 부적절한 행동들을 할 수 있었다. 사람들은 가면 덕분에 평소와 달리 틀에 얽매이지 않는 사람으로 변신할 수 있었고, 가면의 얼굴이 할 법한 행동들에 빠져들 수 있었다.

완벽한 의상이 갖춰진 첫 번째 가장무도회는 13세기 이탈리아 베네치아의 카니발carnival(사육제) 기간에 열렸다. 마르디 그라Mardi Gras라고도 부르는 사육제는 지금도 세계 여러 지역에서 개최되고 있다. 사육제는 금욕과 절제를 실천해야 하는 40일간의 사순절이 시작되기 전 마지막으로 쾌락을 누릴 수 있는 시간이었다. 축제에 참가한 사람들은 가면과 의상을 차려입고 자신의 본모습을 감춘 채 흥청거리며 익명의 평등을 만끽했다. 사

벨라루스의 추수 축제에서 착용하는 양 머리 가면

회에서 어떤 신분인지는 아무런 상관이 없었다. 평민들은 처벌의 두려움 없이 군주를 조롱할 수 있었고, 이성의 귀에 은밀한 유혹의 말을 속삭일 수 있었다. 가장무도회는 특히 상류 계급 사이에서 유행했다. 빈틈없이 준비된 화려한 가장무도회는 르네상스 시대에 이르러 이탈리아 전역으로 확산되었고, 곧 다른 유럽 국가들로도 퍼져나갔다.

17~18세기에는 북아메리카 일대에서도 가장무도회가 큰 인기를 누리기 시작했는데, 오히려 유럽에서는 가장무도회를 두고 뜨거운 논쟁이 벌어졌다. 가장무도회 도중 부도덕하고 금지된 행동들이 지나치게 난무했기 때문이다. 사람들은 가면 뒤에 정체를 숨기고 희대의 난봉꾼이라도 된 듯 자유분방하게 행동했다. 시대와 장소를 막론하고 계급이나 성별, 민족과 상관없이 사회규범에 반하는 행동들은 그게 무엇이든 권력자들에게 위협으로 여겨지기 마련이다. 가장무도회도 예외는 아니었다. 영국에서는 새뮤얼 리처드슨Samuel Richardson, 헨리 필딩Henry Fielding, 엘리자 헤이우드Eliza Haywood 등의 유명 소설가들을 비롯해 성직자와 저널리스트들이 외국에서 유입된 가장무도회가 영국의 도덕성과 문화를 망치고 있다며 반대의 목소리를 높였다. 뿐만 아니라 여성들에게 가장무도회는 위험하고 문란한 일로 여겨졌다. 가장무도회에 다녀온 여성은 손가락질 받았으며 참가하는 것만으로도 범죄를 저지른 것과 같은 취급을 당했다. 하지만 남성의 경우에는 당시의 이중 기준이 허용되어 여성만큼 비난받지는 않

았다. 다만 여성을 대상으로 하는 잡지들 중에는 가장무도회에 다니는 남성을 맹렬하게 비판하는 곳이 있었다. 소설가이자 잡지《피메일 스펙테이터Female Spectator》의 발행인이기도 한 엘리자 헤이우드는 이 잡지를 통해 "명예를 아는 여성이라면 가장무도회에 참석하지 않을 뿐 아니라, 그녀에게 가장무도회 입장권을 쥐어줄 정도로 타락한 남자도 멀리하기 마련이다"라고 충고했다. 동시에 남성 독자들에게는 그들의 아내나 여자 형제를 가장무도회에 데려가지 말 것을 강조하기도 했다.

가장무도회를 향한 비판이 거세지자 행정 당국은 아예 무도회를 열지 못하게 하기 위해 애썼다. 그러나 당국의 철퇴를 맞은 무도회 관련자들은 얼마 되지 않았고, 그나마도 대부분 상류층이 아닌 노동 계급 사람들이었다. 가장무도회 반대 운동이 차츰 힘을 발휘하면서 대중적인 축제까지 줄어들기 시작했지만, 그럼에도 불구하고 상류층 사이에서 가장무도회는 사적이고 고급스러운 행사로 계속 개최되었다.

영국에서 일어난 가장무도회 반대 운동은 당시에 변신이라는 관념이 사회적으로 얼마나 큰 파장을 일으킬 수 있었는지 보여준다. 평상시에는 도덕적이고 준법정신이 뛰어나던 사람들도 가면과 의상을 걸치기만 하면 외설적이고 부도덕한 향락주의자로 변했다. 그렇다 보니 사회 전체가 그들에게 맞설 수밖에 없었던 것이다.

자아와 타자 사이의 유쾌한 교체를 상징하던 가면과 의상은 한쪽에 제쳐두어야 했다. 대신 보다 건전한 일이 환영받았다. 실제로 18세기 말에 이르러 쾌락에 대한 성공적인 재평가가 이루어진다. 이제 쾌락은 타자와의 마법적인 결합이 아닌 타자를 감상적으로 대상화하는 과정 속에 존재하게 되었다.[6]

이토록 강한 반대 속에서도 가면과 의상, 가장무도회는 사라지지 않았고 지금 이 순간까지도 계속되고 있다. 아일랜드와 스코틀랜드 이민자들이 시작해 미국의 오랜 전통이 되어버린 핼러윈 축제는 끊임없이 성장하며 다른 나라로도 확산되는 중이다. 미국에서 열리는 축제 중 의상이나 장식 등 핼러윈에 소비되는 돈은 크리스마스 다음으로 많다. 미국소매협회에 따르면 2017년에는 핼러윈 축제를 위해 미국 전역에서 무려 91억 달러가 사용되었다.[7] 날이 갈수록 점점 더 많은 사람들이 가면과 의상을 이용해 변신하는 일에 흥미를 보이고 있는 듯하다.

이러한 변신의 축소판이 바로 코스프레다. 코스튬플레이어들은 만화책, 애니메이션, 웹툰, 게임, 영화, TV 프로그램에 등장하는 인물의 의상을 따라 입고 그 인물처럼 꾸민다. 코스프레라는 용어는 코스튬플레이어들 사이의 하위문화로 여겨지기도 하고, 때로는 보다 포괄적인 의미에서 무대 등 특정한 장소가 아닌 곳에서 의상을 차려입는 롤플레잉role-playing의 개념으로 정의되기도 한다. 연극적 해석이 가능하다면 어떤 것이라도 코스프레의 주제가 될 수 있다. 성별 바꾸기gender switching도 흔하게 등장한다. 코스튬플레이어는 핼러윈 의상을 입고 집집마다 돌아다니며 "과자를 안 주면 장난칠 거예요Trick or treat!"라고 외치는 아이들과도 다르고, 카니발 축제 참가자들과도 다르다. 코스튬플레이어는 자신이 선택한 캐릭터의 페르소나('가면'을 뜻하는 라틴어로, 오늘날에는 '외적 인격' 또는 '가면을 쓴 인격'을 뜻한다. 즉 다른 사람들 눈에 비치는, 특히 그의 실제 성격과는 다른, 한 개인의 외적 모습을 뜻한다─옮긴이)를 그대로 복제하려고 노력한다. 캐릭터의 의상을 입고 캐릭터인 척하며 캐릭터의 버릇과 몸짓을 따라 한다. 다시 말해, 그 캐릭터로 변신한다.

코스프레는 일본을 중심으로 아시아 여러 지역에서 높은 인기를 끌다 점차 전 세계로 확산되어왔다. 코스프레 행사는 보통 '○○콘con'이라는 이름으로 불리는 팬 컨벤션 현장에서 자주 열린다. 그중에는 상당한 규모를 자랑하는 행사도 꽤 많다. 일본에서 해마다 두 차례씩 개최되는 코미케コミケ, Comiket에는 만화책과 애니메이션 팬 수만 명이 찾아온다. 코미케에 비하면 규모가 조금 작지만 필리핀과 싱가포르에서도 각각 코스프레 마니아Cosplay Mania와 EOY 코스프레 페스티벌EOY Cosplay Festival이라는 코스프레 행사가 개최된다. 미국에서 가장 큰 행사는 코믹콘Comic-Con이다. 1970년에 처음 시작된 샌디에이고 코믹콘에 참가한 사람은 고작 145명에 그쳤지만, 이후 점차 인기를 얻으며 2015년에는 참가자 수가 16만 7천 명으로 급증했다. 2016년에는 18만

5천 명의 팬들이 뉴욕 코믹콘 행사장을 가득 채웠다. 2017년 플로리다주의 휴양지 포트로더데일Fort Lauderdale에서 진행되는 플로리다 슈퍼콘Florida Supercon에는 5만 3천 명이 모였다. 이러한 코스프레 행사에서는 TV와 영화에서 활약한 스타들을 볼 수 있고, 코스프레 의상 콘테스트와 코스프레 레슬링, 각종 게임, 대중문화를 주제로 한 토론회 등 다양한 프로그램을 즐길 수 있다. 칼이나 왕관부터 만화책, 캐릭터를 작게 축소해놓은 피겨figure까지 온갖 물건을 파는 수많은 상점들도 마련된다. 물론 행사에 참여하는 모든 사람들이 코스튬플레이어는 아니다. 하지만 코스튬을 갖춰 입은 사람들이 대부분이라서 어쩌다 평범한 옷차림을 한 사람이 나타나면 군중 사이의 오리만큼이나 색달라 보인다.

코스튬플레이어는 크게 두 종류로 나뉘는데, 재미로 의상을 입는 아마추어와 코스프레로 생계를 꾸리는 전문 직업인이다. 코스튬플레이어로 생계를 유지하는 데는 몇 가지 방법이 있다. 보통 의상을 착용한 자신의 모습을 찍은 사진이나 달력 등을 웹사이트나 소셜미디어, 혹은 행사장에서 판매한다. 특정 기업의 모델로 일하거나 무기, 갑옷, 가발, 의상, 장신구와 같은 코스프레 용품을 제작해 파는 경우도 있다. 실제로 코스프레 용품 시장의 규모는 엄청난 것으로 알려져 있다. 일본 코스프레 의상 제조사들에 따르면 2008년 한 해 동안 350억 엔의 수입을 올렸다고 한다. 아마추어든 전문 직업인이든 코스프레의 핵심 요소는 사람의 마음을 끄는 것이다. 즉, 캐릭터를 가장 매력적인 방법으

2017년 플로리다 슈퍼콘에 참가한 코스튬플레이어들

로 표현하는 것이 가장 중요하다. 도마뱀 머리를 한 외계인일지라도 코스튬플레이어가 그 모습을 가능한 정확하고 세밀하게 공들여 재현한다면 매력적일 수 있다.

성도 코스프레의 주요 요소 중 하나인데, 이는 종종 문제가 되기도 한다. 코스프레 행사장에서는 거의 벗은 것이나 다름없는 코스튬플레이어를 흔히 볼 수 있다. 그렇다 보니 몇몇 코스프레 행사에서는 행사가 열리는 지역의 음란 행위 처벌 기준을 코스튬플레이어가 위반하지 못하도록 규제하기도 한다. 오프라인 행사장에서 이런 규칙을 어기는 경우는 매우 드물다. 그러나 온라인상에서는 누드 코스튬플레이어들이 활발하게 활동한다. 누군가는 누드는 의상을 입은 것이 아니니 코스프레라고 할 수 없다고 주장할지도 모르겠다. 어쨌든 맨몸에 분홍색 가발 하나를 걸치고 활동하는 코스튬플레이어도 있다. 18세기에 가장무도회를 반대했던 사람들이 오늘날의 누드 코스튬플레이어를 본다면 아연실색할 것이다.

그렇다면 사람들은 왜 코스튬플레이어가 되는가? 전문 직업인이라면 그 답은 명확하다. 돈 때문이다. 취미로 코스튬플레이어가 되는 사람은 어떤가? 이들은 전문 직업인들보다 훨씬 많지만, 코스프레로 돈을 벌고자 하는 마음이 없다. 2017년 플로리다 슈퍼콘에 한 여성이 얼굴을 새까맣게 칠하고 긴 검정색 드레스를 입은 채 누군가의 악몽에나 나올 법한 모습으로 등장했다. 그녀는 두 딸과 딸의 친구 1명을 데리고 행사에 참가했는데,

그녀만큼 무시무시한 모습은 아니었지만 아이들도 코스프레 의상을 차려입고 있었다. 그녀는 자녀와 함께 즐길 수 있는 코스튬을 찾던 중 미국의 TV 애니메이션 〈숨겨진 숲의 비밀Over The Garden Wall〉에 나오는 괴물을 발견했다고 한다. 그 후 행사 때 입을 의상과 소품을 만드는 데 꼬박 1년이 걸렸다. 아마추어인 그들이 하는 일이라야 의상을 입고 걸어 다니다 사진 요청이 있을 때 포즈를 취하는 것이 전부였지만 누구보다 재미있어 보였다. 같은 날 참가자들 중에는 코스프레 동호회인 사우스 플로리다 해적단South Florida Pirates 소속의 3인조도 있었다. 그들은 보통의 해적 복장 대신에 1891년 빅토리아시대 스팀펑크풍의 의복으로 화려하게 꾸민 모습이었으며 의상 콘테스트에도 나갔다. 그들은 코스프레 의상을 갖춰 입고 병원을 방문하거나 자선모금 행사에 참여하는 등 봉사 활동을 많이 한다고도 이야기했다. 코스프레 동호회 덕분에 무언가 여럿이 할 수 있는 일이 생겨서 즐겁다고도 덧붙였다. 이 세 젊은이들은 코스프레 행사에서 가장 중요한 것은 '몰려다니며 즐겁게 시간을 보내는 것'이라고 말했다.

확실히 코스프레는 재밌다. 하지만 코스프레에는 재미를 능가하는 진지한 요소도 존재한다. 코스튬플레이어가 어떤 캐릭터를 재창조하기로 선택한 데에는 특별한 이유(그것을 명확하게 인식하지 못하더라도)가 있다. 그들이 선택하는 가면과 의상은 자신의 결점이나 욕망, 다른 존재가 되고 싶은 바람을 나타낸다. 따라서 그것은 개인의 선택인 동시에 그 사람의 심리적 결핍을 충족시키는 역할을 한다. 어쩌면 일종의 가면 치료라고 볼 수도 있을 듯하다.

   핼러윈 의상 역시 마찬가지다. 아이가 단순히 '근사하다'면서 《닌자 거북이Teenage Mutant Ninja Turtles》의 등장인물 중 하나로 분장하고 싶다고 말할 수도 있다. 하지만 '근사하다'라는 말의 이면에는 입 밖에 내지 않았지만 분명히 무언가가 더 있다. 코스프레 의상을 입은 성인이라면 자신의 선택의 이유를 자세하게 설명할 수 있을 것이다. 그들의 선택은 자신의 본성과 관련된 중요한 어떤 것을 보여준다. 겁 많고 소심한 사서가 핼러윈 파티장에 섹시한 원더우먼의 모습으로 나타난다면 그녀는 현실의 자신이 아닌 다른 무엇이 되고 싶다는 열망을 실현하고 있는 중일 수 있다.

   켈트족의 전통에서 유래한 핼러윈 축제는 로마의 포모나Pomona 축제(과일과 씨앗의 여신 포모나에게 감사를 표하는 수확 축제)와 파렌탈리아Parentalia(죽은 자들을 위한 축제)의 영향도 받았다. 켈트인들은 수확의 계절이 끝나고 '어둠의 계절'인 겨울이 시작되는 시점에 삼하인Samhain 축제를 열었다. 그들은 삼하인 축제날(전통적으로 10월 31일)에 산 자와 죽은 자(초자연적 세계) 사이에 있는 장막이 얇아져서 영혼이 사람들 사이를 배회하며 못된 짓을 저지른다고 믿었다. 따라서 소중한 곡식과 가축을 잃지 않으려면 음식과 술을 제물로 바쳐 영혼들을 달래야 했다. 또 삼하인의 밤에는 죽은 자들의 혼이 사랑하는 가족에게 대접을 받으러 생전에 살던 집으로 되돌아온다고도 믿었다. 죽은 자들을 위해 집 밖에 음식과 술을 차려두는 이 고대의 전통은 오늘날 전 세계에서 발견된다. 여러 아시아 국가들은 배고픈 귀신들을 위한 축제를 열고, 아메리카 대륙의 멕시코 히스패닉 공동체에서는 10월 말에서 11월 초 사이에 디아 데 로스 무에르토스^{Día de los Muertos}(망자의 날) 축제를 연다.

　　삼하인 축제날 어두운 밤거리를 배회하는 모든 초자연적 존재들이 가족을 찾아온 악의 없는 장난꾸러기인 것은 아니었다. 사악하고 불길한 존재도 많았다. 사람들은 그런 존재들이 자신을 알아보지 못하도록 가면과 의상을 착용했다. 이때 되도록 악령처럼 보이도록 꾸몄는데, 산 자들의 세계를 떠도는 죽은 영혼들 중 하나로 보이면 악령의 괴롭힘을 피할 수 있을 거라 여겼기 때문이다. 흥미롭게도 이는 일반적인 셰이프시프팅과 다르다. 가면과 의상이 죽은 영혼을 불러들이는 역할을 한다는 것은 같지만, 초자연적 존재로 변신하는 것이 아니라 변장으로 영혼들을 혼동시켜서 자신의 세계에 안전하게 머무르기 위한 도구이기 때문이다.

　　핼러윈데이에 스파이더맨, 포켓몬, 바트 심슨, 도널드 트럼프 등 유명한 캐릭터나 인물로 분장하는 요즘 아이들이 핼러윈에 변장을 하는 진짜 이유를 알고 있는지는 잘 모르겠다. 아마도 아이들에게 핼러윈의 목적은 달콤한 사탕이 전부일 것이다.

유령이나 마녀, 뱀파이어, 늑대인간 같은 초자연적 존재들을 흉내 내기 위해 보다 전통적인 의상을 입는 사람들도 있다. 어쩌면 이들 중 몇몇은 핼러윈에 특별한 복장을 해야 하는 이유를 알고, 핼러윈데이의 밤에는 다른 이들과 노닥거려서는 안 된다고(그러다 못된 영혼을 만날 수 있다) 생각할 수도 있다.

가면과 의상을 이용한 변신은 감춰진 욕망을 안전하게 발산할 수 있는 방법이다. 가면을 쓰고 의상을 입은 사람도 그 변신이 영원하지 않다는 사실을 잘 알고 있을 것이다. 그래도 잠시 동안 완전히 다른 누군가가 되는 즐거움은 누릴 수 있다.

9
대중문화 속 셰이프시프터
그 신비로운 존재들은 어떻게 재탄생되었나

어느 날 아침, 자면서 불안한 꿈을 꾸다 깨어난 그레고르는 한 마리의 흉측한 벌레로 변해 침대에 누워 있는 자신을 발견했다. 그는 갑옷처럼 딱딱한 등을 대고 누워 있었는데, 고개를 약간 들어보니, 마찬가지로 딱딱한 껍질이 마디를 이룬 활 모양의 불룩한 갈색 배가 보였고, 그 위에 이불이 금방이라도 흘러내릴 듯 간신히 걸려 있었다. 다른 부위에 비해 형편없이 가느다란 여러 개의 다리들이 눈앞에서 허우적거리고 있었다.

- 프란츠 카프카 Franz F. Kafka , 《변신 Metamorphosis》(1916)

✝✝✝

잠자리에 들었을 때는 인간이었는데 일어나보니 '흉측한 벌레' 가 되어버린 자신을 발견하는 것은 끔찍한 악몽 같은 경험일 것이다. 하지만 그레고르 잠자Gregor Samsa는 자신의 새로운 모습을 최대한 냉정하게 살펴본다. 그가 궁금해하는 것은 놀라울 정도로 일상적인 문제들이다. 오늘 출장을 가야 하는데 기차 출발 시간에 늦지 않게 도착할 수 있을까? 아침 먹을 시간은 있을까? '나한테 무슨 일이 벌어진 거지?'라는 의문도 머릿속을 스쳐 지나가기는 하지만, 그의 관심은 거대한 해충이 되어버린 지금 어떻게 해야 일상을 계속 이어나갈 수 있는지에 집중된다.

그레고르의 변신은 자발적이지 않다. 또한 프란츠 카프카는 그 변신이 어떻게, 왜 일어났는지에 관해 독자에게 어떤 실마리도 주지 않는다. 그건 그냥 일어났을 뿐이다. 일반적으로 문학 작품에 등장하는 셰이프시프터들은 마녀, 마법사, 주술사처럼 자신의 마법 능력으로 변신하거나, 저주에 걸리거나, 혹은 중대한 잘못을 저질러 모습이 바뀌는 경우가 대부분이다. 그레고르 잠자에게 일어난 '난데없는' 변신은 문학에서 좀처럼 찾아보기 힘든 일이며 카프카의 실존주의 사고방식과도 크게 배치된다. 실존주의에서는 독자적인 행위 주체로서의 개인personal agency을 중시하며 선택, 자유의지, 해방 그리고 진리를 신봉한다. 소설 속에 상세히 묘사되어 있듯, 그레고르의 인생은 타자에 의해 통째로 연출되고 결정되어버렸다. 어쩌면 그 타자 역시 벌레일지 모를 일이다.

그레고르 잠자에게 독자적인 행위 주체성이 결여되어 있다면, 직접 개발한 약물로 하이드Hyde 씨로 변신하는 헨리 지킬Henry Jekyll 박사는 자신의 사악하고 부도덕한 면을 기꺼이 받아들인다. 소설《지킬 박사와 하이드 씨》를 집필한 로버트 루이스 스티븐슨은 지킬 박사의 입을 빌려 왜 그가 사악한 셰이프시프터가 되려고 했는지를 설명한다.

그때만 해도 나는 무미건조한 연구 생활의 지겨움을 견디지 못했다. 가끔씩 신나게 놀고 싶었다. 그러나 내가 쾌락을 즐긴다는 것은 아주 관대하게 보려 해도 점잖지 못한 짓이었다. 나는 유명하고 존경받는 위치에 있었을 뿐 아니라 거의 노인에 가까운 나이였기 때문에 그에 어울리지 않는 행동을 하기는 점점 더 어려워졌다. 나의 새로운 힘은 바로 이 점을 파고들어 나를 유혹했고, 결국 나는 그 힘의 노예로 전락했다. 약을 마시는 즉시 나는 유명한 교수의 몸에서 벗어났고, 두꺼운 망토를 껴입듯이 에드워드 하이드로 바뀔 수 있었다.

처음에는 변신이 걱정스러웠던 지킬 박사도 곧 자신의 셰이프시프터 하이드 씨에게 모든 것을 맡긴다. 하이드 씨는 체면이나 도덕성을 손톱만큼도 가지고 있지 않다. 지킬 박사는 계속 말을 이어간다.

옛날에도 사람들은 자객을 고용하여 대신 범죄를 저지르게 하고 자신의 몸과 명성을 지켰다. 하지만 쾌락을 얻기 위해 그렇게 한 사람은 내가 처음이었다. 대중 앞에서는 품위 유지의 책임이라는 짐을 힘겹게 짊어지고 있다가 잠시 후 남의 옷을 빌려 입은 듯한 불편함을 다 벗어버리고 마치 어린 소년처럼 자유의 바다로 뛰어든 사람도 내가 처음이었다. 그러나 꿰뚫을 수 없는 망토를 걸치고 있는 한 나는 전적으로 안전했다. 생각해보라. 나는 존재하지도 않았다! 연구실로 피신해 항상 미리 준비해두는 약을 마실 단 몇 초의 시간만 있다면 에드워드 하이드는 거울 위의 입김 자국처럼 사라져버린다. 그가 어떤 짓을 했든 말이다. 그리고 그 자리에는 조용히 집에 머물면서 밤새 서재에 틀어박혀 연구하는, 어떤 혐의도 가볍게 넘겨버릴 수 있는 헨리 지킬이 서 있을 것이다.[1]

지킬 박사가 하이드 씨로 변신하게 된 동기는 우리 모두가 내면에 감추고 있는 이중적 본성(고결하고 도덕적인 고차원적 자아와 동물적이며 부도덕하고 저급한 천성)과 직접적인 관계가 있다. 우리가 나체로 숲을 가로질러 달려가지 않는 이유, 달을 보고도 울부짖지 않는 이유는 사회가 우리를 법적·도덕적으로 구속하기 때문이며, 동시에 사회를 질서정연하게 유지하자는 암묵적인 약속이 상호 간에 존재하기 때문이다. 하지만 지킬 박사가 말했듯 거추장스러운 문명의 장신구를 벗어버리고 나쁜 행동에 빠지고 싶다는 생각이 우리를 유혹한다. 지킬 박사는 존경받는 의사이자 공동체의 중심이라는 자신의 모습이 모든 악행에 완벽한 면죄부가 된다고 믿는다. 어떤 일을 하든 그것에 면죄부가 주어진다면 대부분의 사람들이 하이드 씨와 같은 길을 가지 않을까? 이는 어렵지만 아주 중요한 도덕적 질문이다. 그러나 우리는 이에 대해 생각하기를 의식적으로 꺼린다. 그래서 이 질문은 현실에서 논하기보다 셰이프시프터가 등장하는 문학 작품들을 통해 제기되어왔다. 셰이프시프터가 이러한 논의를 부담 없이 나누도록 만들어주는 장치가 되어주기 때문이다.

　　미국의 작가 앤 라이스Anne Rice의 소설《뱀파이어와의 인터뷰Interview With The Vampire》에 등장하는 유명한 뱀파이어 레스타트Lestat는 스테프니 메이어의 〈트와일라잇〉 시리즈에 등장하는 뱀파이어들처럼 어떠한 제약도 없는 삶을 산다. 그들은 매력적이고 부유하며 섹시하고 자신의 욕망을 과도할 정도로 탐닉한다. 레스타트는 사람을 죽여야 자신의 영생을 누릴 수 있는 사실에 양심의 가책을 느끼지만, 그렇다고 해서 삶의 방식을 바꾸지는 않는다. 〈트와일라잇〉 시리즈에 나오는 보다 현대적이고 온화한 뱀파이어들은 살인을 하는 대신 피를 구입하거나 동물의 피를 마시거나 아니면 자발적인 인간 기증자를 모색해왔다. 이 책들은 하나같이 죽어서 뱀파이어로 산다는 것이 그렇게 나쁘지만은 않다고 말한다. 이러한 생각은 뱀파이어에 대한 고전적 관념과 매우 다른 것이다. 브램 스토커의《드라큘라》에서 조너선 하커가 드라큘라 백작을 묘사한 부분을 살펴보자.

> 그의 얼굴은 억센 독수리 같은 인상을 풍겼다. 콧날이 날카롭고 콧마루가 오뚝하며 코끝은 아래로 삐죽하게 굽어 있었다. 이마는 툭 튀어나오고, 머리숱은 많았지만 관자놀이 부근은 좀 휑해 보였다. 눈썹 숱도 많아서 미간에서 거의 맞닿아 있었다. 두툼한 콧수염에 가려 잘 보이지는 않았지만 입매는 딱딱하고 조금 잔인한 느낌을 주었다.
> 또한 기이하게 날카로운 새하얀 이가 입술 위로 비죽 나와 있었는데, 그 입술이 유난히 붉어서 그의 나이에 걸맞지 않는 생기가 느껴졌다. 귓바퀴는 파리하고 끝이 매우 뾰족했다. 턱은 크고 강해 보였으며 뺨은 여위었지만 단단했다. 그의 얼굴이 주는 전체적인 인상은 이상할 정도로 창백해 보인다는 것이었다.[2]

당연히 '이상할 정도로 창백'했을 것이다. 하커가 보고 있는 건 되살아난 시체였으니 말이다. 이어서 하커는 백작의 손도 묘사한다. 그의 손은 손등뿐 아니라 손바닥까지 털이 나 있었으며, 가늘고 긴 손톱의 예리하게 다듬어져 있었다. 다른 무엇보다 하커에게 큰 거부감을 불러일으킨 것이 바로 이 손이었다. 드라큘라가 하커의 손을 쓰다듬자 그는 메스꺼움을 느끼며 몸서리쳤다. 이처럼 섬뜩한 뱀파이어의 모습은《드라큘라》이전의 문학 작품에서도 발견된다. 제임스 맬컴 라이머와 토머스 페킷 프레스트의 로맨스 소설《바니 더 뱀파이어》(《피의 축제 Feast of Blood》라는 제목으로 불리기도 한다)에는 뱀파이어 바니가 침실 창문을 깨고 들어와 겁먹은 처녀의 침대로 서서히 다가가는 장면이 나온다.

> 그것이 반원을 그리며 몸을 돌리자 불빛에 얼굴이 드러났다. 그의 얼굴은 핏기가 없이 새하얗다. 눈은 윤을 낸 양철 같고 입술은 말려들어가 있다. 섬뜩한 눈 못지않게 눈에 띄는 것은 이빨이다. 마치 야생동물의 것처럼 날카롭고 소름 끼칠 정도로 반짝이는 하얀색 이빨이 입 밖으로 튀어나와 있다. 그것이 미끄러지듯 기묘하게 움직이며 침대로 다가온다. 손가락 끝에 붙여놓은 것마냥 긴 손톱들이 서로 부딪히며 딱딱 소리를 낸다.[3]

이 소설에서는 첫 페이지부터 여러 장에 걸쳐 뱀파이어 바니를 상세히 묘사한다. 바니가 창문을 통해 침실에 들어올 때 바깥에서는 성난 폭풍이 사정없이 몰아친다. 이름 모를 소녀는 깨어 있긴 하지만 팔다리는 물론 목소리까지 마비된 듯 무력해 보인다. 그래서인지 괴물이 다가오는데도 공포에 질려 바라보기만 할 뿐이다. 작가는 소녀의 '아름답고 성숙한 팔다리', '폭포처럼 흘러내리는 머리카락', '볼록한 젖가슴'도 공들여 묘사하는데, 이는 당시 로맨스 문학의 특징이기도 했다. 소녀는 결국 뱀파이어의 마수에서 벗어나지 못하고 그의 먹이가 되고 만다.

뱀파이어 묘사로 시작된 소설의 도입부는 에로틱한 장면으로 끝난다. 침구가 침대에서 떨어지고, 소녀의 긴 머리가 침대 위에 흐르듯 펼쳐진다. 뱀파이어는 뼈만 남은 손으로 그녀의 길고 치렁치렁한 머리카락을 움켜쥐고서 그녀를 결박한다. 곧이어 소녀의 머리카락을 잡아채 머리를 뒤로 젖히게 한 뱀파이어는 자신의 긴 송곳니를 드러난 소녀의 목에 박아 넣는다. 이 장면을 보면 뱀파이어와 소녀 사이에 성관계가 있었음을 짐작할 수 있는데, 이 소설보다 나중에 출간된《드라큘라》같은 작품들에서도 뱀파이어와 여성 희생자 사이에 성관계가 이루어진다는 것이 강하게 암시되어 있다(책에 직접적인 언급은 없다). 하지만 이것은 단순한 성교가 아니다. 자신의 의지와 무관하게 어쩔 수 없이 힘에 굴복해야 하는 피해자들에게 이 행위는 강간이다.

이런 내용은 문학 속 셰이프시프터들 사이에서 새로운 것이 아니다. 오비디우스의《변신 이야기》에는 신들, 특히 제우스가 다양한 동물로 변신하여 반항하는 여성들에게 성폭력을 가하는 이야기가 숱하게 등장한다. 또한 초기 뱀파이어 소설에는 동성애적 장면도 나온다. 1872년 발표된 셰리든 르 파누의《카밀라》는 뱀파이어 장르에 여성 동성애를 도입한 최초의 소설이었다. 칸스타인 카밀라Karnstein Carmilla 백작 부인(사실 그녀는 미르칼라Mircalla라는 이름의 나이 많은 뱀파이어다)과 순진한 소녀 로라Laura 사이에 존재하는 성적 끌림은 여성 동성애적 요소를 있는 그대로 보여준다.

1847년 출간된 제임스 맬컴 라이머와
토머스 페킷 프레스트의 소설 《바니 더 뱀파이어》

기이할 정도로 아름다운 부인은, 한 시간쯤 냉담하게 모른 척하다가도 이내 다가와 내 손을 잡고 다정하게 지그시 눌렀다. 그러기를 몇 번이나 반복했다. 그러다 나른하지만 열렬한 눈으로 내 얼굴을 응시했다. 얼굴이 약간 붉어지더니 숨이 가빠지며 호흡을 따라 옷도 위아래도 들썩였다. 연인 사이에나 보일 법한 열정이 나를 당혹스럽게 했다. 이런 행동이 싫었지만 저항할 수 없는 힘이 느껴졌다. 그녀는 흡족한 눈을 하며 나를 끌어당겼다. 그녀의 뜨거운 입술이 내 볼에 키스를 퍼부었다. 그녀가 거의 흐느끼는 듯한 목소리로 속삭였다. "넌 내 거야, 앞으로도 그럴 거고. 너와 난 영원히 하나란다." [4]

로라는 자신이 카밀라에게 욕정을 느낀다는 사실에 혼란스러움과 자괴감을 느끼며 고통스러워한다. 르 파누가 살던 빅토리아시대에 이러한 감정은 깨닫게 되어도 공개적으로 말할 수 없는 것이었다. 따라서 이런 생각 가졌던 여성들은 고립감을 느낄 수밖에 없었을 것이다. 《카밀라》는 여성 섹슈얼리티에 대한 사회적 논문이 아니다. 하지만 당시에 그러한 문제로 고군분투하고 있었던 여성들에게 상당한 위안이 되었을지도 모른다. 어쨌든 적어도 《카밀라》는 몇 년 후 책과 영화에 등장하게 될 레즈비언 뱀파이어들이 활약할 수 있는 장을 열어주었다.

문학 작품에 등장하는 셰이프시프터들, 특히 뱀파이어는 이따금 사회의 성적 관행이나 금기를 조명하는 역할을 한다. 그들은 그러한 관행과 금기를 사회적으로 비판하기보다는(그러한 비판이 바탕에 깔려 있을 수는 있다) 우리가 성생활을 영위하는 방식과 이유를 보여준다. 그들의 유동적인 정체성이 성 역할gender role에 유연성을 부여하고 성적 탐색을 고취시킬 수도 있다. 이 에로틱하고 선정적인 바다에 지나치게 빠져들지만 않는다면, 셰이프시프터라는 문학적 소재가 표상하고 있는 다른 주제들도 발견하게 될 것이다.

심리학자들은 우리가 새로운 사람을 만날 때, 자신을 얼마나 객관적이라고 생각하는지와 무관하게 몇 초 만에 그 사람에 대한 관찰을 마치며, 이 관찰이라는 것이 대개는 외모에 기초해서 이루어진다고 말한다. 키가 작은 사람보다는 큰 사람이, 과체중인 사람보다는 적정 체중인 사람이 직장에서 더 높이 승진한다는 연구 결과도 있다. 물론 이러한 선호는 피상적이고 자의적이며 개인의 직무 수행 능력과는 관련이 없다. 하지만 우리는 키와 몸무게, 머리나 눈의 색깔, 걷고 움직이는 모습, 말하는 방식, 입고 있는 옷 등 우리의 무의식으로 흘러들어오는 무수한 무작위적 정보에 기초해서 그 사람이 어떤 사람인지를 추정한다. 우리가 이렇게 하는 이유는 무엇인가? 한 이론에 따르면, 우리는 생존하기 위해 그렇게 행동하는 것이라고 한다. 그도 아니면 최소한 그것이 인류가 발전시켜온 사유 과정의 첫 번째 단계였기 때문이라고도 주장한다. 원시인류는 친구와 적, 가족과 '타자',

안전과 위험을 즉시 구분할 수 있어야 했다. 이를 위해 인간의 뇌는 감각을 통해 수집된 정보를 빠르게 분류하여 '유형'을 만들고 각 유형에 적절하게 반응하는 법을 학습해왔다. 그리고 우리의 뇌는 여전히 같은 방식으로 작동한다. 즉, 대부분의 사람들은 첫인상에 기초하여 상대를 평가한다.

그동안 여러 문학 작품들에서 셰이프시프터라는 소재와 첫인상이라는 관념이 적절히 결합되어왔다. 그림 형제의 동화 〈개구리 왕자〉에서는 아름다운 공주가 연못에 갔다가 황금 공을 잃어버린다. 공을 가져간 것은 '추하게 생긴' 개구리다. 개구리는 자신을 공주가 사는 성으로 데려가 같은 그릇에 밥을 먹고 같은 침대에서 자게 해주겠다고 약속한다면 공을 돌려주겠다고 말한다. 공주는 개구리가 몹시 거슬리고 싫었지만, 개구리가 성까지 찾아올 수는 없을 거라고 생각하며 개구리와 약속을 한 뒤 공을 돌려받는다. 공주는 공을 받자마자 자기도 함께 데려가라며 소리치는 불쌍한 개구리를 뒤로 한 채 성을 향해 달아난다. 하지만 그날 밤, 기어코 성으로 가는 길을 찾아낸 개구리가 성문을 두드린다. 공주는 미끌미끌하고 사마귀가 잔뜩 돋아난 개구리와는 아무것도 하고 싶지 않다. 그러나 아버지인 왕은 그녀에게 약속을 지켜야 한다고 말한다. 개구리는 공주의 접시로 저녁을 먹고 공주의 베개를 베고 잠이 들었다가 첫 번째 밤이 지난 후 성을 떠난다. 다음 날도, 그다음 날도 같은 일이 반복된다. 세 번째 밤이 지나 아침이 되었을 때 잠에서 깨어난 공주는 자신의 침대

발치에 잘생긴 왕자가 서 있는 것을 발견한다. 왕자는 사악한 요정이 자신을 추한 개구리로 바꾸어놓았지만 자신을 향한 공주의 사랑이 저주를 풀어 인간의 모습으로 되돌아왔다고 설명한다. 당연히 그들은 결혼하고 그 후로 오랫동안 행복하게 산다.

이 셰이프시프터 개구리는 공주를 혼란스럽게 했다. 공주의 뇌 속에는 그러한 생명체에 판단할 수 있는 정보나 유형이 존재하지 않았다. 과거의 관찰과 경험에 비추어볼 때 '개구리' 유형과 '왕자' 유형은 있었지만 '개구리-왕자' 유형은 없었던 것이다. 이 이야기에서 독자는 눈에 보이는 겉모습을 넘어 진정한 내면을 보려는 행동은 가치 있으며, 그렇게 해야 비로소 잘생긴 왕자를 만날 수 있다는 도덕적 교훈을 얻는다. 문학 속 셰이프시프터들은 다른 등장인물에게, 나아가 독자에게 외모에 기초하는 개인적 편견에 대해 다시 생각해볼 것을 요구한다. 그렇다고 해서 내면을 들여다본 결과가 항상 잘생긴 왕자와의 해피엔딩인 것은 아니다. 카밀라처럼 아름다운 여성이 피를 빨겠다고 달려들 수도 있고, 점잖은 지킬 박사가 돌변해 지팡이로 때려죽이려 할 수도 있다. 어찌됐건 셰이프시프터는 우리에게 개인적인 고정 관념을 넘어 진정한 내면의 본질(좋은 것이든 나쁜 것이든 간에)을 보라고 이야기한다.

때때로 셰이프시프터들은 변신으로 인해 곤경에 처하기도 한다. 보통 〈개구리 왕자〉에서처럼 주인공이 사악한 인물이나 저주에 의해 본의 아니게 변신하게 되는 이야기에서 그렇다.

개구리 왕자는 연못에 빠진 황금 공을 찾아주는 대신
공주가 사는 성으로 데려가달라고 말한다.

그리 잘 알려져 있지는 않지만, 그림 형제의 원본 동화에서는 왕자가 본래의 모습으로 되돌아간 것이 공주의 키스 덕이 아니다. 공주가 개구리를 혐오하며 벽에 집어던졌고, 그 충격으로 개구리 안에 있던 원래의 자아가 겉모습을 깨고 나온 것이다. 로알드 달Roald Dahl의 동화《마녀를 잡아라The Witches》에서 주인공 소년이 마녀 때문에 생쥐로 변신하게 되었다면, 고든 딕슨Gordon R. Dickson의 소설《조지와 드래건》에서 조지는 판타지 세계에 보내져 용으로 변신당한다. 변신 상태에서 이 인물들은 어떤 새로운 난관들을 맞닥뜨리고, 이를 어떻게 극복할까?

이러한 유형의 이야기에서 셰이프시프터가 직면하는 난관은 변신 전 평범한 상태였을 때 직면했던 것과는 차원이 다르다. 그것은 예측하지 못했던 일이며 해결하기에 매우 까다롭기까지 하다. 이 새로운 세계에서는 현실 세계에서 난관을 해결할 때 사용했던 방법들을 적용할 수 없기 때문이다. 하루아침에 쥐가 된 어린 소년이 쥐덫을 피하는 기가 막힌 방법이나 쥐꼬리를 자르려는 요리사에게서 도망치는 방법(《마녀를 잡아라》의 주인공 소년에게 일어나는 일들)을 어떻게 미리 준비해두겠는가? 그레고르 잠자는 자신이 거대한 벌레가 되었다는 사실을 그저 외면하려고만 했고, 그 결과 죽게 된다. 이 난관과 갈등은 변신한 주인공의 용기와 지혜, 힘을 시험한다. 이를 극복하기 위해서는 우선 당면한 문제의 본질을 이해해야 하고, 나아가 달라진 자아의 본성 또한 이해해야 한다. 문제 해결 방법을 찾는 것은 그다음의 일이다. 즉, 어려움을 극복하고 평범했던 자아로 되돌아가기를 바란다면 심사숙고하고 창의력을 발휘할 필요가 있다. 독자는 주인공이 그의 딜레마를 해결하는 과정을 따라간다. 그러면서 주인공이 직면한 딜레마가 자신이 현실에서 마주하고 있는 문제와 동일한 것으로 여길 수 있다. 따라서 주인공이 문제를 해결해나가는 고민과 창조의 과정은 독자가 자신의 문제를 해결하는 데 (무의식적으로라도) 도움이 될지도 모른다.

이러한 역할을 맡기는 것이 문학에게 너무 무리한 요구일까? 확실히 이야기 속에는, 모든 등장인물(셰이프시프터든 아니든)에게는 특별한 힘이 있어서 우리의 생각과 감정, 행동에 영향을 미칠 수 있다. 지킬 박사의 사례가 보여주듯이 변신 능력은 악한 사람들에게 효과적인 수단이 된다. 그림 형제의 동화 〈여섯 마리 백조〉에서 심술궂은 새엄마(그림 동화에 공통적으로 등장하는 악역이다)는 마법의 옷을 자신의 의붓자식 6명에게 던져 그들을 백조로 바꾸어버린다. 이따금 변신 능력은 뜻하지 않게 발현되기도 한다. 역시 그림 형제의 동화인 〈열두 형제〉에서 주인공 소녀는 게으른 오빠들이 까마귀로 변해버렸으면 좋겠다고 생각한다. 그런 생각을 하자마자 까마귀 열두 마리가 하늘로 날아오르는 모습을 보게 되는데, 그와 동시에 그녀의 오빠들도 영원히 사라져버린다.

물론 모든 문학 속 셰이프시프터들이 자신의 의지에 상관없이 강제로 변신을 당하기만 하는 것은 아니다. 필요에 따라 자유자재로 변할 수 있는 등장인물들도 많다. 그중 가장 대표적인 예는 짐 버처Jim Butcher의 〈드레스덴 파일The Dresden Files〉과 조지 마틴George R. R. Martin의 〈얼음과 불의 노래A Song of Ice and Fire〉라는 판타지 소설 시리즈일 것이다. 〈드렌스덴 파일〉에는 늑대인간이 나오고, 〈얼음과 불의 노래〉에는 자신의 정신을 투사하여 다른 동물들을 조종할 수 있는 존재인 와르그warg가 등장한다. 다른 예들도 있다. 1937년에 출간된 톨킨J. R. R. Tolkien의 《호빗The Hobbit》에 나오는 베오른Beorn족은 곰으로 변신할 수 있는 셰이프시프터들이다. 미국의 소설가 데니스 매키어넌Dennis L. McKiernan의 1992년 작품 《사냥꾼의 눈The Eye of The Hunter》에도 곰-인간인 우루스urus가 나오는데, 이들은 곰으로 변하면 다시 인간의 모습으로 돌아가지 못할 수도 있다. 이 셰이프시프터들은 자신의 변신을 거의 통제할 수 있다. 따라서 변신이라는 소재 자체는 독자에게 난관과 갈등을 통한 심리적 탐색을 제공한다기보다 줄거리를 풀어나가는 데 도움이 되는, 기계적이지만 흥미로운 장치로써 기능한다.

셰이프시프터 이야기를 연구할 때 재미있는 주제 가운데 하나는 '작품 속의 다른 인물들이 셰이프시프터를 어떻게 생각하는가'다. 저주 때문에 변신이 이루어지는 인물에게 사람들은 어떤 감정을 느낄까? 욕을 할까? 아니면 측은하게 여길까? 동물로 변신한 모습에 혐오감을 느끼지는 않을까? 셰이프시프터가 자발적으로 변신한 것이라면 사람들이 그를 두려워하거나 그에게 존경심을 표하거나, 심하게는 숭배하거나 하지는 않을까? 극중 다른 인물들이 셰이프시프터를 신뢰할 수 있을까? 셰이프시프터는 그 본성상 양면성 혹은 다중성을 지닐 수밖에 없다. 그렇다면 어떤 것이 진짜로 믿을 수 있는 자아인가?

스티븐 킹의 소설 《그것It》에 등장하는 섬뜩하고 사악한 어릿광대 페니와이즈Pennywise (짧게 '그것'이라고 불리기도 하는 괴물)는 메인주의 작은 마을 데리에 재앙을 몰고 온다. 페니와이즈는 그저 무서운 광대가 아니라 수백만 년 전 소행성을 타고 지구에 온 외계 셰이프시프터다. 그것은 27년마다 잠에서 깨어나 아이들을 잡아먹는다. 희생자들이 공포에 떠는 것을 좋아하기 때문에 그들이 가장 무서워하는 존재로 변신해 나타난다. 그것은 루저 클럽이라는 모임에 속한 마을 소년들의 앞에 여러 모습들(미라, 문둥이, 유령, 늑대인간, 욕실 세면대에서 분수처럼 솟아오르는 피, 익사한 소년)로 나타난다. 자신이 두려워하는 것과 마주친 아이들은 심리적 문제에 직면하고 앞서 우리가 나눈 질문들을 스스로에게 던지기 시작한다. 페니와이즈는 아이들을 도와주려는 선량한 심리치료사가 아니다. 그것은 공포를 살인의 도구로 쓰는, 그야말로 악惡 그 자체다. 아이들의 환심을 사는 데 친근한 어릿광대의 모습으로 접근하는 것보다 더 좋은 방법이 있겠는가? 킹의 소설에서 페니와이즈가 루저 클럽의 소년 조지에게 어떻게 접근하는지를 살펴보자.

"조지, 보트 가지고 싶니?" 페니와이즈가 물었다. "네가 그렇게 좋아하는 것 같지 않으니까 자꾸 물어보잖아." 웃으면서 보트를 들어 올린 그는 커다란 오렌지색 단추가 달린 자루 모양의 실크 옷을 입고 있었다. 목에는 멋진 검푸른색 넥타이를 맸고 손에는 상냥한 미키마우스와 도널드 덕이 항상 끼고 다니는 것과 같은 흰색의 커다란 장갑을 끼고 있었다. 갑자기 그가 털썩 주저앉았다.⁵

셰이프시프터의 겉모습은 거짓이다. 페니와이즈는 다정한 어릿광대로 보이지만, 방심하는 순간 조지의 팔을 잘라버린다. 셰이프시프터로서 페니와이즈는 루저 클럽 아이들에게 자신의 공포와 마주하는 법, 사회를 위협하는 무리에 맞서 힘을 모으고 함께 싸우는 법, 자신의 본성(우리가 본성이라고 믿는 것, 우리가 싸워서 지켜야 하는 것)을 이해하는 법을 가르치는 중이다.

조앤 롤링Joan K. Rowling의 〈해리 포터〉 시리즈에는 셰이프시프터들이 넘쳐난다. 호그와트 마법학교의 3학년 학생들은 변신술 수업에서 '애니마구스animagus'가 되는 법을 배운다. 애니마구스는 동물로 변신할 수 있는 마법사와 마녀를 말한다. 이 마법은 어렵고 실패도 잦을 뿐 아니라 반인반수의 괴물이 되어 원래의 인간 모습으로 되돌아가지 못하게 될 수도 있다. 애니마구스는 언제든 변신할 수 있지만, 자신의 내면 성격과 가장 닮은 딱한 가지 동물로만 변신할 수 있다. 시리즈의 첫 번째 책인《해리 포터와 마법사의 돌Harry Potter and The Sorcerer's Stone》에서 맥고나걸 교수는 변신술 수업 첫째 날 교탁을 돼지로 바꿔 학생들을 깜짝 놀라게 하기도 한다.

> 그들은 모두 깊은 인상을 받았고 빨리 시작하고 싶어서 기다릴 수가 없었다. 하지만 자신들이 책상을 동물로 바꾸려면 아주 오랜 시간이 걸릴 것이란 사실을 곧 깨닫게 되었다. 엄청나게 많은 복잡한 주문을 받아 적고 나자 교수님은 학생들에게 성냥을 하나씩 나눠주었다. 학생들은 그 성냥을 바늘로 바꾸는 것부터 시작해야 했다. 6

호그와트 학생 중에는 변신술 수업이 전혀 어렵지 않은 아이들도 있었다. 이들은 선천적인 셰이프시프터인 메타모프마구스metamorphmagus다. 메타모프마구스들은 원하는 어떤 동물이나 사람으로도 변신할 수 있고, 머리색을 바꾸거나 코를 좀 더 길게 만드는 등 겉모습의 일부만 살짝 바꿀 수도 있다. 메타모프마구스의 힘은 상상을 초월하며, 애니마구스와 달리 유전되는 것이기 때문에 이들의 변신 재능은 학습될 수 없다. 이 점에서 메타모프마구스는 제어할 수 없는 변신 능력을 소유했던 고대의 셰이프시프터 신들과 비슷하다. 〈해리 포터〉 시리즈의 독자들은 세상에 온갖 종류의 셰이프시프터들이 존재한다고 믿어야 했다. 적어도 책을 읽는 동안에는 말이다. 그리고 이 시리즈가 세계적으로 엄청난 인기를 끌었다는 사실은 독자들이 책을 즐기기 위해 기꺼이 자신 내면의 의구심이나 불신을 제쳐두고 이야기에 몰입했다는 증거다. 책 속의 세상에서는, 나아가 그 세상을 탐닉하는 독자에게는 셰이프시프터가 이상하고 비현실적인 존재가 아니라 세상에 당연히 존재하는 정상적인 요소가 된다.

마리사 실버Marisa Silver는 2016년에 발표한 소설《리틀 낫씽Little Nothing》에서 독자들에게 비슷한 믿음(의심을 내려놓고 책 속의 세상을 믿을 것)을 요구한다. 소설은 나이 많은 부부에게서 주인공 파블라Pavla가 태어나는 장면으로 시작된다. 파블라는 난쟁이로 태어났고, 처음에는 부모조차도 그녀를 혐오스러워한다. 다행히 시간이 갈수록 부모는 파블라를 사랑하게 된다. 파블라가 10살이 되던 해에 부모는 키가 커지게 해준다는 말에 속아 독팔이 의사가 개발한 무시무시한 스트레칭 기계를 사서 딸의 몸에 부착한다. 기계가 작동하긴 했지만 알 수 없는 이유로 파블라는 늑대인간이 되고, 결국 의사의 관리가 필요한 기형 인간으로 전락해서 각지의 축제들을 순회하는 공연단의 일원이 되고 만다. 그녀는 가는 곳마다 엄청난 화제를 불러일으킨다.

변신의 결과는 깜짝 놀랄 만큼 끔찍했지만 과정은 그렇게 고통스럽지 않았다. 막 변하기 시작하는 여성의 몸이 그렇듯 파블라의 신체는 점점 성숙해지면서 매력을 풍겼다. 가슴은 보기 좋게 동그스름하고 가는 허리 아래로는 풍만한 엉덩이가 자리 잡았다. 하지만 얼굴에서는 과거의 아름다움(돌팔이 의사인 스메탄카도 파블라의 부모가 그녀를 데려왔을 때 귀엽다며 감탄했었다)이 사라졌다. 그녀의 눈은 이제 섬뜩한 노란색으로 바뀌었으며 두 볼은 흐린 적갈색 털로 뒤덮였다. 길어진 코는 주둥이라고 부르는 것이 더 적절해 보였고, 이 때문에 얼굴형도 괴상해졌다. 그녀의 키가 커지긴 했다. 하지만 솔직히 말하자면 이제는 이도저도 아닌, 어디에도 공식적으로 속할 수 없는 모습이 되어 버렸다.[7]

시간이 흘러 완전히 늑대로 변한 파블라는 돌팔이 의사 스메탄카를 공격해 잡아먹은 다음 늑대 무리와 함께 사라진다. 그 후 한동안 그녀는 늑대로 살며 새끼도 여러 마리 낳는다. 그러던 어느 날 그녀는 다시 변신하게 되었는데, 이번에는 여성 교도소에 복역 중인 죄수가 된다. 그녀는 부모를 살해했다는 죄목으로 유죄 선고를 받아 수감된 상태이지만 실은 무죄였다. 파블라는 기억상실증 환자처럼 과거에 대한 어렴풋한 이미지만을 가지고 있을 뿐 자신이 누구인지도 알지 못한다. 독방에 갇힌 파블라는 단식 투쟁을 벌였고, 얼마 뒤 감방에서 흔적도 없이 사라진다. 그 후 그녀가 어떻게 되었는지는 아무도 알 수 없었다. 소설이 거기서 끝났기 때문이다. 실버는 독자에게 파블라의 변신이 일어나는 장면을 보여주지 않는다. 난쟁이였던 파블라는 늑대인간이 되었다가, 그다음에는 완전한 늑대가 되었다가, 다시 죄수로 변하더니 어느 날 사라져버린다. 자의로 변신하는 셰이프시프터들과는 달리 파블라는 인간으로서의 의식을 유지하지 못하며, 흐릿하고 단편적인 기억만 가지고 있다. 변신을 통해 새로운 자아가 생기면 그녀는 그 자아의 의식을 순순히 받아들인다. 변신이 일어날 때마다 그녀에게 주어지는 새로운 상황과 도전을 헤쳐나갈 뿐이다.

셰이프시프터들은 겉모습, 감정 상태, 행동을 쉽고 빈번하게 바꿀 수 있기 때문에 이야기 속에 긴장과 불확실성을 부여한다. 다른 등장인물들과 독자는 셰이프시프터를 어떻게 이해해야 하는지 전혀 알지 못한다. 셰이프시프터들은 등장인물들에게 진정성, 사랑, 배신이라는 질문을 던진다. 또한 골칫거리를 만들어 이야기의 전개를 복잡하게 만든다. 요컨대, 이야기에 예측 불가능한 요소를 도입하여 다른 인물들에게, 때때로 셰이프시프터 자기 자신에게 문제를 안겨준다. 하지만 셰이프시프터들은 그 본성상 창조적이면서 적응력인 뛰어난 해결사라서, 그 문제에서 벗어나는 새로운 방식을 제공하기도 한다.

셰이프시프터의 변신은 외부 문제를 해결하기보다는 자아 발견과 탐색을 위한 경우가 더 많다. 변신은 '다른' 무언가가 되고 싶다거나, 개인의 억제된 에너지(좋은 것이든 나쁜 것이든)를 발산하고 싶다거나, 혹은 다른 성에 대해 좀 더 알고 싶다거나 하는 주인공의 억눌린 욕망의 표현일 수 있다. 젠더 전환이 문학, 영화, 게임에서 흔하지는 않다. 일본의 에도시대 선승 스즈키 쇼산鈴木正三이 생전에 수집한 이야기를 그의 제자들이 모아 1661년에 간행한 책《인과 이야기因果物語》에는 아침에 깨어나 보니 (도입부가 프란츠 카프카의《변신》과 비슷하다) 자신의 성기가 사라져버린 젊은 수도승의 이야기가 나온다. 그레고르처럼 수도승도 새로운 상황을 있는 그대로 받아들인다. 그는 여성이 되어 2명의 아이를 낳기까지 한다. 또한 술 도매상이라는 새로운 일도 시작한다. 흥미로운 점은 이 이야기가 어떤 확실한 도덕적 가르침을 담고 있지도 않고, 선정적인 인기를 얻기 위해 쓰인 것도 아니라는 것이다. 쇼산이 하고자 했던 말은 이런 일, 즉 아침에 깨어보니 다른 성이 되어버리는 일은 누구에게나 일어날 수 있으며, 그렇게 되었더라도 아무것도 바뀌지 않은 것처럼 계속 살아가야 한다는 것이 아니었을까? 쇼산이 옳을지도 모른다. 지금 나의 모습이 바로 나인 것이다. 이것이 문학 속 셰이프시프터가 우리에게 전하는 이야기다. 셰이프시프터 이야기는 우리가 우리의 문제를 여러 관점에서 볼 수 있게 해주고 '타자(이 범주는 매우 넓을 수 있다)'를 깊이 이해할 수 있게 해주며, 그럼으로써 궁극적으로 우리가 진정한 인간성의 공동 토대를 발견하고 유대를 형성하도록 돕는다.

셰이프시프터는 문학에서 TV와 영화로 그 영역을 넓혀나갔다. 독일의 영화감독 프리드리히 무르나우Friedrich W. Murnau가 1922년 제작한 영화 〈노스페라투Nosferatu〉는 관객들에게 엄청난 공포를 선사했고, 뱀파이어 오를로크^{Orlok} 백작 역을 맡은 배우 막스 슈렉은 단번에 스타로 부상했다. 이 영화는 브램 스토커의《드라큘라》를 원작으로 한 무성영화로, 뱀파이어를 시각적으로 각인시킨 최초의 영화다. 또한 지금까지 계속 만들어지고 있는 뱀파이어 영화와 TV 프로그램의 발판이 되었다. 안타깝게도 〈노스페라투〉를 제작한 독일 영화사 프라나 필름은 스토커의 유족들이 건 저작권 침해 소송으로 인해 파산 선언을 하고 몇 년 후 문을 닫았다.

그렇지만 이제 과거로 돌아갈 수는 없게 되었다. 어둠 속에서 실물의 뱀파이어를 보며 극도의 공포(극장의 불이 켜지면 사라지게 될 공포)를 경험하는 일이 주는 짜릿한 기분을 맛본 관객들은 더 많은 것을 요구하기 시작했다. 이전의 것으로는 그들의 갈망을 채울 수 없었다. 그리고 영화사들은 그 요구에 기꺼이 응했다. 셰이프시프터 영화, 특히 뱀파이어와 늑대인간 영화가 전 세계 극장에서 넘쳐났고, 그 덕에 벨라 루고시, 론 채니, 존 캐러딘, 빈센트 프라이스, 피터 쿠싱, 크리스토퍼 리, 바바라 쉘리, 베로니카 칼슨, 제이미 리 커티스 등 셰이프시프터 영화에 출연한 많은 배우들이 공포 영화계의 제왕과 여왕으로 떠오르며 세계적인 스타가 되었다.

미국의 종교학자 고든 멜턴^{J. Gordon Melton}은 저서《뱀파이어 백과사전^{The Vampire Book}》을 펴내며 1910년부터 1993년 사이에 제작된 뱀파이어 영화 618편을 목록화했다. 다른 셰이프시프

드라큘라 백작을 연기 중인 배우 벨라 루고시.
루고시는 여러 영화의 주연을 맡았지만 드라큘라만큼 몰입했던 역할은
없었고, 사망 후에 드라큘라 백작의 복장을 한 채 묻혔다.

터 영화는 제외하고 오직 뱀파이어 영화만을 정리한 것으로, TV 프로그램은 포함하지 않았다. 멜턴은 같은 기간에 상연된 96편의 뱀파이어 연극과 8편의 뱀파이어 오페라도 목록으로 정리했다. 그런가 하면 브래드 스테이거Brad Steiger는《늑대인간 백과사전 The Werewolf Book》에서 늑대인간과 셰이프시프터가 함께 등장하는 영화 69편을 목록으로 만들었다. 이 목록에는 1908년 영화로 각색된 〈지킬 박사와 하이드 씨〉부터 1998년까지의 작품들이 포함되어 있다.

초기부터 지금까지의 뱀파이어 소설들은 사악한 뱀파이어가 최면을 통해 사랑스러운 여인을 지배한다는 식으로 성적 주제를 표현해왔는데, 영화 역시 마찬가지다. 초기 뱀파이어 영화들은 초기 소설들처럼 성행위를 넌지시 암시하기만 할 뿐 명확하게 드러내지 않았다. 따라서 표현되지 않은 빈칸을 채우는 일은 관객의 상상력의 몫으로 남겨졌다. 하지만 시대가 바뀌고 성에 대한 사회적 기준이 개방화되면서 영화에서도 성을 보다 노골적으로 다룰 수 있게 되었다. 1934년에 설립된 영국의 영화·TV 프로그램 제작사 해머 프로덕션은 뱀파이어 영화 시리즈라는 야심찬 기획으로 공포 영화 시장에 뛰어들었다. 해머 프로덕션의 뱀파이어 시리즈들은 소설《드라큘라》에서 거의 이름만 빌려온 격이었으며 여러 영화에 다양한 셰이프시프터들을 등장시켰다. 1950년대부터 1970년까지 해머 프로덕션은 가장 성공한 공포 영화제작사들 중 하나로 이름을 알렸다. 유니버설 스튜디오와 협약을 맺어 유니버설 소속 인기 배우들을 해머 프로덕션 영화에 출연시켰던 것도 한몫했지만, 해머 프로덕션이 성공을 거두게 된 진짜 이유는 성과 잔혹함을 은막 위에 일말의 주저함 없이 펼쳐 보였기 때문이다. 해머 프로덕션은 '많을수록 좋다'는 모토 아래 움직였다. 그리고 이들의 영화는 풍만한 가슴의 미녀들이 떼로 등장하고 피가 양동이로 들이붓듯 넘쳐흐르는 것으로 유명세를 얻었다.

당시에 해머 프로덕션은 영화제작에 들어가기에 앞서 영국영화심의위원회BBFC에 자발적으로 시나리오를 보내 논평을 받아보고는 했다. 1957년 해머 프로덕션은 영화감독 겸 시나리오작가인 지미 생스터Jimmy Sangster가 각색한 〈드라큘라〉 시나리오를 BBFC에 보냈다. 시나리오를 심의한 오드리 필드Audrey Field는 다음과 같은 답변을 보냈다.

> 지미 생스터 씨의 상스럽고 천박하며 역겹고 비교육적인 스타일만 빼면 나머지는 훌륭한 공포 이야기로 손색이 없어 보인다. 물론 그 내용조차 이상하게 다뤄질까봐 우려스럽기는 하다. …… 어쩌면 총천연색 컬러영화로 피를 표현해야 한다는 사실이 이 영화에게는 재앙일지도 모르겠다. 뱀파이어가 사람 피를 꼭 그렇게 구역질 나게 마셔대야 하는 이유가 있는가? 피가 나오는 장면에 특히 주의를 기울일 필요가 있다. 말뚝을 사용하는 장면 중 일부도 빼는 게 좋겠다.[8]

284

BBFC의 우려에도 불구하고, 해머 프로덕션은 이 영화의 제작을 그대로 밀고 나갔다. 1998년에 개봉된 〈드라큘라〉는 반 헬싱Van Helsing 역의 피터 쿠싱과 드라큘라 백작 역의 크리스토퍼 리를 스타로 만들었고, 영국과 미국을 비롯한 전 세계 박스오피스 기록을 갈아치웠다. 섹시하고 피비린내 나는 셰이프시프터 뱀파이어들이 사람들의 마음을 사로잡은 것이다. 이 영화의 성공 이후 세계 곳곳, 특히 이탈리아, 프랑스, 멕시코의 영화제작사들이 더 섹시하고, 더 폭력적인 뱀파이어 영화들을 만들었다. 이상하게도 다른 셰이프시프터 영화들에 비해 뱀파이어 영화들은 뱀파이어의 변신 능력을 보여주는 경우가 적다. 하지만 1992년 개봉한 프란시스 포드 코폴라Francis Ford Coppola의 〈브램 스토커의 드라큘라Bram Stoker's Dracula〉는 영화의 많은 부분을 뱀파이어의 변신 과정을 보여주는 데 할애했다. 코폴라의 영화에서 드라큘라 백작은 늙고 노쇠한 남자에서 젊고 카리스마 넘치는 신사로 변신한다. 늑대 비슷한 동물로 나타나기도 하고 수백 마리의 쥐로 모습을 바꿀 수도 있다.

오늘날 관객은 영화나 TV 프로그램에서 성적이거나 폭력적인 장면이 나오는 것에 훨씬 관대하고, 이러한 추세는 아름답고 잘생기며 섹시한 뱀파이어와 늑대인간에게도 해당된다. 뱀파이어와 늑대인간을 소재로 한 스테프니 메이어의 소설을 원작으로 제작된 영화 〈트와일라잇 사가Twilight Saga〉 시리즈가 대표적인 예다. 만화책이 원작인 영화 〈엑스맨〉에 등장하는 미스티크^{Mystique} 같은 셰이프시프터도 있다. 미스티크는 매력적인 돌연변이 파충류-인간으로 성관계 중에 변신하기도 한다. 파란색 피부에 노란색 눈을 한 미스티크는 주인공 울버린^{Wolverine}의 눈 앞에서 여러 모습의 전혀 다른 여성으로 변신하며 울버린을 희롱한다.

또한 특수 효과 기술의 발전 덕분에 영화제작자들은 비인간(또는 비인간처럼 보이는) 셰이프시프터들을 영화에 마음껏 출연시킬 수 있게 되었다. 〈터미네이터 2: 심판의 날^{Terminator 2: Judgment Day}〉에서 액체금속^{liquid-metal}으로 만들어진 인간형 로봇 T-1000을 연기했던 로버트 패트릭은 단번에 스타덤에 올랐다. 이 최신 버전의 셰이프시프터는 상대가 누구든 접촉하기만 하면 그 사람으로 변신할 수 있고, 신체 모양을 변화시켜 통과할 수 없을 것처럼 보이는 장애물을 지날 수 있으며, 몸을 납작하게 해서 바닥이나 주변 환경 속에 섞여 들어갈 수 있다. 또한 팔을 검과 같은 날카로운 무기로 변형시킬 수도 있다. 2011년 개봉한 〈더 씽^{The Thing}〉은 1982년에 제작된 〈괴물^{The Thing}〉의 속편이다 (한국에서는 서로 다른 제목으로 상영되었지만 원제는 동일하다). 이 영화에서는 흉악한 외계 셰이프시프터가 살인을 일삼으며 노르웨이 남극 과학기지를 쑥대밭으로 만든다. 영화는 생동감 넘치는 특수 효과로 공포의 현장을 보여주며 사람이 늘 보이는 그대로는 아니기 때문에 쉽게 믿어서는 안 된다는 메시지를 전한다.

그런가 하면 100년이 넘는 역사를 자랑하는 영화제작사

겸 배급사인 파라마운트 픽처스는 완구 제조업체 해즈브로의 인기 장난감 트랜스포머를 기반으로 시리즈 영화를 만들었다. 트랜스포머는 자동차, 트럭, 비행기 등 운송 수단처럼 보이지만 간단한 조립을 거치면 로봇으로 변신한다. 해즈브로의 트랜스포머 공식 웹사이트에서는 다음과 같은 설명이 나와 있다.

> 트랜스포머는 인간처럼 살아 있는 로봇이다. 운송 수단이나 야수에서 로봇으로 변신할 수 있는 독특한 능력을 가지고 있다. 이 영웅들의 모험을 다룬 서사시에는 트랜스포머들이 만들어 온 삶, 희망, 투쟁, 승리의 이야기가 기록되어 있다. 우리를 에워싸고 있는 이 흥미진진한 세계에서는 보이는 것이 전부가 아니다.[9]

트랜스포머들의 세계에서 선량한 로봇 오토봇은 악당 로봇 디셉티콘과 끝나지 않는 전쟁을 벌인다. 파라마운트 픽처스는 2007년 첫 번째 영화 〈트랜스포머〉를 선보인 이후 꾸준히 시리즈를 이어가 2017년에는 다섯 번째 영화 〈트랜스포머: 최후의 기사〉를, 2018년에는 여섯 번째 영화 〈범블비〉를 개봉했다.

멜턴과 스테이거가 작성한 셰이프시프터 영화 목록이 인상적이긴 하지만, 한 가지 크게 아쉬운 점이 있다. 바로 셰이프시프터가 등장하는 애니메이션(만화영화) 수백 편이 빠진 것이다. 이 애니메이션들의 대부분은 월트 디즈니가 제작한 것이다. 1940년 제작된 월트 디즈니의 세 번째 장편 애니메이션 〈판타지아Fantasia〉에는 미키마우스가 운 나쁜 마법사의 제자로 나오는 장이 있다. 마법으로 평범한 빗자루에서 휴머노이드 빗자루 군대로 변신한 무리에게 미키마우스가 양동이째 물을 쏟으면서 한바탕 난리가 벌어진다. 이처럼 지난 수십 년간 셰이프시프터는 디즈니 스튜디오의 단골 소재였다. 화이트T. H. White의 동명 소설이 원작인 1963년 작품 〈아더왕의 검The Sword in The Stone〉에는 멀린Merlin이 여자 마술사 마담 밈Madam Mim과 셰이프시프팅 결투를 벌이는 장면이 등장한다. 이들은 결투 도중 게, 뱀, 코뿔소, 용 등 다양한 형태로 변신한다. 2017년에 월트 디즈니는 시대를 초월한 변신 이야기인 영화 〈미녀와 야수〉와 〈모아나Moana〉를 제작했다. 〈모아나〉에는 폴리네시아의 반인반신 마우이Maui가 셰이프시프터로 나온다. 디즈니 애니메이션의 대부분은 〈미녀와 야수〉처럼 셰이프시프터가 등장하는 옛이야기나 동화를 각색한 것이다. 2002년에 출간된 베이커E. D. Baker의 소설 《개구리 공주》에서 줄거리를 가져온 디즈니의 〈공주와 개구리〉는 1920년대 뉴올리언스를 배경으로 한다. 베이커 역시 그림 형제의 동화 〈개구리 왕자〉에서 모티프를 얻었다고 한다. 한때 왕자였던 개구리와 식당에서 일하는 아프리카계 미국인 소녀가 등장하는 이 애니메이션에서 소녀는 개구리-왕자와 입맞춤하고 개구리가 된다.

애니메이션 〈인어공주〉와 〈붉은 거북The Red Turtle〉에 등장하는 셰이프시프터들과 서사 구조는 영국의 요정 셀키 이야기를 떠올리게 한다. 한스 안데르센의 동화를 각색해 1989년에 개봉한 디즈니의 〈인어공주〉는 '여성 수중 생명체'라는 아주 오래된 소재를 가져왔다. 인어 아리엘Ariel은 인간과 사랑에 빠지고 육지의 연인과 함께하기 위해 인간 여성으로 변신한다. 아리엘은 인간의 다리를 갖는 대가로 아름다운 목소리를 포기한다. 영화는 행복하게 마무리되는데, 이 부분에서 안데르센의 동화와 차이가 있다. 안데르센의 인어공주는 왕자와의 사랑을 이루지 못하기 때문이다. 〈붉은 거북〉은 독일의 애니메이션 감독 미하엘 두독 데 비트Michael Dudok de Wit와 일본의 영화제작자 스즈키 토시오鈴木敏夫가 함께 만든 작품이다. 영화의 줄거리는 이렇다. 어느 이름 모를 남자가 표류 끝에 무인도에 고립되고 만다. 그는 뗏목을 만들어 타고 섬을 탈출하려 했지만 붉은 암컷 거북의 방해로 세 차례나 실패한다. 그러다 남자는 의도치 않게 거북을 죽이고, 거북의 몸에서 나온 여성과 사랑에 빠져 아들을 낳고 섬에서 살게 된다. 시간이 흘러 장성한 아들은 자신의 운명을 찾아 거북이들과 헤엄쳐 섬을 떠나고, 남자는 늙어서 죽음을 맞이한다. 여성은 슬픔에 잠기지만 이윽고 다시 붉은 거북으로 변해 바닷속으로 미끄러지듯 사라진다.

일본의 아니메アニメ, anime 영화에는 셰이프시프터와 함께 기괴한 인물이 많이 등장한다. '아니메'란 본래 영어 'animation'을 일본식으로 줄여 부르던 말이지만, 일본의 애니메이션이 전 세계 애니메이션 시장에서 독보적인 위치를 차지하게 되면서 일본풍의 애니메이션을 일컫는 고유명사처럼 쓰이게 되었다. 아니메는 1960년대에 '일본 애니메이션의 아버지'라 불리는 데즈카 오사무手塚治虫의 작품에서 시작되었다. 패닝panning(움직이는 피사체에 초점을 맞추고 카메라를 피사체의 속도와 같이 움직이면서 촬영하는 방법-옮긴이), 주밍zooming(카메라의 줌 렌즈로 피사체에 초점을 맞춘 채 빠르게 클로즈업하는 방법-옮긴이), 앵글과 같은 카메라 기법과 수작업 기술을 결합한 것이 아니메의 특징이다. 일본 전역에 430여 개의 아니메 스튜디오가 있으며, 그중 대표적인 곳으로 스튜디오 지브리, 가이낙스, 도에이 애니메이션 등이 있다. 지난 몇 십 년 사이에 일본에서는 셰이프시프터가 등장하는 아니메 영화와 TV 프로그램들이 수백 편 이상 만들어졌고 지금도 거의 매일 한 개꼴로 제작되고 있다.

1993년 작품 〈드래건 하프ドラゴンハーフ〉는 동명의 만화책을 영화로 각색한 것이다. 반은 인간이고 반은 용인 10대 소녀 밍크가 자신을 완전한 인간으로 바꿔줄 마법의 물약을 얻어 전설적인 드래건 헌터 딕 소서의 사랑을 얻기 위해 모험을 떠나는 이야기다. 1998년에 제작된 〈마술사 오펜魔術士オーフェン〉 역시 만화책을 원작으로 한 TV 시리즈다. 이 작품의 등장인물 중 하나인 스테판은 전투에서 치명적인 부상을 입고 돌팔이 의사에게 치료를 맡겼다가 여성으로 변해 스테파니라는 새 이름을 얻는

다. 한국에서도 흥행에 성공한 〈센과 치히로의 행방불명千と千尋の
神隱し〉은 일본 아니메 영화 사상 가장 중요한 작품으로 손꼽힌다.
2001년 개봉 당시 이 영화는 많은 비평가들로부터 극찬을 받았
고 전 세계에서 총 2억 9천만 달러에 가까운 수익을 벌어들였다.
일본만 놓고 보면 총 316억 엔의 수익을 올려 〈타이타닉〉을 추
월하고 일본 역사상 가장 높은 흥행 수익을 기록한 영화가 되었
다. 〈센과 치히로의 행방불명〉의 주인공이 셰이프시프터는 아니
지만 이야기의 전개에 있어 변신이 아주 핵심적인 역할을 한다.
영화의 도입부에서 10살 소녀 치히로는 시골로 이사를 가던 길
에 신비로운 터널을 지나 기묘한 마을에 도착한다. 그곳의 어느
음식점에서 주인의 허락 없이 음식을 먹어치운 치히로의 부모는
마녀 유바바의 저주에 걸려 돼지로 변해버린다. 치히로는 그들
을 원래 모습으로 되돌릴 방법을 찾아 나서고, 미스터리한 소년
하쿠의 도움을 받아 마침내 치히로의 부모는 다시 인간이 된다.
자신이 코하쿠강의 신이라는 사실을 잊고 있던 하쿠 역시 기억
을 되찾고 본모습인 용으로 돌아간다.

　　셰이프시프터가 등장하는 다양한 TV 프로그램들도 대
중들이 셰이프시프터에 관심을 가지게 되는 계기를 제공했다.
1960년에는 미국 ABC의 드라마 〈다크 섀도Dark Shadows〉나 CBS
의 시트콤 〈더 먼스터즈The Munsters〉 등 여러 프로그램에 뱀파이
어 캐릭터가 나왔다. 괴물 가족의 이야기를 다룬 〈더 먼스터즈〉

에는 뱀파이어뿐 아니라 프랑켄슈타인, 늑대인간 등도 등장한다. 1970년대 셰이프시프터 TV 시리즈의 대표작으로는 미국 ABC에서 방영된 〈콜차크: 한밤의 추적자Kolchak: The Night Stalker〉가 있다. 뱀파이어와 늑대인간을 비롯한 온갖 초자연적 괴물들이 나오며, 주인공 칼 콜차크는 이 괴물들과 싸우며 과학적으로 설명할 수 없는 기이한 현상을 파고든다. 1992년에 제작된 동명의 영화를 각색해 제작된 〈루크페리의 뱀파이어 해결사Buffy The Vampire Slayer〉는 1997년 방영을 시작해 2003년에 시즌7을 끝으로 종영되었다. 주인공 버피 역을 맡은 배우 사라 미셸 갤러는 이 작품을 계기로 스타로 발돋움하기도 했다. 〈루크페리의 뱀파이어 해결사〉에는 퍼스트 이블First Evil이라 불리는 존재도 나온다. 우주에 존재하는 모든 악의 화신인 퍼스트 이블은 죽은 사람으로 변할 수 있는 셰이프시프터로, 수없이 많은 모습으로 변신한다.

2007년부터 2008년에 걸쳐 미국 CBS에서 방영된 〈문라이트Moonlight〉는 로스앤젤레스에 사는 현대의 뱀파이어 공동체가 겪는 갖가지 고난을 그린 드라마다. 2008년에는 샬레인 해리스Charlaine Harris의 소설 〈남부 뱀파이어 미스터리The Southern Vampire Mysteries〉를 원작으로 한 드라마 〈트루 블러드True Blood〉의 방영이 시작되었다. 수키 스택하우스와 그녀의 173살 먹은 뱀파이어 연인 빌 컴튼을 중심으로 하는 이 드라마에서는 살아 있는 인간의 피가 아닌 화학적으로 합성된 혈액을 마시는 뱀파이어 공동체가 사회의 일원으로 당당히 받아들여진다. 이러한 설정으로 뱀파이어 장르에 새로운 방향을 제시했다는 평가를 받았다. 〈트루 블러드〉에는 샘 멀롯이라는 셰이프시프터도 등장한다. 샘 멀롯은 여러 동물로 변신할 수 있고, 특히 양치기 개 보더콜리로 변신하는 것을 가장 좋아한다. 한편, 2017년부터 지금까지 디즈니주니어에서 방영되고 있는 판타지 애니메이션 〈리나는 뱀파이어 Vampirina〉는 15개 언어로 번역되어 115개국에서 방송되는 등 큰 인기를 얻고 있다. 어린이용 셰이프시프터 TV 프로그램 중 최근 가장 눈에 띄는 성과다. 푸른색 피부가 특징인 뱀파이어 소녀 리나(본래 이름은 'Vampirina 'Vee' Hauntley'이지만, 한국판에서는 간략히 리나라고 부른다)와 그녀의 가족은 루마니아 트란실바니아(스토커의 소설에서 드라큘라 백작이 살던 곳이다)에서 미국 펜실베이니아주로 이사를 온다. 이들이 그 지역을 방문한 뱀파이어, 유령, 고블린 등 기묘한 손님들을 상대로 민박집을 열며 각종 사건이 벌어지는데, 앤 마리 페이스 Anne Marie Pace의 어린이 소설 〈뱀파이리나 발레리나 Vampirina Ballerina〉 시리즈를 원작으로 삼았다.

지금까지 언급한 TV 프로그램들은 뱀파이어나 늑대인간 셰이프시프터를 주인공으로 삼은 것들이었다. 하지만 그들 외에도 시청자의 눈을 사로잡은 셰이프시프터들이 많다. 미국에서 1964년부터 12년간 방영되며 많은 사랑을 받은 시트콤 〈아내는 요술쟁이 Bewitched〉의 주인공은 인간 남성과 결혼한 마녀 사만다다. 사만다는 인간처럼 살기 위해 최선을 다하지만 마법사 집안인 그녀의 가족은 그녀의 결혼을 인정하지 않을뿐더러 결혼 생활을 방해하기까지 한다. 이 작품에는 셰이프시프팅 장면이 종종 나오는데, 그럴 때마다 사만다의 남편 데린은 불쌍한 희생자가 되어 아내가 구해줄 때까지 온갖 동물이나 생명체로 바뀌는 역할을 한다.

　　미국의 유명 TV 시리즈 중 하나인 〈파워레인저Mighty Morphin Power Rangers〉는 1975년부터 40년이 넘도록 방영되고 있는 일본의 TV 시리즈 〈슈퍼전대 시리즈スーパー戦隊シリーズ〉를 리메이크한 것이다. 미국에서도 많은 인기를 끌어 첫 시리즈가 방송된 1993년부터 지금까지 해마다 새로운 시리즈가 제작되고 있다. 이 작품에서도 변신은 아주 중요한 요소다. 변신 능력을 갖게 된 5명의 10대들은 지구에 위기가 닥칠 때마다 특별한 능력을 가진 전사로 변신해 사악한 외계 마녀 리타 리펄사와 그녀의 부하들에 맞서 싸운다. TV 시리즈뿐 아니라 극장용 영화, 만화책, 게임, 장난감 등으로도 재탄생되며 미국 대중문화의 한 부분을 차지하게 되었다. 1994년부터 1998년까지 방송된 청소년 드라마 〈알렉스 맥의 비밀 세계The Secret World of Alex Mack〉의 주인공 알렉스 역시 10대 소년이다. 평범했던 알렉스는 어느 날 수상한 화학약품을 실은 트럭과 부딪히는 사고를 당한다. 그리고 그 트럭에서 쏟아져나온 GC161이라는 물질을 뒤집어쓴다. 사고 후 알렉스는 손가락 끝으로 전기를 쏠 수 있고, 염력을 쓸 수 있으며, 움직이는 물웅덩이로 변신할 수 있게 되었다.

전 세계적인 팬덤을 형성하고 있는 〈스타트렉Star Trek〉 시리즈도 빼놓을 수 없다. 1960년대에 오리지널 시리즈를 선보인 후 현재까지 꾸준히 확장되어오고 있다. 그중 1993년부터 방영된 〈스타트렉: 딥 스페이스 나인〉(줄여서 DS9이라고도 부른다)은 직전 시리즈인 〈스타트렉: 넥스트 제너레이션〉, 직후 시리즈인 〈스타트렉: 보이저〉와 방영 시기가 앞뒤로 조금씩 겹치는 상태에서 6년간 방송을 탔다. 우주함선이 아닌 우주정거장을 배경으로 하는 DS9에서는 등장인물의 심리가 보다 깊이 있게 그려졌고 전쟁이나 종교 같은 의미심장한 주제들이 다뤄졌다. 체인지링Changeling(요정이 예쁜 아이를 훔쳐가면서 대신 두고 간 작고 못난 아이를 가리키는 말-옮긴이)족의 일원인 오도 역시 범상치 않은 외계인들 가운데 하나다. 오도는 우주정거장의 보안실장이며 셰이프시프터다. 어떤 모습으로도 변신할 수 있지만 남성 휴머노이드 모습을 가장 좋아한다.

영국 BBC에서 제작한 〈닥터 후Doctor Who〉는 세계에서 가장 오래 방영된 SF 드라마로 기네스북에 등재된 바 있다. 1963년 첫 시리즈가 시작되었고 무려 26년간 계속되다가 1989년에 종영했다. 이후 2005년에 새로운 시리즈로 방송이 재개되었으며 2020년에 시즌12가 종료되었다. 최근 시즌13의 제작이 확정되었다는 소식도 전해졌다. 이 대작 드라마의 주인공은 작품 내에서 '닥터'라고 불리는데, 닥터는 갈리프레이 행성의 타임로드족 출신으로 '타디스'라는 타임머신을 타고 지구에 온다. 그리고 지구인 친구들과 시간 여행을 하며 맞닥뜨리는 불의에 맞서 싸운다. 닥터는 조금 독특한 유형의 셰이프시프터다. 타임로드족은 죽음 직전의 순간에 성별과 외모, 성격, 버릇 등을 바꿔 완전히 다른 모습으로 되살아날 수 있다. 이 설정을 바탕으로 지금까지 13명의 배우가 닥터 역을 맡아 연기했다. 2017년 이후 시리즈에 13대 닥터로 조디 휘태커Jodie Whittaker가 열연 중인데, 그녀는 역대 최초의 여성 닥터다.

특이한 셰이프시프터를 더 소개하자면 마블 스튜디오의 슈퍼히어로 중 하나인 헐크가 있다. 마블 코믹스의 만화책《인크레더블 헐크Incredible Hulk》로 세상에 처음 소개된 헐크는 1978년부터 1982년까지 CBS에서 방영된 동명의 TV 시리즈로 대중에게 더욱 가까워졌다. 극 중 핵물리학자인 데이비드 배너(원작에서의 이름은 브루스 배너) 박사는 방사능 실험 도중 감마선에 노출되어 끔찍한 일을 겪는다. 강한 분노를 느끼면 근육질에 산처럼 거대한 초록색 괴물 헐크로 변하게 된 것이다. 헐크와 같은 유형의 셰이프시프터들은 다른 사람이 자신을 대하는 방식에 반응해 변신하는데, 특히 감정을 통제하지 못하는 상황에서 자신도 모르게 모습이 바뀌게 된다. 때문에 분노나 질투, 공포, 스트레스 등을 다스리기 위해 고군분투한다.

헐크와는 완전히 반대되는, 분노와는 거리가 먼 귀여운 셰이프시프터도 있다. 유튜브 채널 모플 TV에서 제작한 어린이 애니메이션 시리즈 〈나의 마법 펫 모플My Magic Pet Morphle〉의 주인공 모플이다. 모플은 통통한 붉은색 젤리 모양의 생명체로 큰 눈과 토끼 모양의 귀를 가지고 있다. 모플의 주인인 소녀 밀라는 마법 펫 가게에서 모플을 데려와 함께하게 된다. 모플은 어떤 동물이나 물건으로든 변할 수 있다. 밀라도 변신한 적이 있는데, 거대한 공룡의 모습에 갇힌 뒤로 다시는 변신하지 않겠다고 다짐한다.

영화와 TV 속 셰이프시프터는 오랫동안 많은 대중의 관심을 받아왔다. 확실히 셰이프시프터에게는 우리의 마음을 움직이는 무언가가 있다. 그리고 그건 한 가지가 아닌 듯하다. 앞서 소개한 〈엑스맨〉의 미스티크처럼 셰이프시프터는 유혹에 능한 존재로 그려지는 경우가 많다. 어떤 사람으로든 변신할 수 있기 때문에 셰이프시프터(남성이든 여성이든)는 자신의 마음 속 욕망을 자신이 아닌 다른 누군가가 되는 것으로 쉽게 실현할 수 있다. 이러한 셰이프시프터 이야기는 사람의 겉모습이 아닌 내면을 봐야 한다는 교훈을 전하는 동시에 외적·성적으로 매력적인 사람을 맹목적으로 추구하는 인간의 비뚤어진 욕망을 상징한다. 또한 셰이프시프터 중에는 영화 〈2010 우주여행2010: The Year We Make Contact〉의 우주비행사 데이브 보먼처럼 현재보다 더 어리거나 늙은 자기 자신으로 변신하는 경우도 있다. 이런 유형의 변신은 자신의 젊은 시절을 회고하며 갈망하는 사람 혹은 '지금 아는 사실을 그때도 알았다면 내 삶이 완전히 달라졌을 텐데'라고 생각하는 사람의 심금을 울린다.

셰이프시프터를 '있는 그대로' 받아들여서는 안 된다. 그들의 진짜 모습이 무엇인지 알 수 없기 때문이다. 이는 영화든 TV 시리즈든 아니면 소설이든 장르를 막론하고 셰이프시프터가 등장하는 거의 모든 작품에서 규칙처럼 언급되는 메시지이기도 한데, 사실 이는 현실 세계를 말하는 아주 탁월한 비유다. 전설이나 동화에 처음 출현하기 시작했을 때부터 셰이프시프터는 언제나 미스터리한 이방인의 상징이었다. 다시 말해, 듣는 이(혹은 읽는 이)에게 '이방인의 위험성'을 가르치는 유용한 수단이었던 셈이다.

영화와 TV에 나오는 셰이프시프터 캐릭터들은 대개 만화책이나 애니메이션, 그래픽 노블의 등장인물을 각색한 것이다. 물론 반대의 경우도 있어서 영화와 TV 시리즈가 인쇄물로 재탄생되기도 한다. 예를 들어 스탠 리Stan Lee와 잭 커비Jack Kirby의 합작 아래 탄생한 《엑스맨》은 원래 1963년 마블 코믹스에서 발간된 만화책이었지만, 수십 년에 걸쳐 여러 편의 영화와 TV 시리즈, 게임, 피겨 등으로 제작되었다. 그런가 하면 〈파워레인저〉는 일본의 아동용 TV 시리즈로 시작해 세계적인 인기를 얻으면서 영화, 만화책, 장난감, 게임으로 확장되었다. 특히 일본의 만화들은 기괴한 셰이프시프터들을 대중문화로 편입시키는 데 기여해왔다. 그중 하나가 1992년부터 만화 잡지 〈영 애니멀〉에 연재된 《블라스터 너클プラス ナックル》이다. 1980년대 미국을 배경

으로 백인우월주의 단체 KKK ^{Ku Klux Klan}와 아프리카계 미국인들의 갈등과 대립을 다룬다. 그런데 만화 속 KKK 단원들은 폭행이나 살인, 강간으로는 만족하지 않는다. 이들은 아프리카계 미국인들을 잡아먹는 식인 셰이프시프터다. 그래서 흑인들은 KKK를 두려워하고 피하지만, 단 한 사람만은 예외다. 왕년에 헤비급 권투 챔피언이었던 빅터 프리먼은 개조한 브라스 너클로 무장하고 셰이프시프터들과 대적한다. 2010년 출간된 또 다른 일본 만화 《클랜^{Klan}》은 전 세계로 흩어진 유라시아의 네 부족의 이야기다(KKK와는 아무런 관련이 없다). 이 부족들은 동물로 변신할 수 있는 능력을 가지고 태어난다. 어느 날 한 영국 귀족이 나타나 네 부족을 지배하려 하면서 이들의 평화로운 삶은 위기에 처한다. 그 역시 셰이프시프터인데, 맹수의 왕인 사자로 변신할 수 있는 강력한 힘을 지녔기 때문이다.

시대가 바뀌며 젠더 정체성과 섹슈얼리티 문제에 대한 사회적 재평가가 이루어짐에 따라 젠더 전환 셰이프시프터들이 부쩍 많아졌다. 이런 유형의 셰이프시프터들이 늘어날수록 젠더 정체성을 바라보는 사회 구성원들의 인식이 보다 개방적이고 수용적으로 변화할 수 있다. 이 문제를 개인적 차원에서 해결하려 애쓰고 있는 사람들에게는 이러한 변화가 큰 힘이 될 것이다. 일례로 일본의 기쓰네 설화에서 모티프를 따온 대만 만화 《선곡^{仙曲}》에 등장하는 암컷 여우 요괴는 나이가 들면서 수컷으로 변한다. 1987년 처음 출간되어 TV 애니메이션과 극장판 영화로도

제작된 일본 만화 《철완 버디鉄腕バーディー》에서 우주 경찰관인 주인공 버디 시폰은 실수로 지구인을 죽인다. 그녀가 실수를 만회할 수 있는 유일한 방법은 자신의 몸에 지구인 남성의 영혼을 받아들이는 것뿐이다. 하지만 이로 인해 버디는 여성에서 남성으로 주기적으로 변하게 된다. 젠더 전환이 소재로 사용된 또 다른 일본 만화로 1988년 작품인 《란마 1/2らんま 1/2》이 있다. 10대 소년 란마는 저주가 서린 연못에 빠진 후 찬물을 뒤집어쓸 때마다 소녀가 된다. 정략결혼을 앞둔 란마는 소년일 때는 여성 구혼자를, 소녀일 때는 남성 구혼자를 상대해야 하고 중매로 만난 약혼녀와 교제도 해야 하는 상황에서 동분서주한다.

셰이프시프터가 영화, TV 프로그램, 만화와 같은 시각적 매체에서 인기가 높다는 사실은 어찌 보면 당연한 일이다. 셰이프시프터를 시각적으로 묘사하는 것은 선사시대 인류가 동굴벽화를 그릴 때부터 꾸준히 해온 일이기 때문이다. 중세시대의 컬러 기록물들에는 반은 인간이고 반은 동물인 셰이프시프터들의 그림이 더러 등장한다. 그중에서도 네덜란드 화가 히에로니무스 보스Hieronymus Bosch의 작품들 속에서 발견되는 기이한 존재들이 가장 인상적일 것이다. 스페인 마드리드에 있는 프라드 미술관이 소장 중인 보스의 트리프티카triptych(교회의 제단 뒤나 위에 설치하는 세 폭짜리 제단화) 〈세속적인 쾌락의 동산The Garden of Earthly Delights〉에서는 비현실적이고 환상적인 변신 생명체들을 만날 수 있다.

한편, 포르투갈 리스본에 위치한 아줄레주 국립 박물관 Museu Nacional do Azulejo은 포르투갈의 독특하고 아름다운 도자기 타일인 아줄레주 작품들로 가득하다. 그중에는 이집트의 야누스를 닮은, 반은 인간이고 반은 사자인 거대한 머리를 새, 사자, 용, 인간의 머리가 에워싸고 있는 모습을 그린 것도 있다. 포르투갈 북부에 있는 도시 포르투에 가면 예술적인 건물로도 유명한 세랄베스 현대미술관Museu de Arte Contemporânea de Serralves이 있다. 지난 2016년, 이곳에서는 '물질과 변신'이라는 제목으로 에스파냐의 화가인 호안 미로Joan Miró의 전시회가 열렸다. 이때 전시된 작품들은 모두 미로가 '변신'이란 주제에 얼마나 매료되었는지 잘 보여주었다. 심지어 아예 제목이 〈셰이프시프터〉인 작품도 있었다. 당시 전시회 카탈로그에는 다음과 같은 글이 실렸다.

> 미로는 재료의 특성을 탐구하는 한편 시각 기호라는 혁신적 언어를 발전시켜 현대미술의 판도를 바꾸어놓았다. 미로의 작품 속 오브제들은 형태 변형의 과정을 거쳐 시각 기호로서 지위를 얻는다. 그가 짜 넣은 헝클어진 실타래들은 떨어지는 물감 방울 대신이며, 초기 콜라주 작품에 사용한 철사는 드로잉 선을 대신한다. 가끔은 종이로 캔버스 지지대의 물리적 특징을 재현하기도 한다. 넓은 의미에서 형태론은 미로의 작품을 관통하는 작업 원리다. 모든 것은 끊임없이 흐르고 바뀐다. 그리고 미로는 이질성 속에서 동질성을 탐색한다.

'끊임없이 흐르고 바뀌는' 상태는 바로 셰이프시프터의 특징이다. 셰이프시프터는 자신의 표현 수단을 끊임없이 바꾼다. 셰이프시프터는 우리에게 무엇이 실재하고 무엇이 실재하지 않는지 불확실하니 끊임없이 추측하라고 요구한다. 셰이프시프터는 우리가 안다고 생각하는 모든 것에 이의를 제기하며, 마치 불교 수도승처럼 아무것도 영원하지 않다고 말한다. 모든 것은 변한다.

10

마지막 변신

앞으로도 계속될 셰이프시프터들의 이야기

2013년, 그리스 아테네에서 '셰이프시프터: 변신, 혼종 그리고 정체성'이란 주제로 국제 학술대회가 개최되었다. 3일간의 학술대회에 참석하기 위해 전 세계에서 많은 강연자와 특별출연자가 모여들었다. 이 학회의 목적은 셰이프시프터라는 캐릭터를 다양한 관점과 광범위한 영역에서 검토하고 탐구하는 것이었다. 그것은 이 책의 목적이기도 하다. 당시 학회에서 논의된 다채로운 주제 중 일부만 살펴봐도 셰이프시프터 연구 영역이 얼마나 폭넓은지 알 수 있다. 예컨대 신화와 민속신앙, 셰이프시프터에 관한 의학적 담론의 변천사, 신체 이미지를 둘러싼 쟁점, 셰이프시프터의 기형성, 셰이프시프터가 등장하는 초자연적 로맨스 소설, 10대 청소년 셰이프시프터, 롤플레잉과 게임, 또 다른 세계와 대체 현실, 유전자 조작, 마법과 변신이 신체에 미치는 영향, 탈식민지 시대 문화적 셰이프시프팅과 그 모방 및 통합이 정체성 형성에 미치는 영향과 같은 주제가 논의되었다. 확실히 셰이프시프터는 우리가 그 존재를 인식하든 인식하지 못하든 간에 우리 삶의 모든 영역을 넘나들며 지속적인 영향을 미치고 있다.

기 사벨리Guy Savelli의 예는 자신이 셰이프시프터라는 사실을 인식하지 못하는 경우가 많다는 것을 보여준다. 사벨리는 동남아시아의 전통 무술인 쿤타오 무술 사범으로, 수년 동안 미국 해군의 최정예 특수부대 네이비 실Navy Seal에게 무술을 가르쳤다. 그는 제자들에게 무술의 성패를 가르는 데는 신체 능력 못지않게 정신력도 중요하다고 강조해왔다. 1970년대에는 미국 육군정보국이 작전 효과를 높이고 정보 수집 능력을 향상시키기 위해 비밀리에 진행한 초능력 실험에 참여하기도 했다. 이 실험에서 사벨리는 오직 정신력만을 사용하여 30미터가량 떨어진 다른 방에 있던 염소의 심장박동을 느리게 만들어 쓰러뜨렸다고 한다. 미국과 영국에서 활동한 작가 겸 영화제작자 존 론슨Jon Ronson은 이 실험 결과를 주제로《염소를 노려보는 사람들Men Who Stare at Goats》이라는 책을 집필했는데, 이 책은 영국에서 TV 시리즈와 영화로 제작되기도 했다. 셰이프시프터인 사벨리는 자신이 '변화'라고 부르는 기술을 제자들에게 가르친다. 그의 말을 간략히 정리하자면, 변화는 엄청난 분노 혹은 치명적인 위험을 느끼는 상황에 일어나며 변화를 겪은 사람은 그 순간 다른 사람에게 인간이 아닌 어떤 것, 이를테면 동물 비슷한 것으로 보인다. 북유럽 전사 베르세르크나 마블의 헐크를 떠올리면 이해하기 쉬울 것이다. 변화의 순간에 대해 사벨리는 "몸이 커지고 마치 몸에서 독이 뿜어져 나오는 것 같은 느낌이 든다. 당신에게 변화가 일어나면 주변 사람은 도망가기 바쁠 것이다"라고 말했다. 사벨리의 제자 중 한 사람은 사벨리의 '변화'를 목격했던 긴박한 상황을 다음과 같이 설명한 바 있다.

> 정확히 설명하기는 어렵지만, 사벨리 사범님은 변했습니다. 꼭 표범처럼 보였죠. 물론, 몸에 털이 자라나거나 발톱이 생겨난 것 아니었어요. 하지만 얼굴이 분명 달랐습니다. 눈빛이나 표정, 안색 같은 것이 말이에요. 당시 내가 경험한 느낌을 이렇게 표현하면 이해가 쉬울지도 모르겠네요. 당신이 사방이 막힌 공간에 갇혔다고 해봅시다. 그런데 누군가 그곳에 사나운 표범 한 마리를 집어넣은 거예요. 어떨 것 같나요? 내가 느낀 기분이 딱 그랬습니다. 물리적으로 위협당하진 않았으나 온몸이 사시나무 떨 듯 떨렸죠. 그런 어마어마한 에너지를 접하게 되면 누구나 뒷걸음질치고 몸을 사리며 이유도 모른 채 연신 사과하게 될 겁니다. 그날도 그랬고, 변화는 곧 끝났습니다.[1]

이 이야기는 다른 셰이프시프터 이야기들과 매우 비슷하다. 다시 말해, 사벨리는 신화나 과거의 목격담에 등장하는 셰이프시프터와 크게 달라 보이지 않는다. 앞서 살펴보았지만 셰이프시프터 이야기는 오늘날에도 세계 곳곳에서 수집되고 있다. 아프리카의 변신 주술사, 나바호족의 스킨워커, 늑대인간 연쇄살인범, 세계의 지도자로 변신한 렙틸리언 외계인, 인간 사회에 섞여 사는 뱀파이어 공동체 등등……. 그렇다면 우리는 이러한 이야기들을 어떻게 이해해야 하는가?

> 옛사람들은 인간이 질병이나 자연재해, 기타 기이한 사건들의 원인을 설명하는 데 뱀파이어와 늑대인간 같은 존재나 악령을 동원했다. 과학의 발전으로 이러한 현상이 발생하는 진짜 이유를 밝혀내기 전까지 이를 설명해줄 무언가가 필요했기 때문이다. 그리고 뱀파이어와 늑대인간은 희생양으로 삼기에 매우 유용한 존재였다. [2]

우리에게는 더 이상 희생양이 필요하지 않다. 그러나 현대의 과학이 많은 현상들의 원인을 찾아냈음에도 불구하고 셰이프시프터는 사라지지 않았다. 고대 원시 문화부터 현대사회에 이르기까지 시대를 막론하고 모든 문화에서 셰이프시프터를 만났다는 보고가 계속되고 있다. 그렇다고 해서 모든 사람이 셰이프시프터가 실재한다고 믿었던 것은 아니다. 사실 대부분의 사람들은 인간이 늑대나 박쥐, 그 밖의 다른 생명체로 자유자재로 변신할 수 있다는 생각은 터무니없는 것이라 여긴다. 하지만 변신이 실제로 일어날 수 있다고 믿든 믿지 않든, 변신이라는 말에는 우리의 마음을 끌어당기는 무언가가 존재한다.

우리는 변신하고 싶다는 개인의 욕망을 셰이프시프터가 어떻게 실현시켜주었는지 거듭해서 살펴보았다. 상상이긴 하지만 셰이프시프터는 우리에게 변신하라고 용기를 북돋고 힘을 불어넣어준다. 〈해리 포터〉 시리즈의 작가 조앤 롤링은 2008년에 펴낸 《참 좋은 인생: 실패가 주는 부가적 혜택과 상상의 중요성 Very Good Lives: The Fringe Bene.ts of Failure and The Importance of Imagination》 이라는 책에서 다음과 같이 조언한다. "우리가 마법을 쓸 줄 알아야만 세상을 변화시킬 수 있는 건 아니다. 우리 안에는 세상을 변화시키는 데 필요한 힘이 이미 모두 갖춰져 있다. 더 나은 것을 상상할 수 있는 힘이 바로 그것이다." 그녀의 말대로, '더 나은 것을 상상할 수 있는 힘'은 곧 세상을 더 나은 곳으로 변화시키는 힘이 된다.

나아가 변신은 기독교나 이슬람교뿐 아니라 잘 알려지지 않은 많은 종교들을 이루는 중요한 일부다. 예컨대 예수는 거룩한 형상으로 변하며, 죽음을 맞이한 독실한 신자는 인간의 몸에서 빠져나와 영혼의 모습으로 영생을 누린다. 셰이프시프터는 젠더 정체성 문제로 고심하는 사람들에게, 자신의 사회적 위치에 만족하지 못하고 새로운 시작을 꿈꾸는 사람들에게 영감과 희망을 준다. 또한 셰이프시프터는 무의식 속에 깊이 각인되어 우리의 정신세계에 영향을 미치는 주요 요소이기도 하다. 따라서 셰이프시프터가 책, 영화, 게임, 각종 상품 등에 지속적으로 등장하는 것은 어찌 보면 매우 자연스러운 현상이다.

셰이프시프터 이야기를 소문이나 미신, '가짜 뉴스'로 치부하며 묵살하기는 쉽다. 하지만 셰이프시프터를 목격했다는 사람들이나 실제로 만나지는 못했지만 적어도 셰이프시프터가 존재한다고 믿는 사람들의 이야기를 아무 생각 없이 무시해서는 안 된다. 오늘날 과학과 기술은 우리가 사는 세상에서 없어서는 안 될 부분이 되었고, 인간에게 온갖 혜택을 가져다주었다. 하지만 그와 함께 우리를 기술과 기계의 노예로 만들었다. 스마트폰에 몰두하며 걷느라 달려오는 버스를 피하지 못한 불운한 사람들의 소식이 더 이상 놀랍지 않게 되었으니 말이다. 어쩌면 우리에게 필요한 것은 우리가 통상적으로 알고 있는 것, 우리가 진실이라고 생각하는 것에서 한 걸음 떨어져 영국 극작가 이든 필포츠Eden Phillpotts의 말을 인정하는 것일지도 모른다.

"인내심을 가지고 감각이 예민해질 때까지 기다려보라. 그러면 세상이 미지의 것들로 가득하다는 사실을 알게 될 것이다."

감사의 말

나는 초자연적이고 형이상학적인 주제에 지속적으로 관심을 가져왔고 유령과 유령 사냥에 관한 책들을 펴내기도 했다. 이 책은 그러한 관심의 연장선상에 있다. 유령에 대한 책에 뒤이어 셰이프시프터에 대한 책을 쓴다는 것은 자연스러운 (아마도 '초자연적인') 단계인 것 같다. 그렇지만 그러기 위해서는 셰이프시프터에 대해 새롭게 많은 것을 알아야 했다. 이 과정에서 전 세계 많은 친구들이 기꺼이 도움을 베풀어주었다.

　　포르투갈 리스본대학의 테레사 시드 박사는 2017년에 내가 셰이프시프터에 대해 강연할 수 있도록 자리를 마련해주었다. 알가르브대학의 이사벨 카르디고스 박사는 모우라 엔칸타다에 관한 자신의 연구 결과를 공유해주었다. 무엇보다 주리스본 미국 대사관의 문화부 소속 대외 연락관 니콜라우 안드레센의 도움이 없었다면 이들과 인연이 닿을 수 없었을 것이다.

루마니아의 베라 켈러먼과 헤게더스 티바다르 신부는 블라드 체페슈 공작과 관련된 여러 장소에 나를 데려가주었으며, 다채로운 루마니아 민속 설화들과 미신들을 들려주었다. 나의 오랜 친구이자 소설가인 이렌 자비코는 자신의 연구까지 잠시 제쳐두고 나에게 우크라이나 키예프와 그 주변 지역을 안내해주었고, 우크라이나 관련 자료 수집에 큰 도움을 주었다.

미국 조지아공과대학의 조지아 기술 연구소에서 일하는 존 브라우닝 박사는 현대 뱀파이어 문화에 관한 방대한 정보들을 제공해주었으며, 친절하게도 자신의 연구 일부를 내 책에 인용하는 것을 허락해주었다. 작가이자 강연자, UFO 연구자인 배니아스는 내게 외계 셰이프시프터에 대한 새로운 통찰력을 주었고, 심리학자이자 작가인 마사 맥러드 박사는 '부 해그'를 비롯한 애팔래치아 지역의 셰이프시프터들에 대한 이야기를 들려주었다. 찰스 세이버트 박사는 철학과 불교에 관한 지식들을 공유해주었다. 로렌츠 언어 상담소의 캐스린 로렌츠 박사는 늑대인간 설화를 잔뜩 이야기해주었는데, 그녀는 초고 원고를 읽어준 소중한 독자이자 이 책의 편집자이기도 하다.

이 모든 분께 감사 인사를 전한다. 더불어 내 귀여운 손녀딸 앨리슨과 칼리에게도 고맙다는 말을 전하고 싶다. 모플과 뱀파이리나를 알게 된 건 순전히 손녀들 덕분이다.

늘 그렇듯 가장 큰 감사와 사랑은 아내 메리의 몫이다. 자신의 책을 쓰는 와중에도 언제나 소중한 조언과 비판을 아끼지 않았다. 무엇보다 항상 글 쓰느라 정신없는 나를 변함없이 인내해주고 받아주는 것에 감사한다. 아내가 없었다면 이 책은 세상에 나오지 못했을 것이다.

주

프롤로그: 변신의 세계로 들어서며

1 Rane Willerslev, 'Not Animal, Not-not Animal: Hunting, Imitation and Empathetic Knowledge among The Siberian Yukaghirs', *Journal of The Royal Anthropological Institute*, X/3(September 2004), p. 659.

2 See 'Archetypes: The Shapeshifter', www.shannaswendson.blogspot.com, accessed 10 December 2018.

3 Gerry Turcotte's introduction to Kimberley McMahon-Coleman and Roslyn Weaver, *Werewolves and OTher Shapeshifters in Popular Culture: A Thematic Analysis of Recent Depictions*(Jefferson, NC, 2012), p. 1.

4 H. P. Lovecraft, *At The Mountains of Madness, in Astounding Tales*(February~April 1936), Chapter Eleven.

1. 고대의 변신: 신과 여신으로 숭배하다

1 Honora Finkelstein, www.new-wisdom.org, 12 April 2010.

2 Roelof van den Broek, *Pseudo-Cyril of Jerusalem on The Life and The Passion of Christ: A Coptic Apocroyphon*(Leiden, 2012), pp. 71~120.

3 Dakshinaranjan Mitra Majumdar, *Tales from Thakurmar Jhuli: Twelve Stories from Bengal*, trans. Sukhenda Roy(New Delhi, 2012), pp. 3~13.

4 David Malo, *Hawaiian Antiquities Moolelo Hawaii*(Honolulu, HI, 1903).

2. 인간의 변신: 인간, 신이 되다

1 Howard D. Fabing, 'On Going Berserk: A Neurochemical Inquiry', *American Journal of Psychiatry*, CXIII/5(November 1956), pp. 409~415.

2 Sebastian Junger, *Tribe: On Homecoming and Belonging*(New York, 2016), pp. 8~9.

3 Isabel Cardigos, 'The Enchanted Calendar of The Mouras Encantadas', in *Space and Time in Europe: East and West, Past and Present*, ed. Mirjam Mencej(Ljubljana, 2008), pp. 105~128.

4 위와 동일

5 Nigerian Bulletin, 'The Dangerous Creature Captured by a Farmer at Atfife, Volta Region', www.nigerianbulletin.com, 23 April 2017.

6 Nancy Connor and Bradford Keeney, eds, *Shamans of The World: Extraordinary First-person Accounts of Healing, Mysteries, and Miracles*(Boulder, CO, 2008), pp. 213~234.

7 위와 동일

8 위와 동일

9 Mauro Peressini and Rachel Beauvoir-Dominique, *Vodou*(Quebec, 2012), p. 61.

10 Dana Kennedy, 'In Paris Suburbs, Some Blame Jews for Charlie', www.thedailybeast.com, 13 January 2015.

3. 변신 능력에 대하여: 육체적 한계를 뛰어넘다

1 M. J. Banias, *Involuntary Shapeshifters*, www.terraobscure.net, 2 April 2017.

2 위와 동일

3 H. D. Ellis, J. Whitley and J. P. Luaute, 'Delusional Misidentification: The Three Original Papers on The Capgras, Frégoli and Intermetamorphosis Delusions', *Hist Psychiatry*, V(1994), pp. 117~146.

4 Julia Llewellyn Smith, 'Shape-shifters and Psycho-killers: How a Bizarre Psychological Delusion Inspired *Anomalisa*', *The Telegraph*(6 March 2016).

5 Tony Crisp, 'Archteype of The Shapeshifter', www.dreamhawk.com, accessed 9

July 2018.

4. 전설 속 셰이프시프터 I: 기독교의 지배 속에서도 살아남은 유럽의 요정들

1   Olive Beaupre Miller, *Through Fairy Halls*, vol.Ⅲ(Chicago, IL, 1928), pp. 326~337.

5. 전설 속 셰이프시프터 II: 때로는 자애롭고 때로는 악랄한 세계의 괴물들

1   Brian Bocking, *A Popular Dictionary of Shinto*(Florence, KY, 1997),pp. 86~87.

2   Lafcadio Hearn, *In Ghostly Japan*(Boston, MA, 1899), pp. 215~225.

3   James S. De Benneville, *The Yotsuya Kwaidan: Tales of The Tokugawa*, vol. Ⅰ(New York, 1916), p. 1.

4   Istvan Praet, 'People into Ghosts: Chachi Death Rituals as Shape-shifting', *Journal of The Society for The Anthropology of Lowland South America*, Ⅲ/2(2005), pp. 131~143.

5   위와 동일

6. 늑대인간: 인간의 동물적 본능이 폭발하다

1   Rajeet Shrestha, 'Clinical Lycanthropy: Delusional Misidentification of The "Self "', *Journal of Neuropsychiatry and Clinical Neurosciences*, ⅩⅩⅥ(Winter 2014), pp. 53~54.

2   Montague Summers, *The Werewolf*(New York, 1966), p. 233.

3   위와 동일

4   Quoted in Brad Steiger, *The Werewolf Book: The Encyclopedia of Shape-shifting Beings*(Canton, MI, 1994), pp. 272~274.

7. 뱀파이어: 금기를 어기고 죽은 자가 살아 돌아오다

1   Bram Stoker, *Dracula*(London, 1897), pp. 32~33.

2   Dom Augustin Calmet, *Treatise on the Apparitions of Spirits and on Vampires or Revenants*(Paris, 1751), pp. 326~331.

3   Manuela Dunn Mascetti, *Vampire: The Complete Guide to the World of the Undead*(London, 1997), p. 87.

4   John Edgar Browning, 'Life among the Vampires', *The Atlantic*(October 2015).

5   위와 동일

8. 변신으로 얻은 자유: 셰이프시프터가 되어 진짜 나를 찾다

1   John Locke, *An Essay Concerning Human Understanding*(London, 1689), p. 15.

2   Hasan Shafiqullah, 'Shape-shifters, Masqueraders, and Subversives: An Argument for the Liberation of Transgendered Individuals', *Hastings Women's Law Journal*, Ⅷ/1(1997), p. 198.

3   Gary Edson, *Masks and Masking: Faces of Tradition and Belief Worldwide*(Jefferson, NC, 2005), p. 11.

4   Jeremy Griffith, *Freedom: The End of the Human Condition*(Sydney, 2016), p. 101.

5   Jeremy Griffith, 'Ceremonial Masks Reveal the Truth about Our Human Condition', World Transformation Movement Freedom Essay 43, www.humancondition.com, 2017.

6   Terry Castle, *Masquerade and Civilization: The Carnivalesque in Eighteenth-century English Culture and Fiction*(Stanford, CA, 1986), p. 45.

7   See the website of the National Retail Federation, www.nrf.com.

9. 대중문화 속 셰이프시프터: 그 신비로운 존재들은 어떻게 재탄생되었나

1   Robert Louis Stevenson, *The Strange Case of Dr Jekyll and Mr Hyde*(London, 1886), p. 59.

2   Bram Stoker, *Dracula*(London, 1897), pp. 18~19.

3   Thomas Prekett Prest and James Malcolm Rymer, *Varney the Vampire*; or, *The Feast of Blood*(London, 1847), p. 6.

4   Sheridan Le Fanu, *Carmilla*(London, 1872), p. 36.

5   Stephen King, *It*(New York, 1986), p. 14.

6   J. K. Rowling, *Harry Potter and the Sorcerer's Stone*(New York, 1998), p. 134.

7   Marisa Silver, *Little Nothing*(New York, 2016), p.61.

8   'Hammer Film Productions', Fandom, www.universalmonsters.wikia.com, n.d.

9   Transformers(official website), www.transformers.hasbro.com, 2018.

10. 마지막 변신: 앞으로도 계속될 셰이프시프터들의 이야기

1   Guy Savelli, Kun Tao, www.worldkungfu.com/feats.html, accessed 1 June 2018.

2   Sheila Stewart, *The Psychology of Our Dark Side: Humans' Love Affair with Vampires and Werewolves*(Broomall, PA, 2011), p. 4.

참고문헌

- Michael Bathgate, *The Fox's Craft in Japanese Religion and Folklore: Shapeshifters, Transformations and Duplicities*(New York, 2004).
- Michael Beresford, *The White Devil: The Werewolf in European Culture*(London, 2013).
- Brian Bocking, *A Popular Dictionary of Shinto*(Florence, KY, 1997).
- John Edgar Browning, 'Life among the Vampires', *The Atlantic*(October 2015).
- James Burbank, *Yenaldlooshi: The Shape-shifter Beliefs of the Navajos*(Seattle, WA, 2012).
- John F. Burns, 'In India, Attacks by Wolves Spark Old Fears and Hatreds', *New York Times*(1 September 1996), pp. 100~101.
- Erik Butler, *The Rise of the Vampire*(London, 2013).
- Dom Augustin Calmet, *Treatise on the Apparitions of Spirits and on Vampires or Revenants*(Paris, 1751).
- Isabel Cardigos, 'The Enchanted Calendar of the Mouras Encantadas', in *Space and Time in Europe: East and West, Past and Present*, ed. Mirjam Meneej(Ljubljana, 2008).

- Terry Castle, *Masquerade and Civilization: The Carnivalesque in Eighteenth-century English Culture and Fiction*(Stanford, CA, 1986).

- Nancy Connor and Bradford Keeney, eds, *Shamans of the World: Extraordinary First-person Accounts of Healing, Mysteries, and Miracles*(Boulder, CO, 2008).

- Christopher Dane, *The Occult in the Orient*(New York, 1974).

- Zack Davisson, Yurei: *The Japanese Ghost*(Seattle, WA, 2015).

- James S. De Benneville, *The Yotsuya Kwaidan: Tales of the Tokugawa*, vol. I (New York, 1916).

- Gary Edson, *Masks and Masking: Faces of Tradition and Belief Worldwide*(Jefferson, NC, 2005).

- Howard D. Fabing, 'On Going Berserk: A Neurochemical Inquiry', *American Journal of Psychiatry*, CXIII/5(November 1956), pp. 409~415.

- Michael Dylan Foster, *The Book of Yokai: Mysterious Creatures of Japanese Folklore*(Oakland, CA, 2015).

- Jeremy Griffith, *Freedom: The End of the Human Condition*(Sydney, 2016).

- Lafcadio Hearn, *In Ghostly Japan*(Boston, MA, 1899).

- Unknown, *Some Chinese Ghosts*(Boston, MA, 1887).

- Sebastian Junger, *Tribe: On Homecoming and Belonging*(New York, 2016).

- Stephen King, *It*(New York, 1986).

- Konstanze Kutzbach and Monika Mueller, *The Abject of Desire: The Aestheticization of the Unaesthetic in Contemporary Literature and Culture*(Genus: Gender in Modern Culture)(Amsterdam, 2007).

- Sheridan Le Fanu, *Carmilla*(London, 1872).

- Kimberley McMahon-Coleman and Roslyn Weaver, *Werewolves and Other Shapeshifters in Popular Culture: A Thematic Analysis of Recent Depictions*(Jefferson, NC, 2012).

- Dakshinaranjan Mitra Majumdar, *Tales from Thakurmar Jhuli: Twelve Stories from Bengal*, trans. Sukhenda Roy(New Delhi, 2012).

- David Malo, *Moolelo Hawaii*(Honolulu, HI, 1903).

- Manuela Dunn Mascetti, *Vampire: The Complete Guide to the World of the Undead*(London, 1997).

- J. Gordon Melton, *The Vampire Book*(Detroit, MI, 1994).

- Stephenie Meyer, *Twilight*(Boston, MA, 2005).

- Ovid, *Metamorphoses*, trans. Rolf Humphries(Bloomington, IN, 1983).

- Mauro Peressini and Rachel Beauvoir-Dominique, *Vodou*(Quebec, 2012).

- Eden Phillpotts, *A Shadow Passes*(New York, 1919).

- Istvan Praet, 'People into Ghosts: Chachi Death Rituals as Shape-shifting', *Journal of the Society for the Anthropology of Lowland South America*, III/2(December 2005), pp. 131~146.

- Thomas Prekett Prest and James Malcolm Rymer, *Varney the Vampire; or, The Feast of Blood*(London, 1847).

- J. K. Rowling, *Very Good Lives: The Fringe Benefits of Failure and the Importance of Imagination*(Boston, MA, 2008).

- Elizabeth Schafer, *Exploring Harry Potter*(Osprey, FL, 2000).

- Hasan Shafiqullah, 'Shape-shifters, Masqueraders, and Subversives: An Argument for the Liberation of Transgendered Individuals', *Hastings Women's Law Journal*, V I /1(January 1997), pp. 195~227.

- Marisa Silver, *Little Nothing*(New York, 2016).

- Julia Llewellyn Smith, 'Shape-shifters and Psycho-killers: How a Bizarre Psychological Delusion Inspired *Anomalisa*', *The Telegraph*(6 March 2006).

- Brad Steiger, *The Werewolf Book: The Encyclopedia of Shape-shifting Beings*(Canton, MI, 1999).

- Robert Louis Stevenson, *The Strange Case of Dr Jekyll and Mr Hyde*(London, 1886).

- Sheila Stewart, *The Psychology of Our Dark Side: Humans' Love Affair with Vampires and Werewolves*(Broomall, PA, 2011).

- Bram Stoker, *Dracula*(London, 1897).

- Montague Summers, *The Werewolf*(New York, 1966).

- Roelof Van den Broek, *Pseudo-Cyril of Jerusalem on the Life and the Passion of Christ: A Coptic Apocroyphon*(Leiden, 2012).

- Rane Willerslev, 'Not Animal, Not-not Animal: Hunting, Imitation and Empathetic Knowledge among the Siberian Yukaghirs', *Journal of the Royal Anthropological Institute*, X /3(September 2004), pp. 629~652.

도판 출처

변신의 역사

늘대인간부터 지킬 박사까지,
신화와 전설과 예술 속 기이한 존재들의 흔적을 따라서

초판 1쇄 발행 2021년 3월 2일

지은이 존 B. 카추바 지음
옮긴이 이혜경
펴낸이 성의현
펴낸곳 (주)미래의창

출판 신고 2019년 10월 28일 제2019-000291호
주소 서울시 마포구 잔다리로 62-1 미래의창빌딩(서교동 376-15, 5층)
전화 070-8693-1719 **팩스** 0507-1301-1585
이메일 mbookjoa@naver.com
ISBN 979-11-972934-9-8 03900

※ 책값은 뒤표지에 있습니다. 잘못된 책은 바꿔 드립니다.